U0561914

华为战略财务讲义

何绍茂◎著

中信出版集团 | 北京

图书在版编目（CIP）数据

华为战略财务讲义 / 何绍茂著 . -- 北京 : 中信出
版社, 2020.4（2024.10重印）
ISBN 978-7-5217-1635-1

Ⅰ . ①华… Ⅱ . ①何… Ⅲ . ①通信企业—企业管理—
财务管理—研究—深圳 Ⅳ . ① F632.765.3

中国版本图书馆 CIP 数据核字（2020）第 032890 号

华为战略财务讲义

著　　者：何绍茂
出版发行：中信出版集团股份有限公司
　　　　　（北京市朝阳区东三环北路27号嘉铭中心　邮编　100020）
承 印 者：北京盛通印刷股份有限公司

开　　本：880mm×1230mm　1/32　　印　张：17　　　字　数：340千字
版　　次：2020 年 4 月第 1 版　　　　印　次：2024 年 10 月第 16 次印刷
书　　号：ISBN 978-7-5217-1635-1
定　　价：88.00 元

财经在经线管理上已是世界一流，要加强纬线的管理优化。同时，财经应努力夯实底座，让优秀的管理者继续往下沉，到现场去解决问题，在作战中赋能。

财经管理部下一步的变革目标，不是追求世界第一、世界第二的高水平，而是培养对业务作战最实用的财务能力，扎扎实实地打好基础。有了基座，万丈高楼平地起。

2018 年 1 月 16 日，任正非与财务部分员工座谈会上的讲话

我企盼你们，能够担负起明天的责任与使命，成为有远见、有抱负、有战略思维能力、懂业务、识风险的 CFO。

2011 年 10 月 19 日，任正非与财经体系干部座谈纪要

各方赞誉

作为一个财经行家，作者以财务为切入点，从财报、组织、战略、财务管理的框架展开。我出乎意料地感受到作者深入公司业务的实践及提炼的功力。这本书实属力作，而且笔法清新，借助真实案例甚至表格，采用古龙文风，阅读起来令人回味无穷。

第二和第四部分堪称教科书级的，值得常翻、常温习。作者很清醒于（高层）管理范式、模式的阶段性，其立意正是基于"回归常识，打破常规"的基点。这使这本书更加不失书的风范，丝毫不见哗众取宠。对几组重大词语，如财报、考核、组织、风险及"业财"融合，作者分析得明确且正确，展开得恰如其分。书中有较多的实操内容，做法具体，甚至能够拿来就用，造福了读者。

方惟一

华为前集团副 CFO 兼董事会财经委员会委员

深圳市惟益慈善基金会理事长

写华为的书很多，但从战略财务的视角来写华为的书并不多。拿到绍茂的《华为战略财务讲义》一书，我一下子就被吸引了。作者以内部亲历者的视角，对华为财经进行了很多揭秘；同时，又以外部实践者的视角，对华为财经管理做了更高维度的提炼。全书从财报、组织、战略、财经 4 个方面展开论述，深入浅出，通俗易懂。推荐各位企业家朋友和人力、战略、财经领域的专家学者阅读。

陈向东

跟谁学创始人、董事长兼 CEO

"讲语文"的业务与"讲数学"的财务如何协同作战，是很多公司财务管理的痛点。作者用诙谐生动的语言，结合自己在华为财经关键岗位的履职经验，透彻解密华为的财经管理思想，系统介绍了华为战略财经管理的生动实践，让更多的人了解华为财经体系如何服务业务的成长，从"非常落后"做到"世界一流"，做到"业财"有效融合，实现"业务—财务—业务"的良性循环，促进业务长期有效增长。这是一本非常值得推荐，让人学以致用的好书。

李孝轩

中国新高教集团创始人、董事长

华为正以持续创新为世界创造价值、创造幸福。对几乎每一家中国企业来说，华为的管理实践都有巨大的参考价值，它是中国管理学的骄傲。

借用任正非的观点："财经管理部要培养对业务作战最实用的财务能力，扎扎实实地打好基础。有了基座，万丈高楼平地起。"这本书正是将华为战略和财务实务有机结合的实用基座，值得大家仔细品读和充分借鉴！

戈峻博士

天九共享集团全球 CEO

苹果、英特尔、英伟达公司前全球副总裁

市场上写华为的书不少，但写华为财经管理的书不多，写华为战略财经管理的书更少，亲身经历者写的几乎没有。

作为一家连续多年位居中国民营企业营业收入第一的标杆企业，华为业务快速扩张的背后，其财经体系发挥了什么独特价值？财经如何助力业务成功，从胜利走向胜利？财经如何从任正非所说的"非常落后"到"世界一流"？这本书也许能带给你一些启示。

尤为难得的是，作者结合了集团总部的"宏观调控"统筹经验，常驻中国区、海外的一线实操，华为大学高研班金牌讲师的经验提炼和亲身经历的变革实践。这使此书既有高度，又接地气。能用轻松幽默的笔法，将枯燥的财经写得如此性感的书，我还是头一回看到。在华为内网好评如潮、长期"霸屏"的经典奇文《"狼"眼看财报》也收录进来，公开出版，值得一看。没有财务背景的高管，也不会有阅读障碍。此书会让你在轻松愉悦的阅读中，读懂战略，读懂财经。

刘江峰

华为前副总裁、荣耀总裁

优点科技创始人

很多企业家朋友想学习华为是如何成功的，财经在其中发挥了什么作用？财经如何帮助业务持续成功，从中国走向世界，引领全球通信行业？财经如何历经 20 年变革凤凰涅槃，做到"世界一流"？这本书也许能给你一些借鉴。

作者横跨 2B（面向企业）、2C（面向消费者）业务，既有集团总部的全球统筹经验，又有常驻中国区和海外的一线实操。这本书既有作者在华为大学高研班授课时的理论总结，又有亲身推行的变革落地实践，既有高度，又接地气，殊为难得。华为内训经典雄文《"狼"眼看财报》也收录进来，公开出版，让财务小白也不觉得财经枯燥。

徐昕泉博士

华为前副总裁、荣耀首任总裁

国际电信科学院院士

华为的财经如何构筑不依赖于个人的组织能力？这本书告诉我们：加强各个财务专业领域的建设，在垂直方向上打通；贴近作战组织，提供支撑，致力于成为"业务的前沿存在"，做业务的"最佳合作伙伴"，在平行方向上实现合纵；经纬天地，纵横相依，业财一体。

解国光

中国节能环保集团有限公司

总会计师、高级会计师

我研究过不少企业，华为是中国企业中独一无二的世界级企业。华为的故事和经验蕴含着其他企业可以学习、借鉴的普遍规律。人们平时较少触及的战略财经管理领域也是如此。这本书可以称得上一本奇书，它用武侠笔法阐释、分析原本枯燥的企业财经，出神入化、回肠荡气。作者才华横溢，语言风趣，全书珍珠般的金句频频出现，令人回味无穷，值得你静下心来仔细品读。

施炜博士

华夏基石管理咨询集团领衔专家、管理学家

原来财经管理还可以这样写！作者从高层管理的视角，将财经管理轻松融入战略、组织和业务活动，娓娓道来，专业而不乏诙谐，读者很容易就被带入华为的管理场景。

苗兆光博士

华夏基石管理咨询集团首席专家

华为的崛起与系统地引进成熟的管理技术有很大的关系，而其中关于财经管理的内核和发展过程，因为专业性强，很少有人述及，但这又是很多企业希望了解和学习的内容。这本书在这方面做了系统介绍，并且语言轻松诙谐，值得一读。

许正

直方大创新中心创始人

通用电气中国区前副总裁

目 录

第一部分
高管懂财报——狼眼看财报

第二部分
高管懂组织——"以客户为中心"的流程化组织

第三部分
高管懂战略——面向未来的战略规划

第四部分
高管懂财经

推荐序一　从"非常落后"到"世界一流"

　　它是一家重新定义"中国'智'造"的传奇企业，是《财富》世界 500 强中唯一一个未上市的中国企业，是 100% 由员工持股、七成营业收入来自海外、创造了持续增长 32 年奇迹的企业，是中国仅有不多的世界级企业……说到这里，我们一定都知道：这家企业就是华为。

　　《财富》世界 500 强榜单无疑是衡量企业在国际市场中地位的最好证明。而华为是凭借怎样的内在力量连续 10 年位列榜单，且稳步提升至 2019 年的第 61 位呢？除了从媒体公开的资料中了解到的创始人任正非的企业家精神、华为倡导的客户导向和奋斗者文化、华为的自散股份的股权激励等，我们也希望了解这家高度国际化的中国企业如何打造强大的核心竞争力，如何在竞争激烈的 ICT（信息与通信技术）领域中存活并实现有效增长。

　　作为华为营业收入从 1 000 亿元到 7 000 亿元大跨越发展的亲身经历者，再结合 7 年海内外工作的实操经验，绍茂笔走龙蛇，六年磨一剑，通过本书为读者深度展现了华为的战略财务管理全景。这本书非常值得企业和管理者学习、借鉴。

绍茂文风清奇，起伏之笔犹如雾中桂林，烟雨朦胧而巅峰忽现，让我印象深刻。在读了他写的《"狼"眼看财报》系列文章后，我更是叹为观止：原来枯燥的财报可以如此性感和引人入胜。他以轻松幽默的如椽之笔，带读者领略华为的管理之大美、财报之简美、伤痕累累"芭蕾脚"之凄美，以及变革虽艰辛而终有所成之壮美。他将华为的管理哲学和一线基层实操相结合，深入解读企业管理者普遍关心的 12 个问题，于我而言，真有读来"于心有戚戚焉"的感受。

华为能在全球平台上实现"2B 与 2C 齐飞，亚欧非共拉美一色"，全方位与爱立信、思科、苹果、三星等各领域巨头角力，除了得益于"以客户为中心"的业务扩张，"以奋斗者为本"的人性激发，我想还得益于进取而不失稳健的财经的保驾护航：高瞻远瞩的战略规划，能力构筑在流程上的系统打造，以及对成为"业务前沿存在"的不懈追求。

通过包括 IFS（集成财经服务）在内的二十年如一日的持续变革，华为实现了财经的战略转型和资源的全球有效配置——从任正非早期痛批财务的"非常落后"到如今经线的"世界一流"。华为财经不仅是业务的"最佳合作伙伴"，更是高管的"最佳合作伙伴"：既有原则性，又有灵活性；既敢于坚持原则，又善于坚持原则；既能守住底线，又能助力经营，支撑高层有效决策。

华为的财经队伍也很有特色：海纳百川，广泛引入有业务背景的主官，形成了强固的钢筋混凝土体系。这样的团队构成的好处显而易见：既有业务的进取，又有财务的稳健；既敢"猛踩油门"，又能适时"轻点刹车"；在不经意间，实现业务更安全、管理更高效、发展更稳健。

我想，这也许就是华为所说的"静水潜流"吧？

华为正以持续创新为世界创造价值、创造幸福。对几乎每一家中国企业来说，华为的管理实践都有巨大的参考价值，它是中国管理学的骄傲。

借用任正非的观点，"财经管理部要培养对业务作战最实用的财务能力，扎扎实实地打好基础。有了基座，万丈高楼平地起"。这本书正是将华为战略和财务实务有机结合的实用基座，值得大家仔细品读和充分借鉴！

戈峻博士

天九共享集团全球 CEO

苹果、英特尔、英伟达公司前全球副总裁

2020 年 3 月 2 日于上海

推荐序二 下一个倒下的会是谁?

2012 年,田涛和吴春波两位老师写了一本书:《下一个倒下的会不会是华为》,一时洛阳纸贵。

7 年后,科普作家万维钢造访华为,现场访谈创始人任正非和众多高管,参观业界最先进的人工智能云计算平台"Atlas 900"。他不免惊讶于华为每年占比营业收入 15%(高达 150 亿~ 200 亿美元)的重金研发,不免惊讶于华为把全世界的偶然变成自己的必然,不免惊讶于华为强大力量背后的强大思想。

参观之后,他认为,真正需要具备忧患意识的其实是华为的竞争对手,是 ICT 领域的其他公司。而前面提到的书的书名,其实应该改为《下一个倒下的会是谁? 》

生存看战略,经营看财务管理。

作为一家业务遍及 170 多个国家和地区的全球化公司,华为要想把账算清楚,算得快且准,可不容易。然而,华为的财务部门却非常淡定:3 天出具月度报告初稿,5 天出具终稿,10 天出具年度报告终稿。

是什么秘密武器让财务人员普遍烦恼的报告，在华为出具得如此高效？

答案是横跨 5 个时区的 7 个账务共享中心，以及 7×24 小时的日不落结账。总之，华为有包括账务系统在内的强大财经系统。

2003 年前后，由于华为稳居中国电子百强前列及利润榜首，具有独特的奋斗者文化（不少媒体将其称为狼性文化），因此众多企业竞相学习华为，包括国有企业和民营企业。彼时，我在中国建筑设计研究院（集团）有限公司任财务负责人，开始关注华为。

2010 年 8 月，我看着成长、才华横溢的小何正式加入华为集团财经体系，我对华为的关注不免又增加了几分。彼时，华为营业收入刚过千亿元，首次进入《财富》世界 500 强。8 年后，其营业收入首次突破千亿美元，达 7 212 亿元。华为进入 2019 年《财富》世界 100 强，排名第 61 位。

是什么让华为在千亿元营业收入的庞大规模下，仍能敏捷应对残酷的市场竞争，横跨 2B、2C，取得全球企业跨领域少有的成功？这种成功是否可为其他企业所借鉴？

我想，除了任正非讲的"方向大致正确，组织充满活力"，华为还有一套稳健成熟的支撑系统。这个系统除了具有供应链、采购、行政等职能外，还包括至关重要的财务系统。在华为，它叫财经体系。

战略解决"方向大致正确"的问题，侧重价值创造；财经解决"核算准确、驱动业务"的问题，侧重价值评价（指标度量）；人力资源解决"组织充满活力"的问题，侧重价值分配。这就形成了价值创造—价值评价—价值分配的闭环，也实现了人—财—物的平衡。

华为的财务为什么叫财经？用任正非的话说，华为财经的"经"是除了技术方向外的全部"经"济活动，包括供应链、行政、后勤、物流、基建、研发等。华为财经体系要从财务管理走向名副其实的财经管理。华为除了重视"经线"管理，还提倡"纬线"的管理优化：融入项目、融入业务、纵横打通，最终实现端到端闭环。

华为的财经如何构筑不依赖于个人的组织能力？

这本书告诉我们：加强各个财务专业领域的建设，在垂直方向上打通；贴近作战组织，提供支撑，致力于成为"业务的前沿存在"，做业务的"最佳合作伙伴"，在平行方向上实现合纵；经纬天地，纵横相依，业财一体。

若要选择一家标杆企业学习财务管理，那么华为无疑是最佳选项，也许没有之一。华为财经的"经纬"线组织、战略财务、共享中心、风险控制、团队建设、能力构筑，都有可圈可点之处。而作者融武侠、文学、政治、经济、历史于一体，共战略、组织、财经、理论、实操于一书，殊为难得。

如果我们潜心研究、积极实践，那么华为的财经管理也许不仅仅是"别人家的财务"。

解国光

中国节能环保集团有限公司总会计师、高级会计师

2020 年 3 月 3 日于北京

推荐序三 财经管理是华为最需要解码的部分

我一直很期待一本能够深入浅出地把华为财经管理写透的书。华为强悍的组织力让众多企业管理者羡慕，太多的人想让自己的公司成为华为，太多的研究者想把华为的组织解码，变成人人可以获得的知识。作为一个长期跟踪研究华为的管理咨询从业者，我也是这"太多的研究者"中的一个。

不久前去世的哈佛商学院教授克莱顿·克里斯坦森，在其天才般的著作《创新者的窘境》中提出，解码一个企业的组织能力需要从三个方面入手：资源、流程、价值观。如果企业能把这三件事管理好，就能具备较强的组织能力；如果企业还能把这三件事管理成一个整体，就能表现出一流的组织能力。有关华为价值观、流程管理方面的书籍，已经极为丰富；在华为关键资源管理方面，有关人力资源和客户资源管理的书籍和材料也相当丰富；但有关华为财经管理的书籍，却极为有限。虽然华为官方出版了《价值为纲：华为财经管理纲要》一书，但这些理念层面的描述对非华为的企业管理者来说，仍然缺乏可应用的质感。

财经管理对华为的成功至关重要。自华为成立之初，任正非就非常重视财经管理在整个公司中的支撑作用，认为财经管理不仅要支持业务发展和扩张，还要对业务活动进行风险管控和合理监督。

众所周知，华为一度患有"资金饥渴症"，为了解决"钱"的问题，开创了很多做法：员工持股制度、与各地电信局成立合资公司、出售子公司，等等。这些做法都对财经管理有很高的要求。但与大多数企业一样，华为也曾饱受"找不准财务管理尺度"的困扰。管狠了，会使业务失去活力；管轻了，又会引发大量财务问题。

华为的财经管理一度非常薄弱，用任正非的话说，是"非常落后"。财经管理既出现过严重威胁公司财务资金安全的事件，也出现过"在海外拿到了不少订单，但就是不清楚这些单子是否能为公司赚钱"的窘境，以至于公司有几年时间出现了业务突飞猛进、利润却逐年下滑的情况。为此，华为曾于1998—2007年、2007—2014年两次实施了大规模财经管理变革，将财经管理深度集成于业务管理过程，从而实现了"业、财、人"的一体化。2018年1月，任正非在内部讲话中首次提到"财经在经线管理上已是世界一流，要加强纬线的管理优化"。

账能算多细，组织就能切多细，管理就能管多细。应该说，华为近年来实施的一系列以项目为中心的组织变革，无不受益于强悍的财经管理基础。

但关于华为财经管理的书很难写，难在华为的财经管理是深植于业务、与人力资源管理高度融合的。如果作者紧扣业务，就难免会停留在理念和战略层面，陷入抽象，大多数读者也会觉得"不解渴"；如果作者脱离业务，从专业方法的角度来写作，就会陷入大部分财务书籍身处的困境——枯燥而乏味，且不符合华为实际；再加上财经管理特有的专业性，写好财经管理，对作者的经历、经验、文字驾驭能力都有很高的要求，这或许就是大多数财经作者望而却步的原因。

两年前，在一次中梁控股集团高层交流会后，我第一次听何总谈起正在写这本书，当时就觉得何总是少数能驾驭这一专题的人，心里却也替他担心如何深入浅出地把华为财经管理的精髓刻画出来。我对何总的经历、经验和文字感很有信心，在看到书稿时，感觉眼前一亮：原来财经管理还可以这样写！作者从高层管理的视角，将财经管理轻松融入战略、组织和业务活动，娓娓道来，专业而不乏诙谐，读者很容易就被带入华为的管理场景。

感谢何绍茂的用心之作。

苗兆光博士

华夏基石管理咨询集团首席专家

2020 年 2 月于北京

前　言

人多了，狼受不了。

狼多了，兔子受不了。

兔子多了，草原受不了。

草原多了，男人头顶受不了。

自然无善恶，唯有枯荣交替；天道无正邪，只重阴阳平衡。

财经，最重要的就是平衡，有限资源的平衡：平衡扩张与控制，平衡效率与效益，平衡短期活下来与中长期活得好。

2018 年 12 月 1 日，华为技术有限公司副董事长、CFO（首席财务官）孟晚舟在过境温哥华机场时，被加拿大警方应美国要求无故拘押。

2019 年 5 月 16 日，美国商务部宣布将华为技术有限公司及其附属公司列入管制"实体名单"，全面封杀华为。

2019 年 7 月 22 日，美国《财富》杂志发布 2019 年"世界

500 强"排行榜。华为投资控股有限公司以 1 090.3 亿美元的年营业收入（约合 7 212 亿元）位列第 61 位。

2019 年 8 月 22 日，"中国民营企业 500 强"发布，华为投资控股有限公司连续 4 年蝉联榜首。

2020 年 3 月 31 日，华为发布 2019 年度报告：全年实现营业收入 8 588 亿元，同比增长 19.1%；净利润 627 亿元，同比增长 5.6%；投入研发费用 1 317 亿元，近十年累计投入研发费用逾6 000 亿元。

在外界看来，2019 年是多事之秋，华为处在最危险的时刻。然而，在华为创始人、CEO（首席执行官）任正非看来，现在是华为最好的时刻。

华为沉着、稳健，一如既往地保持远见和战略耐性。19.4 万人，遍布全球 170 多个国家和地区 [①] 的业务有序运转，员工忙而不乱……

华为自 1987 年创立至今，已 32 年。华为的营业收入指标只在 2002 年出现同比下降，其余年份均同比上升；华为的净利润指标一直为正，从未亏损过。

这是一个奇迹。

世界经济有康波 [②]，高低起伏，中国经济也由高速向中高速换

---

① 数据引自《任正非接受日本共同社采访纪要》，2019 年 10 月 16 日，深圳。

② 康波即康波周期。1926 年，俄国经济学家康德拉季耶夫发现，发达商品经济中存在一个为期 50~60 年的经济周期。在这个周期里，前 15 年是衰退期，接着 20 年是大量再投资期，新技术不断被采用，经济快速发展，后 10 年是过度建设期，过度建设的结果是经济出现 5~10 年的混乱期，陷入下一次大衰退。已故的知名经济学家周金涛曾经说过一句名言：人生发财靠康波。

挡，唯独华为一路高歌猛进，不论是规模增长，还是盈利能力。

华为背后深层的驱动力是什么？

华为的核心治理架构与业务运作逻辑是什么？在业务快速扩张的过程中，大财经体系有何使命和愿景？如何定位？如何在价值创造、价值评价与价值分配的全价值链循环中发挥独特价值？

如果说华为的管理哲学、理念是"云"，政策、制度、文件是"雨"，流程模板是"沟"（河道），那么财经如何化"云"为"雨"，让雨水不泛滥，在"沟"里顺畅高效地流动？如何平衡扩张与控制、效率与效益、短期打粮食与中长期增加土壤肥力？如何控制风险，助力经营？

这是很多企业家朋友关心的问题，也是笔者一直在思考和总结的问题。

笔者从 2003 年开始研究华为，于 2010 年 8 月 16 日加入华为，在华为服务 7 年，历经华为集团财经管理部、中国地区部、集团经营管理部、海外代表处（先后常驻印尼雅加达、阿联酋迪拜）等多个部门，从事过子公司预算管理、地区部经营管理、集团财经战略规划、集团全面预算管理变革（从战略规划、业务计划、全面预算、滚动预测、管理核算到绩效考核等战略制定到执行的端到端闭环管理）、片区 CFO 全面经营管理等从总部到一线、从中国到海外的多项工作，得以全方位、多视角、零距离了解和洞悉华为。

2015 年 10 月起，应集团董事会财经委员会办公室推荐、华为大学邀请，笔者为华为大学高研班兼职授课，主讲财经管理纲要。高研班的学员来自全球各地，都是机关总部及各业务领域、功能领域、地区部或代表处 18 级以上中高层干部。笔者与他们进行了零距离的交流和思想碰撞，感触良多。

借着在华为大学高研班主讲财经管理纲要的机会，笔者尝试用华为的管理哲学结合一线基层的落地实操，全面审视、回答企业家朋友们普遍关心的问题。这些问题，我列举如下：

1. 价值创造、价值评价、价值分配的业务循环逻辑是什么？

2. 如何以实现经营目的为核心，深化对经济活动规律的认识，明确公司价值管理的内涵与任务？

3. 如何认识价值管理的规律？

　　（1）人和物的关系：

　　　　利益取舍：深淘滩，低作堰；

　　　　空间取舍：集中优势资源在主航道、主潮流上；

　　　　时间取舍：坚持对未来投入。

　　（2）人和人的关系：

　　　　与产业链的关系取舍：开放、竞争、合作；

　　　　和世界的关系取舍：国际化与全球化，走向全球化是华为生存与发展的必然选择。

　　（3）人和自己的关系：

　　　　内部激活：内部机制永远处于激活状态；

　　　　自我更新：成功不是未来前进的可靠向导。

4. 如何管理关键任务，把管理哲学、理念等虚无缥缈的"云"，化为政策、制度、办法等清晰可见的"雨"，流到业务流程、模板等畅通无阻的"沟"（河道）；做到虚实结合，避免彩云飘飘雨渺渺，又不使"雨"水泛滥，使其在"沟"里快速流淌？

（1）矛盾管理：

　　管理不确定性：以规则的确定应对结果的不确定（变革）；

　　管理变化：机会牵引与资源驱动的动态平衡；

　　管理熵：提升经营质量，提高运营效率。

（2）专业管理：

　　加强计划、预算、核算；

　　通过资本运营促进公司价值增长；

　　科学监管，合规运营，防范风险。

（3）融合管理：

　　推动人力资源、财经等功能领域走向职业化、流程化。

5. 如何提升业务洞察力及规划前瞻性，如何既站在今天看明天，又站在后天看明天？

6. 如何做好董事会委员会，实现高效治理，合理授权？

7. 如何自我批判，持续熵减，做到"方向大致正确，组织充满活力"？

8. 如何在全球资源聚集地构筑能力，在"有凤的地方筑巢"，而非"筑巢引凤"？

9. 如何让业务人员懂财经，财经人员懂业务？

10. 如何在财经领域构筑钢筋混凝土组织，实现财经"控风险、促经营、支撑业务成功"的价值整合者定位？

11. 如何打造强大的系统平台，持续构筑组织能力，让能力构筑在流程上，而不依赖于个人？

12. 如何在发展中大规模消除腐败，避免"业绩冲上去，干部倒下来"，让干部"不敢、不能、不想"腐败，建立覆盖点、线、面（场）的立体风险防控体系？

当然，企业运营涉及的问题千头万绪，远不止以上12个。只是这些问题，是笔者重点思考的问题，也是笔者在与众多企业家朋友交流时，大家最关心的问题。

然而，市场上出版的有关华为的图书不少，官方也授权出版了高研班的三门纲要（业务管理纲要《以客户为中心》，财经管理纲要《价值为纲》，人力资源管理纲要《以奋斗者为本》），但它们只是纲要的一部分，主要内容是任正非的讲话，实操层面的内容偏少。它们要么太"高大上"，偏管理哲学层面；要么太技术化，比如研发、营销等，涉及治理、战略、组织、财经领域的内容较少。

结合现有华为类出版物的痛点和企业家朋友们关心的问题，笔者试着以财经系统为抓手，从"高大上"的管理哲学到"接地气"的落地实操，从集团战略层面到一线执行层面，从财经到业务，系统梳理华为的战略财务管理之路。

这条路，也是华为财经体系从"非常落后"走向"世界一流"的变革之路。

华为以财经系统和人力资源系统为大坝，使业务系统得以在中间的主航道上高效运营，这些构成了华为的业务逻辑全景图。

业务系统围绕的是"事"，财经系统围绕的是"财"，人力资源系统围绕的是"人"。在人力资源系统打造的奋斗者（人）手中，华为围绕"财"进行提高资源配置效率的宏观调控和日常运营活动，实现"事"，即商业的成功。

业务系统聚焦价值创造，财经系统聚焦价值评价（以经营成果度量），人力资源系统聚焦价值分配。价值创造、价值评价、价值分配构成了华为的价值循环逻辑。

此书以华为的财经管理系统为主，辅以组织、治理、战略、风控等内容，从经营管理的视角出发，分为"高管懂财报""高管懂组织""高管懂战略""高管懂财经"四大部分。

第一部分：高管懂财报

这部分解决的是"业务懂财经"的基础问题，即让业务主官能看懂财报三张表。

以 2013 年 5 月 24 日到 2014 年 6 月 6 日笔者原创的《"狼"眼看财报》为基础，这部分从财报三张表的角度，让业务主官在轻松幽默的小说笔法中，把枯燥的财经与政治、经济、文学、历史融为一体，读懂三张表的基本内涵。

《"狼"眼看财报》是华为内网累计浏览量持续雄踞榜首的现象级系列文章。华为大学高研班财经管理纲要 2015 版《财报分析》教材以此系列文章的核心思想为编制基础，是高研班历史上最受学员欢迎的课程之一，至今还在沿用。

第二部分：高管懂组织

这部分讲述"以客户为中心"的流程化组织，解决"让组织充满活力"的问题。

从华为对管理的核心定义（建流程、建体系、建系统），到业务有效运转的背后逻辑（良好的治理）；从企业发展的最高目标（流程化组织建设），到华为的"川普日落法"①（"1130 日落法"），这部分讲述华为因时而变、匹配业务发展的组织演变史。

第三部分：高管懂战略

这部分讲述华为面向未来的战略规划，解决"方向大致正确"的问题。

从统一战略规划编制语言，拜师 IBM（国际商业机器公司），引进 BLM（业务领导力模型），到管理战略专题的抓手；从战略审视管理的过程，到有财务目标建议的战略指引；从拉通业务与财务的财经战略规划，"讲语文"与"讲数学"相结合，到红蓝军PK（对决）的蓝军机制，这部分讲述华为从战略制定到执行的关键模型方法和实操方案。

第四部分：高管懂财经

这部分讲述华为财经"守底线、促经营，优化资源配置，助力业务成功"的系统建设，解决"经纬线都要强"的问题。

---

① "川普日落法"中的"川普"指特朗普。——编者注

　　从资源配置对准战略的预算管理，到"数出一孔"、体现数据之美的账务管理；从深挖潜力的内部运营效率管理，到灭火与消防并重的风险内控管理；从钢筋混凝土式的铁血财经团队建设，到持续变革的全球组织能力构筑，这部分讲述的是财经系统"经线"如何从任正非说的"非常落后"做到"世界一流"，以及"纬线"如何持续深化的问题。

　　为增加本书的趣味性，笔者将秉承一贯的诙谐风格，"以读者为中心"，以八卦而不失严谨的笔法，讲述真实的故事，让你在轻松阅读中，品味这家中国最富传奇色彩的公司背后的故事："圣无线、神终端、大爷（业）软"年终奖的悲喜两重天，"川普日落法"的华为落地版——"1130日落法"，学习美军打赢"班长的战争"，"外蒙估"变"内蒙估"，二等兵到将军的"蒙哥马利计划"——EMT（经营管理团队）《20分钟》……

　　历时6年多的呕心沥血之作，希望不会让你失望。

何绍茂

2020 年 1 月 22 日初稿于深圳粤海街道办

2020 年 3 月 31 日终稿于北京

第一部分

高管懂财报——狼眼看财报

华为内网轰动一时，长期位居阅读榜首的《"狼"眼看财报》系列文章首次结集，公开面市。

原创《"狼"眼看财报》系列文章，于 2013 年 5 月至 2014 年 6 月在华为内网知识社区连载，以视野宏大、构思奇特、风格幽默、金句频出轰动一时，融武侠、文学、政治、经济、历史于财经，用小说笔法写财经，被誉为华为业务主官懂财经的必读赋能经典。

华为大学高研班财经管理纲要 2015 版《财报分析》教材以此系列文章的核心思想为编制基础，并沿用至今。

第一章　狼眼看财报（一）

写给业务主官的话

如果你没耐心看完文章，就说自己看不懂财报三张表，那么这是你的错。

如果你耐心地看完了文章，还看不懂财报三张表，那么这是我的错！

——题记

我为什么要写这一系列文章

1. 业务主官的直接诉求。一位系统部部长对我说："我们的客户经理甚至看不懂客户的三张表。"他说他们根本不了解客户，希望我有机会给大家讲讲三张表，使他们看懂客户，真正了解客户的痛点。

2. 文以载道。2013年5月9日、5月30日，我两次给华为的企业 BG（事业群）中国地区部系统部的销售管理人员和职能平台人员培训财经基础知识。会后大家纷纷表示：原来财经没有那么枯燥。他们要求我给各部门加开专场，多花点儿时间讲透三张表。于是，我把这些内容总结升华成文。

以下所有信息，如有雷同，纯属巧合，切勿对号入座。

楔子：江湖四雄

1987 年，深圳，南油，粤海街道办。

夜里，万籁俱寂，月黑风高。

一只"小蝌蚪"以迅雷不及掩耳盗铃之势钻进了"水母"。经过 10 个月的艰难孕育，一个婴儿终于在当年呱呱坠地——这，就是我。

我不姓任，也不姓华。我不叫任达华。我姓刀，江湖人称刀狼，与爱立信、阿朗、诺西并称江湖四雄。后三雄成名已久，均发轫于西域，威震寰宇，都是响当当的好汉。

另有当朝国戚侯爷，当年华山群雄论剑，忝居第五。那侯爷武艺尚可，性狠好斗，长抱"欲练神功，必先自宫"之心，"杀敌八百，自损一千"之气，与诸多好手杀得尸横遍野，血流成河，两败俱伤，是为"红海"。

怀揣师父东挪西凑的两万两银子，我，一匹来自南方的狼，跃马横刀，行走于江湖。至今，二十有六载。

这，就是我，刀狼的由来。

我隐迹江湖，但江湖仍有我的传说

我像鸵鸟一样行走江湖。我低调隐身（2011 年前），不见八卦，不面狗仔，但江湖仍不时有我的传说。

然而，今天，我不是来讲我的传说的。

因为师父说，我还远未到独孤求败的地步。我还远未成功。我只是在成功的路上。师父说，九死一生才叫成功，才叫传奇。他说："烧不死的鸟是凤凰。"

我悲观地估计，我成不了凤凰。这倒不是因为没有火来烧我，只是我本来就不是鸟。我仅仅是一匹狼。而狼是变不成鸟的。

但我坚信，我们是一群有智慧的狼，任谁也不能等闲视之。

存货与固定资产

今天，我按下大刀，凝神提笔，不是来练九阳神功的，是来探讨怎么看懂家底的。秀才们挑逗辞章，叫什么"狼眼看财报"，且由他！

我们这个族群已达 15 万之巨了。仿大明例，我们设了户部，它是管财政的部门。财政的三张表，却让很多人迷糊，尤其是很多客户经理。

两万两银子，在 20 世纪 80 年代貌似不少。如果你想日出而作，日落而息，媳妇、孩子热炕头，那么这些银子是够滋润三年五载的。但燕雀安知鸿鹄之志？师父希望我未来能在通信江湖

"三分天下有其一",那点儿银子就像大海里的一滴水,戈壁滩的一粒沙,杯水车薪。

于是乎,我做贸易,起早贪黑,日夜奋斗,赚了点儿小钱,掘得了第一桶金。后来,我开发独门武器 C & C08(数字程控交换机),大获成功,一举定鼎中原。

为了做大买卖,我开始大量购买芯片、元器件等原材料,这就是"存货"。可是,江湖风云,瞬息万变,摩尔定律经常使我们的原材料大幅贬值,有时市价比之前的进价还低。低的这部分就是"存货跌价准备",它会直接降低利润。

有了原材料,我们就开始加工了。加工到一半的产品或半成品,是存货;加工完成,可以直接卖给客户的产品,也是存货。所以,存货一般有原材料、在产品、半成品、产品等。

那存货的具体含义是什么?它是企业在日常活动中持有以备出售的产成品或商品,处在生产过程中的在产品,在生产过程或提供劳务过程中耗用的材料、物料等。

人在江湖闯荡,靠的是"诚信"二字。

我信誉卓著,各大钱庄纷纷给予贷款额度,达百亿美元之多,这叫"授信"。但欧盟委员会偷梁换柱,非要说我倾销,非法享受政府补贴。其实,授信额度只是可以贷款的上限,这跟实际已贷款是两码事。连爱立信等友商都反对制裁我,你说这欧盟委员会混的!

我也明白,那都是德古赫特的政治表演。

政客：正经且刻薄

买了原材料，就要生产。因为未加工的原材料是很难增值的。除非你这料是王羲之的《兰亭序》，徐悲鸿的《八骏图》。

那我就买设备吧。好了，这台制造产品的设备，就是固定资产。生产要有场地，那我就建个生产中心。对，它就是华为坂田基地的 G 区。

这台设备在供应商卖给我之前是供应商的产品，也是他的存货，因为他持有的目的是出售、收回货款。到了我这儿，我用它来生产产品，它就成了固定资产，这就是存货与固定资产的第一个区别：持有的目的不同，要看是为了出售，还是为了生产产品、提供劳务、出租或经营管理而持有。

厂房一般要建两三年。在竣工交付使用之前，它就是在建工程。竣工交付使用之后，在建工程就转换成了固定资产。

有了厂房，有了设备，还要跑江湖，推销产品。跑江湖，得有香车宝马，香车宝马也是固定资产。

通用的固定资产一般就这些了。在财经江湖里，固定资产俗称机械设备、土地、房屋及建筑物、交通运输设备。它们有个共同特点：使用期限一般都超过一年。这是存货与固定资产的第二个区别：持有的时间不同，一般以一个营业周期（一年）为界。

第三个区别是价值。比如以 1 000 美元为限：超过该金额的算固定资产，未超过的则不算。

固定资产的金额一般较大，受益期超过一年，购置或建造成本属于资本性支出，不能一次性计入当期成本费用。

什么是资本性支出？通过它所取得的财产或劳务的收益，可以计入多个会计期间所发生的支出。这类支出应予以资本化，先计入资产类科目，然后，再分期按所得到的收益转入适当的费用科目。

在企业的经营活动中，供长期使用的、经济寿命将经历许多会计期间的资产，比如固定资产、无形资产、递延资产等，都要作为资本性支出而存在，即先要将其资本化，使之成为固定资产、无形资产、递延资产等。而后，随着它们为企业提供效益，它们将在各个会计期间转销为费用。

与资本性支出相对应的是收益性支出，又叫期间费用。

财经江湖界有一个国际财务报告准则，它出来为大家主持公道：固定资产要在受益期内分摊。这就是折旧。比如房屋及建筑物，残值5%，剩余的95%在启用当月的次月起按20年折旧。机械设备，一般是10年；交通运输设备，一般是5年。单独估价、作为固定资产入账的土地呢？无须折旧。

折旧年限属于会计估计，至于具体几年，税法、会计准则均没有强制要求，但税法规定了最低年限，各企业可以自行判断、选择。折旧的方法有多少？这是艺术。会计政策、会计估计都会直接影响财报。

为什么上市公司的财报总喜欢"今年洗大澡，明年亮光光"？这跟折旧的关系是剪不断、理还乱。我暂且按下不表。

资本性支出与收益性支出的目的，是按照权责发生制和配比原则的要求，合理确定现金支出性质，正确计算当期利润。

那么，什么是权责发生制？以权利和责任的发生来决定收入和费用归属期：凡是在本期内已经发生或应当负担的费用，不论其款项是否收到或付出，都作为本期的收入和费用处理；反之，凡不属于本期的收入和费用，即使款项在本期收到或付出，也不应作为本期的收入和费用处理。

形象地说，比如：你今天买了瓶敌敌畏，哪怕你没付钱，它也要算到今年的费用里，而不管分几年用的，因为它价值低；你卖了盒狗皮膏药，哪怕对方先赊着，没掏银子，这些钱也算你今年的收入。当然，具体什么是收入，我以后再讲。在另一种情况下，你买了匹宝马名驹，这是固定资产，受益期为 5 年。那么其成本需要在未来 5 年内折旧，而不是在今年一次性计入成本，因为这属于资本性支出。

一般来说，企业都被要求采用权责发生制。权责发生制对应于收付实现制。比如政府的财政就采用收付实现制：收到现金才叫收入，付出现金才叫支出。

此文原创于 2013 年 5 月 24 日，已修订

第二章　狼眼看财报（二）

光阴似箭，岁月如梭。从正太到大叔，从萝莉到御姐，无不刻下岁月的深痕。

岁月是把杀猪刀，刀刀催猪老。但遭此厄运的，绝不仅仅只有猪。

岁月带走了流沙，带走了猪、牛、羊；偶尔带走彷徨，却带不走无尽的爱与哀愁——三角债。

钱，是什么东西？

现实不是童话，三角债也不是悟空——它不会从石头缝儿里蹦出来，也无法保护师父平安抵达西天，取得真经。

我不是佛学家，也不是哲学家。我不喜欢在丝绸之路上，意兴阑珊之时，被某个骆驼商队成员抓住胳膊猛晃，追问三个终极哲学问题："你是谁""你从哪里来""你要到哪里去"。

想真正读懂财报的三张表，你就必须清楚其中的货币资金，也就是我们俗称的现金，钱，流向哪里。我们不得不当回哲学家，打破砂锅问到底：你是谁？你从哪里来？你要到哪里去？

搞清楚了这三个问题，你就搞清楚了现金的含义、来源及用途，也就搞清楚了资产负债表、现金流量表以及利润表的基本轮廓。

历史的天空虽然阴晴不定，平静中孕育着腥风血雨，但三角债并非像西伯利亚寒流那样，每年如期而至。

说到底，这都是货币与信用惹的祸。

46 亿年前，我们赖以生存的地球诞生；250 万年前，人类出现了；170 万年前，元谋人开始在云南生活。

据考古学家推测，元谋人很有可能是我们的祖先。

原始社会虽已非茹毛饮血，但生产力低下，物资极度匮乏。偶有剩余，大家以物易物。比如某人想要一把刀，砍柴或砍人，另一个人想薅羊毛、喝羊汤，好，甭绕圈子了，就用刀和羊交换吧。

慢慢地，生产越来越发达，剩余物品越来越多，以物易物越来越不方便。聪明的祖先开始用双方都能接受的物品作为交换媒介，比如稀有的贝壳、珍稀鸟类的羽毛、牛角、宝石等。这些就是最原始的货币。

斗转星移，这些最原始的货币慢慢显示了其不便，比如，贝壳怎样与宝石对价？羽毛如何与牛角比值？于是，金、银、铜、铁等贵金属货币逐渐替代了最原始的货币。贵金属货币有什么好处？易储存，不易大量获取，有稀缺性。

天长日久，金属货币也出问题了：太重，还有磨损问题。

据不完全统计，自从人类使用黄金作为货币以来，已有超过两万吨的黄金在铸币厂里，在人们的手中、钱袋中和衣物口袋中磨损。

两万吨黄金是什么概念？以 2013 年 6 月 4 日黄金回收价格 279.5 元 / 克计算，约合 5.59 万亿元，相当于 2012 年度全国排名第一的整个广东、两个河南、三个北京、四个陕西、五个重庆、十个甘肃、三十个青海、八十个西藏的 GDP（国内生产总值）！

其实，在中国古代，货币主要以铜币为基础。嬴政统一中国后，下令全国的铜币以秦国的铜钱为标准，"一法度衡石丈尺，车同轨，书同文"，由此统一度量衡。

金属货币有诸多不便，于是，作为金属货币的象征符号，纸币出现了。世界上最早的纸币出现于北宋年间的四川地区，俗称"交子"。

纸币慢慢演化，到了今天，就成了世界各国通行的法定货币，政府强制流通。比如我国的人民币，美国的美元，欧盟的欧元，英国的英镑，日本的日元等。

新问题又来了：各国货币价值怎么衡量，怎么转换？汇率应运而生。比如在 2013 年，1 美元 ≈ 6.175 7 元，1 欧元 ≈ 8.070 7 元，1 英镑 ≈ 9.447 6 元，100 日元 ≈ 6.149 4 元，等等。

这里衍生出什么问题？汇兑损益。比如我卖出 1 台网络设备，价值 100 万欧元，以欧元回款。如果售出时的汇率为 8.070 7，且全是赊销，那么应收账款就是 100 万欧元，但按《会计法》和《中国会计准则》要求，需换算成人民币记账，计 807.07 万元。到了期末，比如 12 月 31 日，假设汇率变成 8，人民币升值了，应收账款还是 100 万欧元，但资产负债表上的应收账款变成了 800 万元，减少了 7.07 万元。这就是汇兑损失。它直接体现为利润表中的"财务费用"，汇兑损失会减少利润总额，同时减少净利润。利润总额减去所得税，就是净利润。

反过来，假设上例是买入而非卖出呢？其他所有条件不变，则到年底的应付账款将由 807.07 万元变成 800 万元，可少支付 7.07 万元，形成汇兑收益。体现在利润表中，这将直接减少财务费用，增加当年的利润总额和净利润。

人在江湖飘，哪能不挨刀？

人在华夏大地闯荡，无非就是要摆平少林、武当、昆仑、峨眉，外加几个小门派。但人在国际征战，问题就多了。其中首先便是汇率这把刀。针对这一问题，现已有资金管理部门和财务风险部门在管理，我且按下不表。

回到前文说的货币资金概念。什么是货币资金？它是在企业的生产经营过程中处于货币形态的那部分资金。它是资产负债表中的一个流动资产项目，包括库存现金、银行存款和其他货币资金。货币资金是企业中最活跃的资产，它流动性强，是企业的重要支付手段和流通手段，是流动资产中最重要的项目，也是最易出现问题的资产。其他货币资金包括外埠存款、银行汇票存款、银行本票存款、信用证保证金存款、信用卡存款、存出投资款等。

在《利润，是这样来的》培训材料中，我再三强调一个观点：所有的数据都可能是假的，只有账上的现金是真的；利润只是纸上的富贵，现金才是御寒棉袄。现金流量表就是照妖镜。

现金是企业的血液，"手中有粮，心中不慌"。对企业而言，手中的"粮"，就是现金。那么，货币资金是不是越多越好？

这里提醒各位：财经，不是非此即彼、非黑即白，并非所有指标都有一个标准值，最高或最低。财经也有灰度。这个过程经常依赖于职业判断。针对这一问题，我会在后面几章里向各位细细道来。

本书的总体思路是先讲清楚财报三张表的主要项目及其含义，即"你是谁"；然后讲"你从哪里来"，再讲"你要到哪里去"；最后，我将通过各核心指标将各项目间的关系串联起来，并将一些特殊的术语向大家做一个介绍，如资不抵债、破产与债务重组、战略投资、并购等。

回到上面的问题：货币资金是不是越多越好？在一般情况下，是的。但情况往往不一般。从另一方面看，货币资金多，表明其收益性低，投资渠道较少，未来的持续获利能力值得深究。如果一家新兴的成长性企业处于快速扩张期，那么货币资金只要能满足其日常经营活动的现金支付，比如采购、员工性费用、办公费用等即可。企业一般会将现金用于继续投资，扩大规模，以获取未来的持续盈利能力。而处于成熟期的企业或收缩期的企业的财务比较稳健，投资渠道收窄，现金比率（现金/流动负债）一般较高。

我们来看看 2009 年到 2011 年几家公司的现金比率。

爱立信：89.7%、90.1%、83%；

中兴通讯：37.2%、34.8%、39.1%；

华为：37.8%、52.3%、60.3%。

此处现金包括：现金、现金等价物及短期投资。

爱立信这几年的现金比率稳定在 80%~90% 之间的高位，这一方面说明其资产质量高，另一方面也表明其弃终端、向服务转型的战略逐步见效，财务趋于稳健。

中兴通讯的现金比率明显低于主要友商，这是其激进的市场策略的具体体现，其资产质量也值得深究，比如应收账款的质量。

华为的现金比率逐年提升，这一方面说明其重视合同质量，重视回款，逐步取得成效，资产质量进一步提升。另一方面也表明，虽然 2011 年以来华为加大了面向未来的战略投入，投资在增加，但收入的增长、回款的增长并没有拖后腿。即便在此背景下，华为的现金比率依然稳步上升，短期偿债能力在增强。

现金比率最能反映企业直接偿付流动负债的能力。一般认为，现金比率在 20% 以上为好。但这一比率如果过高，就意味着企业流动资产未能得到合理利用，现金类资产获利能力低，其金额太高还会导致企业机会成本增加。

钱，从哪里来，到哪里去？

钱不是万能的，但没有钱是万万不能的。问题是，钱从哪里来？

慢慢地，我们开始进入资产负债表的核心了。这里，先请各位记住一个恒等式：

$$资产 = 负债 + 所有者权益$$

这个等式非常重要。资产指总资产，所有者权益也叫净资产、股东权益（对股份有限公司而言）。

等式右边是负债+所有者权益，回答了"钱，从哪里来"；等式左边是资产，回答了"钱，到哪里去"。这两个问题是企业经营的核心问题。

也就是说，企业的钱可以从两个渠道来：一个是向债权人借，这个叫负债；一个是向股东要，这个叫所有者权益。这种要钱、筹集资金的活动，就是企业的三大活动之一——筹资活动。在现金流量表中，它就是筹资活动产生的现金流入。

筹到钱后，用这些钱做什么？这也就是"钱到哪里去"。

这些钱可以完成两件大事：一是买原材料，买办公用品，发工资，发奖金，上缴国家税金，这些叫经营活动产生的现金流出；二是购置固定资产、无形资产，盖厂房，对外财务投资等，这些叫投资活动产生的现金流出。

经营活动、投资活动、筹资活动，构成了企业日常运营的三大类活动，这些就是现金流量表的主要内容。

世界上没有无缘无故的爱，也没有无缘无故的恨。天上不会掉馅饼，世上也没有免费的午餐。那筹资的代价是什么？

　　企业成立，一般先有股东注资，这就是注册资本。注册资本可能分批投入企业，企业实际收到的注册资本就是实收资本。它的法律含义是指投资者按照企业章程或合同、协议的约定，实际投入企业的资本。

　　所有者向企业投入的资本，在一般情况下无须企业偿还，可以供企业长期周转使用。

　　实收资本是所有者权益的第一部分，也是最基本的部分。资本公积、盈余公积与未分配利润是其他三部分。这四部分共同构成所有者权益（见图 1–1）。从"资产 = 负债 + 所有者权益"这个恒等式看，它也是资产扣除负债后由所有者享有的剩余权益。

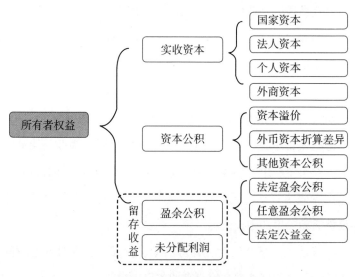

图 1–1　所有者权益的构成

公开上市的股份有限公司，每股面额是 1 元，由于不能折价发行，这就意味着发行价往往超过面额（1 元）。比如 2007 年中石油上市发行价是 16.7 元，超过面额的 15.7 元就是资本公积。发行后最高价达 48.62 元，最低跌至 8.75 元（也许没有最低，只有更低）。一曲"问君能有几多愁？满仓持有中石油"，道尽了无数中小股民的悲凉，怎一个惨字了得？

另外，法定财产重估增值、接受外币投资时因采用的汇率不同而产生的资本折算差额，也被计入资本公积。

怎么提取盈余公积？法定盈余公积按 10% 提取，但累计已提取金额达到注册资本的 50% 后，可不再提取；法定公益金按 5% ~ 10% 提取；任意盈余公积按公司章程或股东大会决议提取。法定盈余公积、法定公益金与任意盈余公积三者共同构成盈余公积。

通过经营，企业是能盈利的。从盈利（净利润）中提取或形成的留存于企业的内部积累，就是盈余公积。提取盈余公积后，留待以后年度分配的利润，就是未分配利润。

再回到前面的问题，筹资的代价是什么？

债权人的要求，就是利息，我们先不讨论。那么股东投资后，期望的报酬是什么？企业价值最大化。企业价值体现在哪里？它体现在所有者权益的增加和未来的品牌溢价。

实收资本一般是不会增加的，除非股东增资。资本公积也不像春节一样，不是年年都有。那就只有看"盈余公积＋未分配利润"了，此二者统称留存收益。

留存收益来自哪里？它来自经营获利后的净利润！

千呼万唤始出来！

上至王侯将相，下至贩夫走卒，江湖人士莫不侧目。让人欢喜让人忧，集万千宠爱于一身的形象工程、面子工程——利润表，终于风情万种地款款走来！

此文原创于 2013 年 6 月 6 日，已修订

第三章　狼眼看财报（三）

伟大领袖教导我们说，与天奋斗，其乐无穷；与地奋斗，其乐无穷；与人奋斗，其乐无穷。[1]我一介书生，习得几门拳脚，承蒙江湖人士抬爱，忝居江湖四雄。其实，我爱好和平与发展，骨子里更是流淌着道德的血液。

然而，在20世纪90年代，泱泱华夏，通信江湖云谲波诡，烽火连天。西域豪强，东洋武士，横行无忌，遍地狼烟。我怀抱"居庙堂之高则忧其民，处江湖之远则忧其君"之豪情，秉承领袖"三斗"之实质精髓，不与天斗，不与地斗，不与人斗，专与己斗：与己身之惰怠斗，是曰艰苦奋斗；与己心之灵魂斗，是曰自我评判。

当是时，为外御各国豪强，内抚华夏友商，我闻鸡起舞，夙兴夜寐，功力见长，终有小成。

---

[1]　出自毛泽东所写的《奋斗自勉》。——编者注

面子工程：利润表

南山一别，我与中兴通讯的侯爷偶有相见，但已相忘于江湖。

当年纵马下南山，师父谆谆告诫：闯荡江湖，第一要务是活下去；最终要务，还是活下去。

活下去，生存，这是人在江湖的第一课。

只因闯荡江湖二十有六载，我目睹了太多的悲剧、喜剧。

北电突然熄灭，阿卡与朗讯抱团，诺基亚委身西门子，在步入围城多年之后，近期又传闻或将分手。

滚滚浪潮中，华为被推到爱立信身后，成了业界第二。[①]

人在江湖，混的是一张脸。

我貌不似潘安，才不比宋玉，高富帅不沾，白富美无缘，但狼性不灭，血性犹存。

靠着"诚信"二字，我赢得诸位信任，得以苟全性命于乱世，闻达诸侯于通信江湖。

这张脸，就是利润表。

下面我将以《中国会计准则》框架下的利润表为例，拿地产界的龙头企业万科的报表（见表1-1），来解读利润表的详细内容。

你也许会说，这个表怎么跟别的表不太一样？站在华夏角度来看全球通行的会计准则，主流的准则有3种：

---

① 华为2013年度营业收入首次超越爱立信，成为全球最大的网络设备供应商。

表 1–1　合并利润表

编制单位：万科企业股份有限公司	2012 年度	单位：元	币种：人民币
项目	附注七	2012 年	2011 年
一、营业总收入	34	103 116 245 136.42	71 782 749 800.68
二、营业总成本		83 023 173 062.97	56 716 379 546.64
其中：营业成本	34	65 421 614 348.00	43 228 163 602.13
营业税金及附加	35	10 916 297 537.10	7 778 786 086.49
销售费用	36	3 056 377 656.90	2 556 775 062.26
管理费用	37	2 780 308 041.10	2 578 214 642.30
财务费用	38	764 757 191.68	509 812 978.62
资产减值损失	39	83 818 288.19	64 627 174.84
加：公允价值变动损失	40	（8 719 233.08）	（2 868 565.33）
投资收益	41	928 687 953.69	699 715 008.48
其中：对联营企业和合营企业的投资收益	41	889 787 588.26	643 987 754.62
三、营业利润		21 013 040 794.06	15 763 216 697.19
加：营业外收入	42	144 645 173.12	76 186 678.42
减：营业外支出	43	87 500 829.07	33 520 955.29
其中：非流动资产处置损失		6 068 873.87	1 144 283.45
四、利润总额		21 070 185 138.11	15 805 882 420.32
减：所得税费用	44	5 407 596 715.05	4 206 276 208.55
五、净利润		15 662 588 423.06	11 599 606 211.77
归属于母公司所有者的净利润		12 551 182 392.23	9 624 875 268.23
少数股东损益		3 111 406 030.83	1 974 730 943.54
六、每股收益			
（一）基本每股收益	47	1.14	0.88
（二）稀释每股收益	47	1.14	0.88
七、其他综合收益	48	（132 159 076.11）	（183 017 341.02）
八、综合收益总额		15 530 429 346.95	11 782 623 552.79
归属于母公司所有者的综合收益总额		12 419 023 316.12	9 807 892 609.25
归属于少数股东的综合收益总额		3 111 406 030.83	1 974 730 943.54

1. 美国财务会计准则：由美国财务会计准则委员会制定；
2. 国际财务报告准则：日益流行，由国际会计准则理事会制定；
3. 中国大陆通用的企业会计准则：由中国财政部于 2006 年颁布，主要参照的是国际财务报告准则。

深圳证券交易所、上海证券交易所的上市公司，包括这个万科的报表，都是按中国大陆通用的企业会计准则编制的。而我们经常看到的跨国企业的报表，一般都是按照国际财务报告准则编制的，很多美国本土的跨国企业，也同时披露按美国财务会计准则编制的报表。按不同准则编制的报表项目大同小异。

如果要用三个字来概括利润表的结果，那就是净利润。它会告诉你这个会计主体是盈利还是亏损。如果要用四个字来概括利润表的过程，那就是开源节流。它会告诉你，一个企业的运营，不外乎两件大事：有效增长，扩大收入；提升效率，管控费用。

很多业务主官经常会混淆收入与收款，费用与付款。一个最直接的问题就是，假设有一笔应付账款要在明年支付，那么它会不会增加明年的费用？这就是权责发生制与收付实现制的差异。

我们来看一个企业的模拟全流程业务流。

你现在两手空空，身无分文，但志存高远，心忧天下。怎么办？你可以做实业、筹钱。但企业刚开始成立，一般是很难从银行那儿借到钱的。为什么？因为你没有信用积累，没有任何业绩记录，精明而又贪婪的银行家为什么要相信你，借钱给一穷二白的你？踌躇满志在讲究风险控制的银行那里，真不值几个钱。

那怎么办？银行不借，你只能找股东了。于是你流浪江湖，摇唇鼓舌，还真有人投钱了。谁呢？天使投资人。

风投：疯了似的投

为什么叫天使投资人？因为他慈眉善目，积德行善，专门投资一些高科技或有独特概念的原创项目或小型初创项目。仅凭一个创意、一个点子，面对一个嗷嗷待哺的婴儿，不知将来成长为英雄还是罪犯的婴儿，他就大方地砸钱。这种雪中送炭的人，不是天使，又是什么？

天使投资一般是第一轮投资。第二轮投资就是风险投资，简称风投，疯了似的投。风投之后就是大型风险投资机构或私募基金了。

不是所有的企业筹资都必须经过以上步骤。比如直接由几家大型企业发起设立的股份有限公司，就不必经过前面两个步骤。

你拿到100万元天使投资，准备甩开膀子开工了。这是第一笔资产：货币资金100万元。同时，股东权益也增加了100万元。此时的资产负债情况：总资产100万元＝负债0元＋股东权益100万元。股东权益增加的100万元，就是筹资活动产生的现金流入。

首先，你需要购买一台机器（用来生产的设备，固定资产）。买价100万元，你今年先付款80万元，明年再付20万元。于是，固定资产增加100万元，货币资金减少80万元，剩余20万元，应付账款增加 20 万元。

这个购买固定资产付出的货币资金 80 万元，就是投资活动产生的现金流出。此时的资产负债情况：总资产 120 万元 = 负债 20 万元 + 股东权益 100 万元。

财务杠杆效应

接下来，你要购买用于加工的原材料。由于账上现金只剩 20 万元，荷包太瘪，怎么办？

假设你抵押固定资产，向银行借款 100 万元（通常借款额为固定资产公允价值的 60%），三年期，年利率 5%。这个新增加的 100 万元，也是筹资活动产生的现金流入。此时的资产负债情况：总资产 220 万元 = 负债 120 万元 + 股东权益 100 万元。

也就是说，你还没开始生产、销售，就把总资产从最初的 100 万元变成现在的 220 万元，增长了 1.2 倍。

这就是杠杆效应。阿基米德说，给我一个支点，我可以撬动整个地球。

"给你 100 万元，你能撬动什么？"天使投资人忧郁地问。

虽然总资产膨胀到 220 万元，但净资产（股东权益）还是 100 万元。

也就是说，不奋斗，不生产，没有增值服务的折腾，是无法给股东带来价值增加的。总资产的增加带给天使投资人的不是权益，而是负债；不是笑容，而是泪水。

所以说，何以解忧？唯有奋斗！

奋斗，得有料。你要先买原材料。你买了 50 万元原材料，预付 20%，其余的明年支付。现金减少 10 万元，应付账款增加 40 万元。存货增加 50 万元。这个减少的 10 万元，就是经营活动产生的现金流出。此时的资产负债情况：总资产 260 万元 = 负债 160 万元 + 股东权益 100 万元。

注意，目前为止，上述所有活动似乎都与利润表无关，资产负债表与现金流量表倒是眉目传情，频频互动。

但利润表也不能闲着。原材料到了。你加大马力，开始生产。

构成产品的成本要素一般有三个：料、工、费。料，就是直接材料，比如原材料，50 万元；工，就是直接人工，比如生产人员的工资，假设 5 万元；费，就是制造费用。

制造费用是因生产产品和提供劳务而发生的各项间接成本，包括产品生产成本中除直接材料和直接人工以外的其余一切生产成本，还包括各个生产单位（车间、分厂）为组织和管理生产所付出的一切费用，如机物料消耗，生产车间管理人员的工资，固定资产折旧，生产车间支付的办公费、修理费、水电费等。

在此案例中，我们假设固定资产残值为 0，折旧年限为 5 年，今年计提折旧为 20 万元，其余制造费用为 5 万元，那么制造费用共 25 万元。

加工完成后，产品总成本为 80 万元（50 万元 +5 万元 +25 万元）。

总成本为 80 万元，实际的现金流出却是 20 万元（原材料预付款 10 万元 + 人工费用 5 万元 + 其余制造费用 5 万元）。是不是很奇怪？

供应商的钱，是可以赊的；员工的工资，是不能拖的；固定资产折旧，是没有现金流出的。

上面这段话，请你再看一遍。这就是权责发生制与收付实现制的差别，也是利润表与现金流量表的差异所在。

也许你会问，既然二者有差异，为什么不能都采取收付实现制，"见钱眼开"，多简单，还可省下多少脑细胞。恭喜你，你开始有感觉了。

如果一个企业从成立到注销，你通览它的生老病死，那么站在全生命周期来看，你会发现权责发生制与收付实现制的核算结果不会有差别，利润表与现金流量表也不会有差异。但与漫漫历史长河相比，人的一生总是短暂的。企业与人一样，旦夕祸福，变幻莫测。谁知道下一个毁灭的，是天使，还是地球？

《财富》杂志曾经报道，美国中小企业的平均寿命不到 7 年，大企业的平均寿命不足 40 年。而中国中小企业的平均寿命仅 2.5 年，集团企业的平均寿命仅 7~8 年。美国每年倒闭的企业约为 10 万家，而中国有 100 万家，是美国的 10 倍。

死亡终究会到来，正如每月的信用卡对账单会准点到达，它不会事先打听你的心情。但我们并不知道自己何时会倒下，而考核管理者的业绩也不可能等到最后企业清盘时算总账。怎么办？

于是乎，持续经营和会计分期的理论假设出现了。就是说，我们假定企业是永续经营的，需要定期考核管理者，因此我们人

为地把企业分成了若干期。一个会计期一般为一年，比如自然年，
1 月 1 日—12 月 31 日。企业有了会计分期，有了配比原则，才有
了权责发生制。企业有成本，却不一定有现金流出，这才体现了
利润表与现金流量表的差异。

接下来我们看一下收入和期间费用。期间费用是指三大费用：
销售费用、管理费用（含研发费用）、财务费用。期间费用计入当
期损益。

企业有了产品，就得推销。要付工钱吧？要付车马费吧？酒
香也怕巷子深，要大力宣传吧？要出入茶馆酒肆与客户推杯换盏、
共谋未来吧？这些销售人员的薪资、交通费、差旅费、广告宣传
费、交际应酬费等，就是销售费用。

销售费用，就是企业在销售产品、自制半成品和提供劳务等
过程中发生的费用，包括由企业负担的包装费、运输费、广告费、
装卸费、保险费、委托代销手续费、展览费、租赁费（不含融资
租赁费）和销售服务费、销售部门人员工资、职工福利费、差旅
费、办公费、折旧费、修理费、物料消耗、低值易耗品摊销以及
其他销售经费。

在此案例中，我们假设销售费用是 10 万元。

千军易得，一将难求。江湖打拼，靠的是实力和诚信。

产品是硬实力，队伍的战斗力是软实力。乌合之众是没有战
斗力的。如果你不想带领一群乌合之众，那么除了团队的武功外，
你还得有一批好的领头羊。

要给领头羊付报酬吧？要有办公场所吧？这些薪资、交通费、

差旅费、办公费等，就是管理费用。

管理费用是指企业行政管理部门为组织和管理生产经营活动而发生的各项费用。一般包括办公费、管理人员薪资、修理费、物料消耗、低值易耗品摊销、保险费、咨询费、诉讼费、印花税、邮递费、汽车费、差旅费、交通费、业务招待费、土地使用税、车船使用税、存货盘亏或盘盈、折旧费、审计评估费、开办费摊销、无形资产摊销、递延资产摊销、工会经费、职工教育经费、董事会会费等。

特别提示：研发支出也属于费用类会计科目。它核算的是企业在研究与开发无形资产的过程中发生的各项支出，一般按"费用化支出"与"资本化支出"进行核算。期末，企业要将归集的费用化支出转入"管理费用"科目，而资本化支出则直接计入无形资产，分期摊销。这就类似于固定资产的折旧。

在此案例中，我们假设管理费用为5万元。

还记得企业之前向银行借了100万元吧？年底了，银行要计算利息。假设利率为5%，这个利息费用，就是财务费用。

财务费用是指企业在生产经营过程中为筹集资金而发生的各项费用，包括生产经营期间发生的利息支出（减利息收入）、汇兑净损失、金融机构手续费以及筹资发生的其他财务费用，比如债券印刷费、国外借款担保费等。

但在企业筹建期间发生的利息支出，应计入开办费；与购建固定资产或者无形资产有关的，在资产尚未交付使用或者虽已交付使用但尚未办理竣工决算之前的利息支出，应计入购建资产的价值，即资本化。

在此案例中，我们假设财务费用是 5 万元（100 万元 ×5%）。

三大期间费用全部用现金支付。在此案例中，销售费用 + 管理费用共计 15 万元，这就是经营活动产生的现金流出。财务费用的 5 万元就是筹资活动产生的现金流出。

假设我们卖了 150 万元的产品，预收 20% 货款，年底累计收款 80%（120 万元），应收账款为 30 万元。

这 120 万元就是经营活动产生的现金流入。

注意，这是收款，不是收入。收款 120 万元，收入 150 万元。

假设无其他损益发生，流转税为零，此时我们看一下利润总额。

利润总额 = 收入 150 万元 – 成本 80 万元 – 期间费用 20 万元 = 50 万元。

所得税 =50 万元 ×25%=12.5 万元。

净利润 = 利润总额 50 万元 – 所得税费用 12.5 万元 =37.5 万元。

作为股东，你可能要替天使投资人鸣不平：银行获得了 5% 的利息回报，天使投资人作为股东，获得了什么？

销售利润率为 25%（37.5/150），净资产报酬率为 37.5%（37.5/100）。天使投资人的回报率是多少呢？ 37.5%！

如果净利润不做分配，它就是留存收益了，作为股东权益而存在。

我们看一下，年末的资产负债情况：总资产 310 万元 = 负债 172.5 万元 + 所有者权益 137.5 万元。

此时的资产负债率约为 55.65%（172.5/310），权益乘数约为 2.25（310/137.5）。

这意味着什么？在总资产报酬率能覆盖利息费用率的前提下，风险适度的负债经营能增加企业的价值，即股东的价值。

此时此刻，总资产由年初的 100 万元急剧膨胀到 310 万元，净资产（股东权益）也由 100 万元增加到 137.5 万元。这就是作为领头羊的管理团队和全体员工通过奋斗带给股东的价值。

这还只是有形的价值。无形的品牌价值呢？

一年时光的流逝，对天使投资人来说，摧毁的，也许只有青春，留下的，更多是喜悦。

此文原创于 2013 年 6 月 20 日，已修订

第四章　狼眼看财报（四）

诗曰："天下风云出我辈，一入江湖岁月催。皇图霸业谈笑中，不胜人生一场醉。提剑跨骑挥鬼雨，白骨如山鸟惊飞。尘事如潮人如水，只叹江湖几人回。"

一首《人生·江湖》，道尽了多少不羁岁月与无尽沧桑！

几多沉浮，当年"未来全球通信市场三分天下有其一"之凌云壮志已然成现实。然而，在壮怀激烈、剑指苍穹的豪情背后，你是否体会到了更多的深沉孤寂与长泪满襟？

二十六载，韶华已逝。西风古道，跃马横刀。大漠孤烟，驰骋背影，依稀可见。蓦然回首，友商却在身后。

投资收益与资不抵债

烛光微弱，暗月无边。

吕氏不韦凝望着父亲，拨弄着滋滋地发出声响的灯芯，若有所思地问："耕田之利几倍？"曰："十倍。"又问："珠玉之赢几倍？"曰："百倍。"再问："立国家之主赢几倍？"曰："无数。"不韦默然："今力田疾作，不得暖衣余食；今建国立君，泽可以遗世。愿往事之。"

异人，就是你了。不要悲伤，不要彷徨。纵然四海之内，没人拿你当干粮。我倾尽家财，来到你身旁。你虽是大秦王子，却爹娘不疼，兄妹不爱，茕茕孑立，形影相吊。独处燕赵大地，远离三秦故乡。你感慨，为什么红运总是那么少，而白眼总是那么多？为什么手头总是那么紧，而衣带总是那么宽？你的痛楚，没有人知道；你的价值，只有我知道。因为，我相信，质押品也有春天。

你不是我的"葵花宝典"。然而，没有你，我将寸步难行；你也不是我的优乐美。然而，有了你，我的未来不是梦。小富即安，非我所欲；滔天富贵，亦非我所欲；兼济天下，出将入相；光我门庭，万世流芳，诚我所欲也。

在灿若星空的浩瀚历史长河中，异人，只是平凡的一颗星；吕不韦，也不是最亮的那颗星。能歌善舞、美艳如花的赵姬，其纤纤玉手，点石成金，培养出战国时代混沌天空中最亮的那颗星——雄才大略、一统江湖的始皇帝，嬴政！

而吕氏亦经此投资，登堂拜相，行仁政，著《春秋》，威震天下。在甩出"奇货可居""一字千金"的典故后，他饮下一杯毒酒，留下一段传说。

在众多的风险投资案例中，吕氏投资异人的案例屡被提及。本书不评论吕氏后来的功过是非，因为其志不在谋利，而在谋国，其卓越眼光是值得投资者学习的。

什么是投资？

中石油的股票发行价是每股 16.7 元，你幸运中签，发行当日达到最高价 48.62 元。你虽然不是黄大仙，却有大仙的天赋和神算，假设你在当天接近最高价的 46 元把它卖了。这不叫投资，这叫投机。

假设你预计股价将继续冲高，于是"捂盘惜售"，打死也不卖。那么后来的结局，地球人都知道：中石油的股价无底线下跌。于是，你悲怆高歌一曲，"问君能有几多愁，恰似满仓持有中石油"，泪奔而去，凄惨戚戚。最后，你放弃打死也不卖的信仰：打不死，卖了，每股 10 元。这也不叫投资，这叫偷鸡不成蚀把米。

我们来看看投资的定义：将某种有价值的资产，包括资金、人力、知识产权等，投入某个企业、项目或经济活动，以获取经济回报的商业行为或过程。它一般分为实物投资、资本投资和证券投资。实物投资是将实物或货币投入企业，通过生产经营活动取得一定利润的投资活动；资本投资和证券投资则是以货币购买企业发行的股票和债券，间接参与企业的利润分配。

什么是投机？

投机是投机者根据对市场的判断，把握机会，利用市场出现的价差进行买卖，从中获得利润的交易行为。通俗地说，投机就是投资机会，没有机会就不进场交易，不见兔子不撒鹰。比如购买彩票、短线炒股，都属于投机。其目的很明确，就是获得价差利润。投机的风险，约等于在刀尖上跳舞。

经济学家通常把买入后持有较长时间的行为，称为投资，而把短线客称为投机者。投资者和投机者的区别在于，投资者看好有潜力的股票，作为长线投资者，你既可以趁高抛出这些股票，也可以享受每年的分红，股息虽不高，但稳定持久；而投机者热衷短线，借暴涨暴跌之势，通过炒作谋求暴利，少数人一夜暴富，更多人一朝破产。

生命不息，折腾不止。赚的，就是投资收益，亏的，就是投资损失。

立意高远，回归价值，发轫于青萍，崛起于蚁穴。这才是真正的投资。

还记得 1997 年的亚洲金融危机吗？危机爆发前，投机客如过江之鲫。香港中环、湾仔、尖沙咀等中心区域的房价高达每平方米十几万港元；危机爆发后，房价持续下跌，到 2003 年非典时期，其累计跌幅已达 65%，港人财富蒸发了 2.2 万亿港元，平均每个业主损失 267 万港元，负资产人数达到 17 万。

凤凰卫视知名记者闾丘露薇在《行走中的玫瑰》中就曾经详细描述了她是如何从中产者变成负资产者的。

我认识一个香港朋友，危机前夕，她在中环以每平方米 10 多万港元的价格买了一套 80 多平方米的三居室。为方便叙述，我把相关数据凑整。房子总价为 800 万港元，她首付了四成，即 320 万港元，按揭贷款 480 万港元。

根据"资产 800 万港元 = 负债 480 万港元 + 所有者权益 320 万港元"这样一个恒等式可知，此时她的净资产是 320 万港元。

也就是说，房子的总价值为 800 万港元，她的总资产是 800 万港元，其中归她所有的权益是 320 万港元，归银行的部分是（欠银行的贷款）480 万港元。

银行体贴地告诉你，房子不用拆分，你只需按月还利息＋本金即可。如果要在前面加个期限的话，那么银行希望是 30 年。

风萧萧兮易水寒，欠了债兮你要还。这个祖籍河北的朋友一如荆轲悲壮地告别易水，体会到阵阵寒意。

金融危机爆发后，房价暴跌，到 2002 年跌至每平方米不到 4 万港元。此时，房子的价值仅为 300 万港元。总资产 300 万港元＝负债 440 万港元＋所有者权益（–140 万港元）。

这个朋友选用的是等额本息还款模式，她要在 30 年中的每个月还同等的金额。5 年过去了，她还了约 40 万港元的本金，100 多万港元的利息。

这就是资不抵债。此时，她的净资产降至零以下，为 –140 万港元。

从原来的净资产 320 万港元到现在的 –140 万港元，投资损失为 460 万港元，这就是资产缩水。

或者说，投资损失＝（原价 10 万港元 – 现价 4 万港元）×80 平方米 =480 万港元。此处不考虑其他税费和折旧，因为是概数，二者算法有误差。

投资损失的反面，就是投资收益。

你可能会问，既然投资有风险，为什么还要投资？因为不投资，就是"等死"。等着快鱼吃慢鱼，大鱼吃小鱼，小鱼吃虾米。

投资，也可能是"找死"。当然，如果你踩准点儿了，走的不是穷途末路，而是星光大道，那么你不仅活了，而且活得风生水起。

这就叫寻死觅活。所以，投资的目的不是"寻死"，而是"觅活"。

然而，没有谁是为死而生的，只要他还有点儿血性。侯为贵也不例外。侯为贵最近有点儿烦。中兴通讯的年报亏损为 28.4 亿元，中兴通讯免不了痛遭江湖票友狂喷，几近淹没于伤心太平洋。近期的半年报出炉，情形有所好转。虽然营业收入下降 11.57%，至 377 亿元，但净利润反增 23.47%，至 3 亿元，连续两季净利润转正，总算赢得片刻喘息之机。

但我的关注点不在于此，而在于其在财报期内确认了出售深圳中兴力维技术有限公司的股权，因此产生较大金额的投资收益。具体金额未披露。按年报披露，这个金额预计是 8.2 亿~8.8 亿元。这意味着剔除此项投资收益，2013 年上半年，中兴通讯仍亏损 5 亿元左右。

非经常性损益：营业外收入和营业外支出

2013 年 7 月 22 日晚，中兴通讯颁布诏令，公布《股票期权激励计划》，称将一次性向 1 531 名激励对象授予 10 320 万股股票期权，授予数量占股本总额的 3%。这是继 2007 年实施第一期股权激励计划后，中兴通讯再次推行新的股权激励措施。我们来解读一下。

我们先看其具体实施方案：

1. 一次性向激励对象授予 10 320 万股股票期权，期权对应的股票约占中兴通讯股本总额的 3%；分配给 18 名董事和高级管理人员 535 万股，分配给核心业务人员 9 785 万股。有效期为 5 年。其中，自股票期权授予之日起的 2 年为等待期，等待期后的 3 年为行权期。
2. 在行权期内，若达到计划规定的行权条件，激励对象可分 30%、30%、40% 共计三次申请行权。
3. 标的股票的价格为 13.69 元，即公司审议股权激励计划的董事会召开日前一个交易日（即 2013 年 7 月 12 日）的中兴通讯 A 股股票的收市价。

中兴通讯的业绩考核条件：计划有效期内，各年度归属上市公司股东的净利润及扣除非经常性损益的净利润，不得低于授权日前最近三个会计年度的平均水平，且不得为负（见表 1-2）。

表 1-2　中兴通讯的行权条件

行权期	行权比例	行权条件
第一个行权期（2015 年 7 月起）	30%	2014 年净资产收益率不低于 6%，2014 年的净利润增长率较 2013 年不低于 20%
第二个行权期（2016 年 7 月起）	30%	2015 年净资产收益率不低于 8%，2015 年的净利润增长率 2014 年不低于 20%
第三个行权期（2017 年 7 月起）	40%	2016 年净资产收益率不低于 10%，2016 年的净利润增长率较 2015 年不低于 44%

非经常性损益是指公司发生的与经营业务无直接关系的，以及虽与经营业务相关，但其性质、金额或发生频率决定其无法真实、公允地反映公司正常盈利能力的各项收入、支出。

其内容非常广泛，2008 年，中国证券监督管理委员会列举了其中的 21 项，比较常见的有非流动性资产处置损益，计入当期损益的政府补助，非货币性资产交换损益，债务重组损益。

判断某项损益是否为非经常性损益时，我们除了考虑该项损益与生产经营活动的联系外，更重要的是考虑该项损益的性质、金额与发生频率。

1. 性质：主要分析产生该项损益的事项或业务是否为公司持续经营所必需，是否为公司发生的特殊业务；

2. 金额：根据会计中的重要性原则，对于一些金额较小的非经常性损益，即使将其视为经常性损益，也不会对投资者的投资决策分析产生实质性的影响。因此，为简化起见，我们可以将其视为经常性损益处理。

3. 发生频率：除了考虑损益的性质和金额外，我们还必须考虑其发生的频率。产生非经常性损益的事项或业务应该是公司的偶发性事项或业务，也就是公司在可以预见的将来不能合理预计是否会发生的业务。正是因为这些事项或业务的偶发性，由此而产生的损益就应该归属于公司的非经常性损益。

比如 2001 年，华为将非核心子公司安圣电气以 7.5 亿美元的价格卖给爱默生。由此产生的处置收益就属于非经常性损益。因为华为不可能年年卖子公司。另外，投资子公司的目的是持续稳定地获取利润，而不是处置子公司。

在非经常性损益中，最常见的是营业外收入和营业外支出。

营业外收入是指与企业生产经营活动没有直接关系的各种收入。它不是因企业经营、资金耗费而产生的，不需要企业付出代价，实际上它是一种纯收入，不需要与有关费用配比。我们可以认为，除企业营业执照中规定的主营业务以及附属的其他业务之外的所有收入，都是营业外收入。

营业外收入主要包括：非流动资产处置利得、非货币性资产交换利得、出售无形资产收益、债务重组利得、盘盈利得、因债权人原因确实无法支付的应付款项、政府补助、教育费附加返还款、罚款收入、捐赠利得等。

比如华为出售新盛的房产，所得就属于营业外收入，但出售自产的网络设备，所得就是营业收入；而万科出售自己开发的房产，所得就是营业收入，万科因网络升级而出售老旧网络设备，所得就是营业外收入。这是相对而言的。

营业外支出是相对于营业外收入而存在的，它是指不属于企业生产经营费用，与企业生产经营活动没有直接的关系，但应从企业实现的利润总额中扣除的支出。

比如固定资产盘亏、报废、毁损和出售的净损失、非季节性和非修理性期间的停工损失、非常损失、公益救济性的捐赠、赔偿金、违约金等。最典型的就是被行政主管部门罚款的支出了。

证监会之所以要看扣除非经常性损益后的净利润，就是为防止大家不聚焦主业，搞歪门邪道，以此粉饰报表，虚增利润。至于具体如何粉饰报表，虚增利润，我暂且按下不表，在以后专题中再讨论。

继中兴通讯颁布诏令后，中兴通讯总裁史立荣表示，移动互联网时代的到来给整个社会带来了巨大的变革，电信设备市场迎来了4G（第四代移动通信技术）建设契机，智能手机和企业网市场也面临着重要的时间窗。中兴通讯希望抓住这个技术机遇，进行二次创业，激活内部活力，这些拓展和转型都需要人力资源的有力支持。股票期权作为公认的激励手段是其中的选择之一，可以吸引、激励和稳定企业管理团队和核心人才，为企业和股东创造更高的价值。

这确实是目光相对长远的一招。但其激励对象的覆盖范围十分有限，仅占全员的2.3%，为数众多的"黔首"只能"望股兴叹"。最终效果如何，尚待时间检验。

无论如何，我们祝福中兴通讯吧。如果少了这个一生的对手，那么华为是否会寂寞许多？

不必太在意一时的盈亏。因为，我们经营的不仅仅是企业，更是人生。

此文原创于2013年8月3日，已修订

第五章　狼眼看财报（五）

词曰："朝露昙花，咫尺天涯。人道是黄河九曲，毕竟东流去。八千年玉老，一夜枯荣。问苍天此生何必？昨夜风吹处，落英听谁细数。九万里苍穹，御风弄影，谁人与共？千秋北斗，瑶宫寒苦。不若神仙眷侣，百年江湖。"

旷野寂寥，箫声幽幽。缥缈仙曲，凄婉悱恻。刹那芳华，余音不绝。

时光荏苒，岁月婆娑。历经二十有六载，终登泰山之巅。极目远眺，兀自松涛阵阵，乌云滚滚。念往事之悠悠，独怆然而涕下。金戈铁马，不羁征程。如歌如梦，亦幻亦真。暗礁汹涌，如潮来袭。

晴川历历，芳草萋萋。纵使当年饮马长歌，豪情万丈，又怎敌那沙场征战，几人回转，欲海横流，万世沧桑？

一首乐词引发的并购

中都。皇宫森森，烛火迷离。

辰星疏朗，杂乱地点缀着夜空。金主完颜亮逡巡狼顾，宠臣梁珫亦步亦趋。

远处忽然飘来一曲小调，时断时续："东南形胜，三吴都会，钱塘自古繁华。烟柳画桥，风帘翠幕，参差十万人家……"辞藻起伏，旋律优美。

亮凝神听之："云树绕堤沙，怒涛卷霜雪，天堑无涯。市列珠玑，户盈罗绮，竞豪奢。重湖叠巘清嘉，有三秋桂子，十里荷花。羌管弄晴，菱歌泛夜，嬉嬉钓叟莲娃。千骑拥高牙，乘醉听箫鼓，吟赏烟霞。异日图将好景，归去凤池夸……"

因问之曰："适唱何调？"

答曰："《望海潮》。"

珫曰："此神仙词也。"

时孔彦舟进木樨一株，亮喜。珫曰："此花乃江南植以为薪。"于是亮问朝中谁曾往江南。珫曰："有兵部尚书胡邻曾到。"遂召之，首问钱塘。

邻曰："邻使江南，扬州琼花、润州金山、平江姑苏、钱塘西湖尤为天下美观。其他更有多多美景，但臣迹不得到。只此数景，天下已罕，况于他乎？"

亮闻之大喜。更因珫"极言宋刘贵妃绝色倾国"，遂决意南征。"遂起投鞭渡江，立马吴山之志"，并慨然题诗曰："万里车书尽混同，江南岂有别疆封？提兵百万西湖上，立马吴山第一峰！”

自此，江南大地再度生灵涂炭，战火绵延，直至金被南宋所败。后被宋蒙南北夹击，亡于公元 1234 年。

今有一个馒头引发的血案，古有一首乐词引发的战争。或者说，一首乐词引发的并购。

只不过，并购的主体，不是公司，而是民族；并购的手段，不是谈判，而是战争；并购的对价，不是现金或股份，而是军事实力。

耗子腰里别了一杆枪，就起了打猫的心思。完颜亮觊觎江南已久，而让他“决意南征”的，正是“奉旨填词柳三变”笔下繁华富庶的钱塘，宠臣梁珫口中倾国倾城的美人。

这也不能全怪他贪婪。毕竟他刚从冰天雪地、茹毛饮血的白山黑水乔迁至满目疮痍、百废待兴的中都，可恨那南宋皇帝赵构小儿只顾自个儿在西子湖畔吟花赏月、颠鸾倒凤，完颜亮虽说打打杀杀闯荡辽北几十年，也算见过些世面，不是井底之蛙，但也不敢妄称高原雄鹰，未曾翱翔至钱塘江畔目睹江南之繁盛，他难免有种刘姥姥做梦都想进大观园的冲动。

其时，岳武穆已被秦贼所害近十年。也活该这完颜亮倒霉，他在采石矶巧遇忠肃公虞允文，被揍得鼻子不是鼻子，脸不是脸，差点儿被扔到长江喂鱼，侥幸逃脱，但因己身骄纵残暴，终被部将完颜元宜所杀，大氅裹尸而焚。其身后被金世宗完颜雍贬为海陵庶人，史称海陵王。这也算是对他冲动的惩罚吧。

究竟是什么，让钱塘对海陵王有如此大之吸引力，非欲得之而后快？锦绣江南，大好河山。

因为"苏湖熟，天下足"，因为"江南好，风景旧曾谙。日出江花红胜火，春来江水绿如蓝"，因为"上有天堂，下有苏杭"，更因为《望海潮》之钱塘美景、佳人水乡！

而这些正是江南的标签。或者说，它们是江南的品牌，江南的无形资产和商誉。

品牌、无形资产与商誉

品牌本是无所谓有，无所谓无的。这正如地上的路。其实世上本没有品牌，广告投放多了，产品质量过硬，便出现了品牌。

品牌不是一个财务概念，但终将体现为财务结果。

品牌的本质是企业的无形资产，它能给拥有者带来溢价，产生增值。其载体是用以和其他竞争者的产品或劳务相区分的名称、术语、象征、记号或者设计及其组合，增值的源泉来自消费者心中形成的关于其载体的印象。

比如，IBM 的蓝色商标让人联想到深沉的大海、智慧的地球；宝马的蓝白商标让人想起高速旋转的螺旋桨，其动力想必十分强劲。

著名的四度论可以衡量品牌的影响力：知名度、认知度、美誉度、忠诚度。

你这品牌，是地球人都知道，还是仅你和你的小伙伴们知道？

你这挂了个羊头，小伙伴们认为你是挂羊头卖羊肉，还是挂羊头卖狗肉？

你是想要好事传千里，流芳百世，还是破鼓任人捶，遗臭万年？是想做岳飞，万人仰慕，还是做秦桧，让人用面团捏成人样，炸成老油条？

你这品牌，是"用一次，就知道是我想要的"，还是只恨狐狸不成仙，来生莫要与君舞翩翩？

总结起来就是一句话：仅有知名度，是不够的，你还要让人知道你是干什么的；长得美也是不够的，你必须秀外慧中，让人哪怕卖肾也要追着你。

那怎么衡量品牌的价值呢？品牌价值这东西，就像梦想：有时虚无缥缈，有时又离我们很近。

比如三鹿集团，2007年销售收入为100.16亿元，营业额仅次于伊利、蒙牛，奶粉产量更是高居全国首位。2007年年底，其总资产为16.19亿元，总负债为3.95亿元，净资产为12.24亿元（净资产就是股东/所有者拥有的权益）。这些数据看上去很不错。

2008年10月，经中国品牌资产评价中心评定，三鹿品牌价值达149.07亿元。

同期，光明、伊利和蒙牛的市值分别为41.36亿元、57.55亿元和130.4亿港元。三者的2007年年度收入分别为82.06亿元、193.6亿元、213.18亿元。

但在三聚氰胺事件爆发之后，一夜之间，三鹿品牌价值跌至冰点。

上百亿品牌价值，一夜之间烟消云散。只因三聚氰胺。

所以，品牌是要精心呵护的。

品牌的价值无法被准确度量（虽然有品牌研究机构在尝试度量，但结果并无法律效力），所以在报表里，品牌价值是不列示的。只有在收购中，被收购企业的品牌产生的溢价，才会在收购者的报表中体现。

星星还是那颗星星，月亮还是那个月亮。但被收购后，企业已经不是那个企业了，其自身也得洗心革面、重新做人了。

品牌的溢价部分终于抛头露面了。它的名字叫商誉。

品牌注册后形成商标，企业即获得商标，法律保护其拥有专用权。而商标正是无形资产的一种。其价值是可度量的，也是要列示的。

为了说明无形资产、商誉的位置，在表 1–3 中，我以《中国会计准则》框架下的资产负债表为例，通过地产界的龙头企业万科的报表来看看资产负债表的结构。

资产负债表是一个"时点"概念，比如 2012 年 12 月 31 日 24 点的资产是多少，负债是多少，所有者权益是多少。因此，资产负债表才有期初数、期末数的概念。期初数加上本期的累计发生数，就是期末数。而本期的期末数，就是下期的期初数。

利润表、现金流量表则是"时段"概念，比如 2012 年度（2012 年 1 月 1 日—12 月 31 日）的净利润是多少，经营活动产生的现金流量净额是多少，投资活动产生的现金流量净额是多少，筹资活动产生的现金流量净额是多少，汇率变动对现金及现金等

表 1-3　合并资产负债表

编制单位：万科企业股份有限公司　　2012 年 12 月 31 日　　　　　　　　　　　　　　　　　　币种：人民币　　单位：元

资产	附注七	2012 年 12 月 31 日	2011 年 12 月 31 日	负债及所有者权益	附注七	2012 年 12 月 31 日	2011 年 12 月 31 日
流动资产：				流动负债：			
货币资金	1	52 291 542 055.49	34 239 514 295.08	短期借款	17	9 932 400 240.50	1 724 446 469.54
应收账款	2	1 886 548 523.49	1 514 813 781.10	交易性金融负债	18	25 761 017.27	17 041 784.19
预付款项	3	33 373 611 935.08	20 116 216 043.31	应付票据	19	4 977 131 435.22	31 250 000.41
其他应收款	4	20 057 921 836.24	18 440 614 166.54	应付账款	20	44 860 995 716.97	29 745 813 416.12
存货	5	255 164 112 985.07	208 335 493 569.16	预收款项	21	131 023 977 530.61	111 101 718 105.82
流动资产合计		362 773 737 335.37	282 646 654 855.19	应付职工薪酬	22	2 177 748 944.37	1 690 351 691.72
非流动资产：				应交税费	23	4 515 588 914.24	4 078 618 156.81
可供出售金融资产	6	4 763 600.00	441 261 570.00	应付利息	24	649 687 938.74	272 298 785.58
长期股权投资	7	7 040 306 464.29	6 426 494 499.65	其他应付款	25	36 045 315 768.94	30 216 792 566.99
投资性房地产	8	2 375 228 355.79	1 126 105 451.00	一年内到期的非流动负债	26	25 624 959 204.23	21 845 829 338.08
固定资产	9	1 612 257 202.22	1 595 862 733.95	流动负债合计		259 833 566 711.09	200 724 160 315.26
在建工程	10	4 051 148 825.93	705 552 593.56	非流动负债：			
无形资产	11	426 846 899.52	435 474 310.03	长期借款	27	36 036 070 366.26	20 971 961 953.04
商誉	12	201 689 835.80	-	应付债券	26	-	5 850 397 011.20
长期待摊费用	17	42 336 652.02	40 999 359.45	预计负债	28	44 292 267.15	38 677 896.70
递延所得税资产	14	3 054 857 904.42	2 326 241 907.17	其他非流动负债	29	15 677 985.06	11 798 188.07
其他非流动资产	15	218 492 000.00	463 792 750.00	递延所得税负债	14	733 812 757.71	778 906 118.75
非流动资产合计		16 027 877 740.00	13 561 785 174.86	非流动负债合计		36 829 853 376.18	27 651 741 167.76
				负债合计		296 663 420 087.27	228 376 901 483.02
				所有者权益：			
				股本	30	10 995 553 118.00	10 995 210 218.00
				资本公积	31	8 683 860 677.82	8 843 464 118.19
				盈余公积	32	17 017 051 382.39	13 648 727 454.84
				未分配利润	33	26 688 098 566.77	18 934 617 430.43
				外币报表折算差额		440 990 190.32	545 775 788.95
				归属于母公司所有者权益合计		63 826 663 926.30	52 967 795 010.41
				少数股东权益		18 312 641 062.80	14 864 743 536.62
				所有者权益合计		82 138 194 988.10	67 832 538 547.03
资产总计		378 801 615 075.37	296 208 440 030.05	负债及所有者权益总计		378 801 615 075.37	296 208 440 030.05

此财务报表已于 2013 年 2 月 26 日获董事会批准

价物的影响是多少。

再看资产负债表的结构：左半侧总计＝右半侧总计，即总资产＝负债＋所有者权益（净资产）。

表1–3的左半侧是总资产。注意：其排序有一个规律，即从上往下，资产的流动性由强到弱。右半侧是负债及所有者权益，其中的负债也按照这个规律排序。

为了看起来更形象直观，我整理出图1–2。

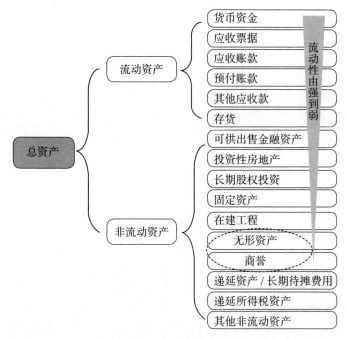

图1–2　资产流动性

由图1–2可见，无形资产及商誉处于非常靠下方的位置。也就是说，其流动性非常差，不易变现。

表面上看，越靠下的资产越不招人待见。企业没它们还不行，那样会显得企业像空壳一个，没什么家业，企业仿佛在合作中处于劣势；但企业也不能拿它们当饭吃。因为它们不易变现，不好处理，还占用大量资金。但实际情况并非如此。

传统的观念认为，在三张表中，利润表最重要，因为它反映了企业的盈利能力，是企业之所以存在的根本理由。这就是利润表观。

但近几十年来，尤其是近二十年来，随着会计欺诈的案例越来越多，手段越来越隐蔽，这种观念在慢慢改变。因为会计欺诈往往是利润表的舞弊，准确地说是净利润的舞弊。

利润表舞弊最常见的手法是虚增利润，比如：

1. 寅吃卯粮，提前确认收入；

2. 无中生有，虚增莫须有的收入；

3. 掐指一算，变更会计估计，延长固定资产的折旧年限，从而少提折旧费用；

4. 延长无形资产的摊销年限，从而少计摊销；

5. 高估资产的残值，从而少提折旧费；

6. 少预提费用，比如奖金；

7. 费用不入账或推迟入账；

8. 坏账计提不足；

9. 费用化支出资本化，应该计入当期费用的支出分期折旧或摊销；

10. 左右互搏，虚假并购或重组。

以上是虚增利润的惯用手法，其实还有很多手法。啰唆一大堆，归纳起来不外乎就是两条：收入做大，成本费用做小。真是八仙过海，各显神通。

不是所有的牛奶都叫特仑苏，也不是所有的舞弊都叫虚增利润。还有一种舞弊手法是调低利润。比如，当董事会准备通过一项股票期权激励计划，要求自第二年起利润逐年增长 ×× 时，第一年的利润就有较大的虚减可能，以此做薄底子。再比如新 CEO 年中上任，在第一年也有较大的动机和压力调低利润，以形成任期内扭亏为盈或利润大幅增长的假象。

会计欺诈极易误导投资者，这使越来越多的人倾向于认为，利润表不是最重要的，资产负债表才是。

看一个企业是否具有持续的获利能力，我们更应关注资产负债表，而非利润表。投资者更应关注其资产质量及其未来获取持续稳定利益的能力，而非利润表中的短期盈利能力。

这就是资产负债表观。其直接体现就是对所得税的计算由过去的应付税款法（损益表债务法）改为资产负债表债务法。在此，我就不展开讲了。

其实，对客户经理、产品经理、交付经理、回款经理等一线人员来说，他们往往只跟资产负债表的上半部分，即流动资产打交道，比如货币资金、应收票据、应收账款、存货。也就是说，芸芸众生普遍关注的还是流动资产，或者说短期资产。

奇怪吗？一点儿也不奇怪。 因为流动资产要回答的问题是"现在，咱这日子还能不能过"。这叫活在当下。

而固定资产、无形资产、商誉等非流动资产，或者说长期资产要回答的问题是"未来，还有没有好日子"。如果答案是肯定的话，那么请给我一个期限。如果允许的话，那么我希望是……

不用闭上眼睛陶醉了。如果期限是一万年，那么企业早就倒闭了。

这叫开眼看世界，闭眼想未来。

顺带提一下，全球的大多数长寿企业不在四大文明古国，而在岛国日本。

据统计，截至 2012 年，在日本存续超过 100 年的长寿企业已突破 2.1 万家。历史超过 200 年的企业有 3 146 家（全球最多），甚至有 7 家企业的历史超过了 1 000 年。

第一名是日本大阪寺庙建筑企业金刚组。它成立于公元 578 年（我华夏处于南北朝时期，3 年后，公元 581 年，杨坚代北周而立大隋）。这家企业传到了第 40 代，至今已有 1 400 余年的历史了。金刚组 2005 年财政年度收入为 75 亿日元（按当时汇率折合人民币 5.15 亿元），有 100 名员工，负债额为 40 亿日元（折合人民币 2.75 亿元）。

历史超过 200 年的长寿企业在欧洲也不少。截至 2012 年，德国有 837 家，荷兰有 222 家，法国有 196 家。就连仅有 200 多年历史的美国，百年家族企业也达到 1 100 家。

而在中国，经营历史超过 150 年的百年企业，仅有 5 家。中国最古老的企业是成立于 1538 年的六必居，其后是成立于 1663 年的剪刀老字号张小泉，再加上陈李济、广州同仁堂药业以及王老吉，中国现存的经营历史超过 150 年的老店仅此 5 家。而经营历史超过 100 年的企业还有青岛啤酒、泸州老窖等。

如果说流动资产、固定资产展示的是一个企业的硬实力的话，那么品牌、无形资产和商誉展示的就是软实力。所以，看长远，就得看企业的品牌、无形资产和商誉。而实际上，这也是企业的核心资产。有些东西是报表上看不到的，如前面讲过的品牌。

我们来看看无形资产和商誉。

无形资产，是指企业拥有或者控制的没有实物形态的可辨认非货币性资产。无形资产具有广义和狭义之分，广义的无形资产包括货币资金、应收账款、金融资产、长期股权投资、专利权、商标权等，因为它们没有物质实体，而是表现为某种法定权利或技术。但是，会计上的无形资产倾向于狭义，即会计将专利权、商标权等称为无形资产。

通俗地说，无形资产是相对于固定资产而言的，它看不见、摸不着，是没有实物形态的有价值的长期资产，包括专利权、非专利技术、商标权、著作权（版权）、特许经营权、秘密制作法和配方以及其他类似的财产。

商誉也是无形资产的一种，但因为它很特殊，《中国会计准则》要求企业单独披露它，比如在附注中揭示，或在资产负债表中单独列示。

企业的无形资产是怎么来的？一般有外购、自创、接受其他单位投资三种途径。

外购与接受投资的无形资产的价值较为容易确认，花多少钱，入多少账，这叫历史成本法。

至于自创无形资产，按照现行规定，它仅包括取得注册时发生的注册费、聘请律师费支出。那么研究和开发过程中的费用怎么办，比如开发一套软件的费用，怎么入账？

1. 研究阶段发生的费用，直接费用化，计入当期损益，比如研发费用，最终进入财报的管理费用。因为研究费用与新产品或新工艺的生产或使用有关，以及它给企业带来效益的确定性较差，出于谨慎性原则，它应在费用发生的当期被确认为费用，直接计入当期损益，并且在以后会计期间也不被确认为资产。

2. 开发阶段的费用，则要区分：

   （1）开发项目达到预定用途形成无形资产的，应予资本化，计入无形资产科目；

   （2）开发项目未达到预定用途的，直接费用化，计入当期损益，比如管理费用科目。

固定资产需要折旧，无形资产需要摊销。

摊销年限为预计可使用的年限，遵循法律、合同规定的使用期限孰短原则。摊销的方法一般采用直线法。但与固定资产不一样，无形资产一般被认为没有残值。

商誉呢？商誉是指能在未来期间为企业经营带来超额利润的潜在经济价值，或一家企业预期的获利能力超过可辨认资产正常获利能力（如社会平均投资回报率）的资本化价值。它是由顾客公认的良好声誉、企业管理卓著、经营效率较高、生产技术的垄断以及地理位置的天然优势所产生的。

举个例子。漓江的美景俗称"桂林山水甲天下"。无论怎么创新、加工，你都无法在其他任何地方打造出与它一模一样的自然景观。哪怕打造出了一模一样的景观，那也是人造景观，不是原汁原味的，其价值是要打折扣的。这就是漓江美景的独特性。而这种独特性构成了桂林的商誉。

商誉是企业整体价值的组成部分。我们怎么计量它呢？

收购时，它是收购企业的投资成本超过被收购企业净资产公允价值的差额。

仍然看前面三鹿的案例。2007 年其销售收入为 100.16 亿元，年底总资产为 16.19 亿元，总负债为 3.95 亿元，净资产为 12.24 亿元，那么三鹿净资产的账面价值为 12.24 亿元。

某企业若此时收购三鹿，需要聘请资产评估师对其账面价值进行评估。评估下来，假设其房产增值 5 亿元，但车辆、存货等减值 2 亿元，其他资产价值不变，则其净资产的公允价值将增加 3 亿元，为 15.24 亿元。

根据美国资本市场的收购实践，收购价一般在被收购方的市价基础上溢价 30% 左右。这个市价指的是上市公司的市值，就是股价 × 股数。比如前面提到的光明、伊利和蒙牛的市值分别为

41.36 亿元、57.55 亿元和 130.4 亿港元。

市值一般比净资产的账面价值及公允价值大。因为它的内在经济含义是，假设企业以一定的增长率永续经营，其产生的每年现金流量净额就会以一定的资本成本（折现率）折合成现在的值。市值的本质就是企业的内在价值。

当然，由于资本市场上信息不对称，实际股价往往会偏离其内在价值。比如投资者看好时，企业的估值会偏高；投资者唱衰时，企业的估值会偏低，这就是所谓的价值洼地。

如上例，若收购方最终以 50 亿元的对价收购三鹿，则收购完成日，收购方需确认 34.76 亿元（50 亿元 –15.24 亿元）的商誉。

如果收购方以 10 亿元的对价完成收购，商誉为负，那就意味着收购方发了笔横财，这部分收入计入营业外收入。

对于收购产生的商誉，以及使用寿命不确定的无形资产，企业不用进行摊销，但应每年进行减值测试。企业发现减值后，应当计提减值损失。已计提的减值损失不能冲回。这跟固定资产的减值处理是一样的。

估计读者们有点儿晕了吧。回到现实中来，我们看看爱立信、思科、中兴通讯和华为的无形资产及商誉占总资产的比例情况，如图 1–3。

我们可以重点看一下商誉占比。思科、爱立信均远高于中国公司，这表明其更习惯于依靠收购，而不是靠内生增长来拓展业务规模，尤其是思科。但思科自 2011 年起商誉占比逐步下滑，这表明其已改变大规模收购的策略，并有所收缩（相比于收入增幅）。华为 2012 年的商誉占比显著提高，这主要是收购华赛所致。

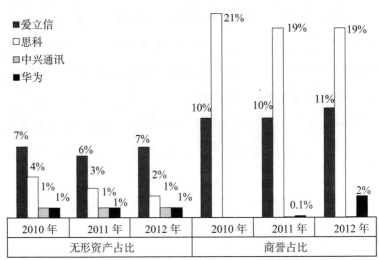

图 1-3　无形资产及商誉占总资产比例示意图

中兴通讯近三年的商誉占比均为零，这表明其三年来在资本市场无任何作为。这也好理解，2012 年中兴通讯巨亏后，它在股东的狂喷下焦头烂额，一个中兴力维才换回 8.1 亿元，它哪有闲钱和精力去收购？提升现有产品的竞争力和盈利能力，在现有市场上渗透，才是王道。

红海市场，血拼价格，留下的，将只有躯壳。

天下大势，合久必分，分久必合。内生增长，纵横并购。不要问为什么。

因为你打理的，不仅仅是生意，更是寂寞。

此文原创于 2013 年 11 月 5 日，已修订

第六章　狼眼看财报（六）

滚滚红尘多纷扰，痴痴情深乐逍遥。花迎剑落斯人去，日暮风清缁衣消。浮沉往事悲几缕，情仇难解白发梢。浮名不及江上月，娇柳空羡绿丝绦。晚钟推送江湖远，天山不老自妖娆。谈笑纵横成霸业，且付美酒醉今朝。

天地悠悠，过客匆匆，潮起又潮落。恩恩怨怨，生死白头，几人能看透？

红尘万丈，浊酒一杯，聚散终有时。留一半清醒，留一半醉，至少梦里有你追随。我拿青春赌明天，你用真情换此生。岁月不知人间多少忧伤。何不潇洒走一回？

利润，是怎么来的？

天下熙熙，皆为利来；天下攘攘，皆为利往。太史公文采恣肆、笔走龙蛇，却惜墨如金，在洋洋五十二万言的鸿篇巨制《史记》中，仅用一个"利"字，便刻画了万丈红尘、芸芸众生的残酷现实。

岁末年初，各大公司纷纷策马扬鞭，奋力冲锋，以期完成年度各项经营指标。而其中，广大投资者、管理者最关注的，恐非利润莫属。

有一种爱，叫作放手；有一种恨，叫世人皆曰可诛。当这种恨叫作虚假的利润时，投资者也不必悲愤地紧握双拳、苦大仇深、高扬头颅，因为 CFO 与投资者平日无冤无仇，虽然 CFO 也偶尔拿一本烂账糊弄投资者。

身为 21 世纪的文化人，冷静是我们的标签，高大上是我们的品质。面对可能注水的猪肉，我们需要的是理性的智慧。这块可能注水的猪肉，叫利润表。

在利润表中，我们关注的往往是收入、销售毛利和利润。利润即净利润，中国的香港证券交易所称"纯利"，欧美国家称"Net Income"。如果这家企业是上市公司，那么我们一般还会关注每股收益。因为资本市场上判断一个企业是否值得投资，是否有长期潜力，主要是看这家企业的内在价值。但内在价值实际上是很难衡量的。

市盈率 = 每股市价 / 每股收益，市净率 = 每股市价 / 每股净资产。每股市价 × 股本数，就是一家公司的市值。该值也往往被公众认为是一家公司的内在价值。

历史的车轮滚滚向前，轰隆隆碾入 21 世纪。世道变了，夸人的方式也变了。若你真的发自肺腑地仰慕偶像，那么表扬信已经过时了，点赞固然好，但顶帖才是王道。

公司的市盈率高，代表投资者心里已经默默地为公司点了无数个赞，是公司的忠实粉丝。但公司的市盈率越高，风险也越大。万一哪天你马失前蹄，也许你没什么大碍，但你的粉丝可能就真的粉身碎骨了。

各国股市的市盈率差异可能较大。比如据中国的香港证券交易所公开资料显示，1997—2007年，纽约证券交易所的市盈率均值为22.8，伦敦证券交易所的市盈率均值为18.8，中国的香港证券交易所的市盈率均值为16，而同期上海证券交易所的市盈率均值则高达36.1。市盈率的差异，直观反映了新兴国家与发达经济体之间的资本市场的显著差异，以及投资者对企业价值评估的差异。

我们来思考这个问题：对于利润表，管理者通常最关注什么？投资者最关注什么？二者共同的关注点又是什么？

管理者关注的长期目标是战略的制定与执行，短期目标是经营业绩的考核与评价。而经营业绩的考核指标通常有收入规模及其增长，盈利能力及其提升，运营效率及其改进。

投资者则关注持续、稳定且有增长的投资回报与尽量小的风险。量化的指标有股利的发放及资本的增值。

所以，双方共同的关注点至少包含以下3点：

1. 收入规模及其增长；

2. 盈利能力及其提升；

3. 业绩平滑（意味着持续而稳定的回报）。

总结起来，共同的关注点就是规模及盈余管理，再浓缩成一点，就是盈余管理。

所以，利润表管理的核心就是盈余管理。而盈余管理主要就是对净利润的管理。

写到这里，大家也许要炸锅了：你这不是在操纵利润吗？

冷静，冷静，先别扣大帽子。不要将罪恶的标签贴在合理的财务管理上。

万恶"盈"为首

盈余管理是否步入误区，最终要看其是否反映了业务实质，是否真实反映了企业的经营成果，是否能为企业带来稳定的长期价值。

这是一句正确的废话，地球人都听腻了，只能哄哄不管人间琐事、远居瑶宫的月亮姐姐。

具体一点就是，盈余管理是否步入误区，可参考以下 3 条标准：

1. 是否遵循了清晰准确的公认会计准则及其规定；
2. 是否依赖于更多的会计政策选择和会计估计变更；
3. 是否有盈余管理的潜在诉求。

第 1 条标准涉及准则遵从的问题，有一做一，无须太多讨论；第 2 条标准，是本章要讨论的重点；第 3 条标准，是一个容易回答的问题。盈余管理的潜在诉求问题的实质就是各相关利益方的利益诉求问题，包括政府征税、股东分红、债权人收取利息、供应商回款、社会就业等。

接下来我们看看，财报的利润是怎么计算出来的（见表1–4）。

表1–4 中国2006版企业会计准则框架下的利润表格式（现行通用格式）

编制单位：××××	××××年 ××月	会企02表 单位：元
项目	本期金额	上期金额
一、营业收入		
减：营业成本		
营业税金及附加		
销售费用		
管理费用		
财务费用		
资产减值损失		
加：公允价值变动收益（损失以"–"号填列）		
投资收益（损失以"–"号填列）		
其中：对联营企业和合营企业的投资收益		
二、营业利润（亏损以"–"号填列）		
加：营业外收入		
减：营业外支出		
其中：非流动资产处置损失		
三、利润总额（亏损总额以"–"号填列）		
减：所得税费用		
四、净利润（净亏损以"–"号填列）		
五、每股收益：		
（一）基本每股收益		
（二）稀释每股收益		
六、其他综合收益		
七、综合收益总额		

注：灰色部分由深到浅，表示账务处理对财务人员专业能力与职业判断的依赖程度由高到低。

企业的利润表、资产负债表、现金流量表，就是我们通常说的三张表。再加上财务状况变动表（所有者权益变动表）和会计报表附注后，就是四表一注。

四表一注包含的信息量很大，就看你是否有一双慧眼。

营业收入在实务中是审计的重点，也是税务稽查的重点。它不是不招人待见，恰恰相反，企业往往选择良辰吉日，比如 12 月 31 日，让它提前"降生"。

营业收入确认的本质是资产的增加，或者负债的减少，或者兼而有之。

我泱泱华夏，诚信为本，法治立国。财会领域亦然：有法可依，有章可循。

我们现在的财会工作是以《会计法》为准绳，以《企业会计准则》为依据的。财政部 2006 年 2 月 15 日颁发的《企业会计准则》，代替了之前适用的两则两制（两则是指《企业会计准则》和《企业财务通则》，两制是指 13 个行业的会计制度和 10 个行业的财务制度）。现行的企业会计准则体系包括 1 项基本准则和 38 项具体准则，以及应用指南。当初我国制定这个会计准则体系时主要参考的是《国际财务报告准则》，并且考虑了中国的特殊国情，因此相比于《国际财务报告准则》，我国的《企业会计准则》更为严格与谨慎。

举个例子，《国际财务报告准则》和《企业会计准则》有两项核心差异：关联方的认定和部分长期资产减值的转回。

关联方的交易涉及内部抵消与合并，是公众公司财务舞弊最常用的手法。因此，关联方的认定至为关键。国际准则将同受国家控制的企业视为关联方，所发生的交易作为关联方交易，要求这些交易在财务报表中得到充分披露。这一规定不符合我们的实际。因为中国的国有企业及国有资本占主导地位的企业较多，如按国际准则的规定，那么大部分国有企业都是关联方，国务院国有资产监督管理委员会管辖的113家央企①均要披露相互间的交易，而实际上这些企业均为独立法人，如果没有投资等关系，那么它们之间并不构成关联企业。

因此，中国的关联方披露准则规定，"仅仅同受国家控制而不存在其他关联企业，不构成关联方"，这限定了国家控制企业关联方的范围，大大降低了企业的披露成本。国际会计准则理事会认同了我们的做法，并借鉴我们的准则，修改了《国际会计准则第24号——关联方披露》。

对于部分长期资产减值的转回，国际准则对企业计提的固定资产、无形资产等非流动资产减值准备允许转回，计入当期损益。而我国的实际情况是，固定资产、无形资产等价值较大的非流动资产发生减值，按照资产减值准则计提减值损失后，价值恢复的可能性是极小的或不存在的，因此发生的资产减值应当被视为永久性减值，这一问题往往被少数企业作为调节利润的手段。所以，我们的资产减值准则规定，此类资产减值损失一经确认不得转回。

事实上，美国的资产减值准则对于上述确认减值损失后的非

---

① 据国务院国有资产监督管理委员会官网信息，截至2019年11月8日，隶属国资委管辖的央企为95家。

流动资产也是不允许转回的。而对于应收账款、存货等流动性资产的减值计提，美国的资产减值准则是允许转回的，这就意味着潘多拉的魔盒开了口子，为企业的会计处理留下了空间，可能会被企业用来调节利润。这就涉及会计估计及其变更的问题。

减值的计提，提不提，提多少，完全是由会计来估计的，会计主要依赖职业判断，因此不可避免地留下了人为操纵的空间。

容易出问题的地方，还有一个公允价值的计量。

假设你花了 2 亿元买一块地，这块地占地 10 万平方米，容积率为 2。接着，你在这块地上三通一平，建筑施工；建成楼后，你又内外装潢，竣工验收，最后这栋楼建成后的实际面积为 20 万平方米，含土地价的 10 亿元实际成本。竣工验收之日，我们要按 10 亿元的价值将该项在建工程转入固定资产。

这种账务处理方法，就是会计计量的历史成本法。

历史成本法是目前会计科目初始计量的基石，因为它反映的是客观、实际的已发生支出。即便将来资产价值有了变化，根据历史成本的原则，你也是不能调整其账面价值的。

与历史成本对应的是公允价值。

公允价值反映的是现在、资产负债表日（比如 12 月 31 日）某项资产的公允市价。它是公平市场中熟悉市场情况的买卖双方，在公平、自愿的情况下所确定的价格；或是无关联的双方在公平交易的条件下，所确定的一项资产可以被买卖或者一项负债可以被清偿的成交价格。

显然，公允价值很可能与账面价值不一致。

公允价值由谁决定？在实务中，公允价值通常以资产评估机构所评估的价值为依据。

但在实务中，用于交易的公允价值与用于记账的公允价值相比，由于目的并不相同，前者一般比较公允（关联交易除外），后者往往并不那么公允。

在这栋历史成本为 10 亿元的大楼被计入固定资产后，如果你想自己使用，并不出租，就要估计其净残值，按月计提折旧。计提折旧的方法有两类：一是直线法，具体分为年限平均法和工作量法；二是加速折旧法，具体分为年数总和法和双倍余额递减法。准则要求企业应当根据固定资产所含经济利益预期实现的方式来选择适用的方法。

选择哪种方法是你的自由，这就是会计估计。这也将产生不同的折旧费用，影响不同的经营结果——利润。

这是盈余管理的典型方法之一：会计估计的选择与变更。

也许你已举一反三、触类旁通了。没错，接下来，无形资产的摊销、长期待摊费用的摊销可如法炮制，残值是多少呢？一般为零，至于摊销年限呢，大家想想……

以上这些的前提是在准则规定的框架内，比如无形资产摊销的法律法规、合同规定、实际使用的年限孰短原则。

假设你将这栋楼中价值 2 亿元的面积用于出租，那么房屋的用途已经改变，它就成为投资性房地产。

投资性房地产是指房主为赚取租金或为了资本增值，或两者兼有，而持有的房地产，包括已出租的土地使用权、持有并准备增值后转让的土地使用权和已出租的建筑物。

投资性房地产与固定资产、无形资产是一脉相承的，只是改了个姓，另立了门户而已。

投资性房地产应当按照成本进行初始计量。而对于后续计量，你也有两种选择：历史成本模式和公允价值模式。

现在大多数国内的企业选用的都是历史成本模式，这就意味着企业要计提折旧，费用会增加，利润会减少。

于是，有些企业就开始改用公允价值模式进行后续计量。其影响如何呢？

我们看一下案例。2013 年 11 月 30 日，金地集团为了更加客观地反映投资性房地产的真实价值，根据《企业会计准则》相关规定，决定采用公允价值模式对投资性房地产进行后续计量，这也是一个国际通行的计量方法。由此，金地的投资性房地产后续计量模式由历史成本模式变更为公允价值模式。

此次会计政策变更自 2013 年 12 月 1 日起执行，金地需对 2012 年 12 月 31 日的财务报表进行追溯调整。经金地初步测算，此次会计政策变更将增加 2012 年年初所有者权益约 21 亿元，增加 2012 年年度净利润约 4 亿元，增加 2013 年年度净利润约 13 亿元。而金地集团 2013 年前三季度净利润仅为 7.16 亿元。

同城友商 Z 公司也没闲着。2013 年，其对投资性房地产采用的公允价值模式后续计量，至少少计提了折旧 1.32 亿元，这就意味着增加了 1.32 亿元税前利润。年底相对于年初的评估增值还没有出来。如是增值，也将直接增加税前利润，这会体现在利润表的公允价值变动收益一栏里。

鉴于 Z 公司在 2013 年 7 月授予期权条件时，提出了对 2014 年及之后年度净利润的增长诉求，2013 年的投资性房地产评估增值幅度不会太大，公司的终极目标是要把 2013 年的净利润率控制在一个较低的水平，比如 2.5% 以内，为 2014—2016 年连续三年净利润的持续、稳步上升打好底子。

这是盈余管理的典型方法之二：会计政策的选择与变更。

企业一旦选定了一种会计政策，就不得随意变更，除非变更后的会计政策更能反映业务的实质，能够提供更可靠、更相关的会计信息。

这就是会计政策选用的一贯性，目的是实现财报信息的可比性。

也许你会说，为了财报好看，我的会计政策就搞量身定做。企业经营情况不好了，会计政策就变一变，理由有的是，总能编出几条，准则能奈何？

你悟空有金箍棒，我唐僧有紧箍咒，套的就是你这猴头。

这个紧箍咒叫"追溯调整法"。

追溯调整法，是指对某项交易或事项变更会计政策，视同该项交易或事项初次发生时即采用变更后的会计政策，并以此对财务报表相关项目进行调整的方法。

追溯调整一般有什么后果呢？它要往前追溯企业的财务情况，以前各年度的损益都要重新调整，要揭示会计政策变更对历年损益的累计影响数，以便前后可比。

比如前面提到的金地集团，在 2013 年 12 月 1 日改用新会计政策后，金地要追溯其对 2012 年度公司财务状况及经营成果的影响。

这样做是为了前后口径可比。由此可见，在财务概念中，可比性是多么重要的一条原则。

在实务中，常见的会计政策变更例子如下：

1. 发出存货成本的计量：比如由先进先出法改成加权平均法。
2. 长期股权投资的后续计量：由成本法改成权益法。
3. 投资性房地产的后续计量：由历史成本模式改成公允价值模式等。

导致会计政策变更的情形无外乎两类：第一，法律、行政法规或者国家统一的会计制度等要求变更。比如，2006 年的《企业会计准则第 1 号——存货》对发出存货计价排除了后进先出法，这就要求执行企业准则体系的企业按照新规定，将原来采用的核算发出存货成本的后进先出法改为准则规定的方法，比如先进先出法。第二，会计政策变更能够提供更可靠、更相关的会计信息。例如，企业一直采用历史成本模式对投资性房地产进行后续计量，如果企业能够从房地产交易市场上持续地取得同类或类似房地产的市场价格及其他相关信息，从而能够对投资性房地产的公允价值做出合理的估计，那么企业就可以将投资性房地产的后续计量方法由历史成本模式变更为公允价值模式。

　　鉴于会计政策变更需采用追溯调整法的复杂性，诸多企业在进行盈余管理时，更多地通过会计估计的变更来实现。

　　会计估计是指对结果不确定的交易或事项，以最近可利用的信息为基础所做出的判断。在实务中，常见的需要进行会计估计的事项主要包括：

1. 坏账准备：应收款项能否收回，发生坏账的可能性多大，坏账的金额是多少？富兰克林说，人的一生有两件事不可避免：一是死亡，一是纳税。企业也有两件事不可避免：一是纳税，一是坏账。坏账（减值准备计提）是企业最常见的会计估计，没有之一。除非你是"老干妈"。它信奉一手交钱，一手交货，没有应收款，没有应付款，所以没有这个烦恼。

2. 存货跌价准备：存货的毁损和过时损失。这也是制造企业的"阿喀琉斯之踵"。

3. 固定资产折旧：固定资产的使用年限和净残值大小。

4. 无形资产摊销：无形资产的受益期。

5. 长期待摊费用摊销：长期待摊费用的摊销期。

6. 收入：收入能否实现以及实现的金额。

7. 或有负债 / 或有收益：或有损失和或有收益的发生以及发生的数额。

　　会计估计变更后，企业采用的是未来适用法。就是说，会计估计变更后，自变更之日起，企业按新的估计核算即可，不用像会计政策变更那么麻烦，还要往前追溯调整历史报表。由此带来的会计估计频繁变更，随意夸大或缩小估计值，就是实务中常见的滥用会计估计。

实际上，会计估计在会计核算中几乎无处不在。企业进行会计估计的目的是更公允地反映自身的财务状况、经营成果和现金流量。但是，会计估计又依赖于财务人员的专业能力和职业判断，这就容易出现会计估计的滥用。这也是盈余管理的误区。

滥用会计估计的常见表现如下：

1. 利用资产减值准备的计提，冲回调节各期利润。比如 ST 公司（即财务状况或其他状况出现异常的上市公司）或连续亏损的公司，因巨额计提资产减值准备而造成本期巨额亏损，我们称之为"洗大澡"。其主要目的是便于下期通过冲回准备实现"扭亏为盈"，以避免因三年连续亏损而被暂停上市。还有的公司不提或少提资产减值，比如本期该计提而不提，或该多提而少提，以在下期一次性计提，达到虚增本期利润、增资扩股的目的，或者避免因三年连续亏损而被暂停上市的风险。

2. 计提秘密准备以调节各期利润，主要形式是低估资产价值和高估负债价值，在未来释放利润。比如高估产品质量保证金、诉讼赔偿费、预提费用、应付职工薪酬等。

3. 频繁变更固定资产折旧年限以调节各期利润。

4.利用预计负债调节各期利润。

总之，滥用会计估计变更主要表现为财务人员随意调整无形资产和长期待摊费用等的摊销期、随意调整固定资产折旧年限、坏账准备、存货跌价损失等。而以上调整均会通过销售费用、管理费用、资产减值损失等利润表中的项目影响利润。

销售费用、管理费用、资产减值损失属于期间费用，营业成本也一样。营业成本就是料、工、费，即直接材料、直接人工、制造费用。直接材料、直接人工不过多涉及会计估计，但制造费用中，固定资产折旧往往占有一定比例，是涉及会计估计的。

至于营业税金及附加，它是根据营业额等计税依据计算出来的，调整余地并不大。它主要包括流转税中的营业税[①]、消费税，以及城建税、资源税、土地增值税和教育费附加。流转税中的增值税是价外税，不属于货物或劳务的成本。

再回到前文的收入确认。其准则条文很枯燥，但财务会计学是一门严肃的学科，不是相声段子，想怎么说就怎么说。我来和大家一起看看（以销售商品为例）。

1.商品所有权上的重大风险和报酬已经转移，就是说要干

---

① 根据 2016 年 3 月 7 日财政部、国家税务总局联合发布的财税［2016］32 号文件，自 2016 年 5 月 1 日起，我国开始全面推行营业税改征增值税改革试点工作，营业税从此退出历史舞台。

完活。

2. 没有保留通常与所有权相联系的继续管理权，也没有对已售出的商品实施实际控制权，就是说不用管了。

3. 收入的金额能够可靠地计量，就是说知道值多少钱。

4. 与交易相关的经济利益很可能流入，就是说能回款。

5. 与交易相关的已发生或将发生的成本能够可靠地计量，就是说能算出花了多少钱，遵循的是配比原则。

第 4 条提到"与交易相关的经济利益很可能流入"，什么是很可能？有没有定量标准？ 2006 版《中国企业会计准则》对此做了界定，如表 1-5 所示：

表 1-5　可能性标准

< 5%	5% ≤ x < 50%	50% ≤ x < 95%	95% ≤
不可能	可能	很可能	基本确定

所以，很可能就是可能性在 50% 以上（含 50%），但小于 95%。

这个规定不可谓不细。但在实务中，收入还是一个风险很高的报表项目。常见的情况是提前确认、虚增、推迟确认等。

为了提高利润，有的企业确认了收入，却不结转相应的成本和确认相应的费用。于是，准则就规定，成本、费用要根据与收入的因果关系进行直接配比，或者根据项目之间存在的时间上的一致关系进行间接配比。这就是配比原则。

配比原则是以权责发生制为基础的，并与权责发生制共同作用，以此确定本期损益。而配比原则，也是基于持续经营与会计分期两个前提的。

因为站在企业从注册到注销的全生命周期角度上来看，所有的收入、成本、费用、税金都将计入其中，不存在配比一说。只有经营期被人为地分割成若干期间时，某一期的配比和权责发生制的概念才会产生。

实际上，会计核算和财报编制的理论是建立在 4 个基本假设和前提之上的。

1. 会计主体，即核算的是谁，报告反映的主体是谁，是母公司还是旗下的某个子公司？

2. 持续经营，即假设这个会计主体是可以永续经营的。否则固定资产的折旧、无形资产的摊销就没有了前提。假设一个企业只能经营 5 年，那么企业凭什么让房屋折旧 20 年，让无形资产摊销 10 年？也许你要问，在实务中，如果这个企业真的活不了，破产了，不能持续经营了，那么企业该怎么办？破产清算会计会为你量身定做，保你破产无忧。

3. 会计分期，这是核算当期经营成果的需要，否则我们在企业持续经营、离注销遥遥无期的假设下，怎么评价管理团队的经营业绩？

4. 货币计量，即统一度量。收入不用几头猪还是几头牛来表示，都用人民币或美元、日元等货币来计量。

基于这些前提、假设，企业选择了这些会计政策，依赖于这些会计估计，这就构成了利润表的全部。根据前文的利润表结构，你就能算出一个企业的净利润了。

林肯说，你可以在所有的时间欺骗一些人，也可以在一些时间欺骗所有的人，但你不能在所有的时间欺骗所有的人。

问渠哪得清如许，为有源头活水来。盈余管理的本源是基于业务的。没有良性业务的盈余管理，就是金玉其外，败絮其中，迟早要露馅儿的。

从这个意义上说，利润不是高明的会计师做出来的，而是善战的业务将士打下来的。再高明的化妆师，也无法将贾南风扮成王昭君。

万恶"盈"为首，那是指虚假的盈利。实在的利润，是企业所需要的。

当然，实在与虚假之间，是有灰度的。高明的会计师，就是在灰度中，向实在迈进。

只有盈利才是企业长盛不衰的基石。毕竟，这个世界充满的并不都是爱，更多的是血腥和残酷。这是社会达尔文主义的真谛。

用血腥刺激我们的嗅觉，用残酷砥砺我们的意志，我们将无往不胜。

此文原创于 2014 年 1 月 15 日，已修订

第七章　狼眼看财报（七）

诗曰："身披冷月千山寒，遥看仙境云之南。晨听春晓倾过客，暮饮屠苏醉众生。尘世喧嚣都不见，最是此刻任销魂。春风几度谁人羡？红梅一支带笑颜。步履匆匆为谁去？金戈铁马踏中原。路上行人相见欢，枝上鸟儿有谁怜？你方唱罢我登场，不笑星月笑苍生。街头普洱自叫卖，能不穿越忆千年？苍山茫茫沉沉卧，杨柳翩翩湿衣衫。莫要迷离百回转，人生其实一瞬间。青山犹笑皑皑雪，小路羊肠可通天。借问酒家何处有，此处可有杏花村？林间牧童遥相望，镜中少年笑吟吟。人生若只如初见，恩怨情仇皆释然。分分合合寻常事，可记当年雪中情？古道西风今安在？紫气东来亦可闻。问君可知人中味？空剩酸甜苦辣咸。"

遍观一部通信史，正如那千年冷月，无常人生，斗转星移，阴晴圆缺；分分合合，物是人非。塞外长城的烽火狼烟，骏马飞驰的驿站邮递；遥寄相思的飞鸽传书，实时呈现的网络通信……或正纷至沓来，或已随风而去。或凝重，或飘逸。几度春秋，几多悲喜。更有几多豪杰，洒尽英雄泪？

滚滚长江东逝水，淘尽多少英豪！正如《桃花扇》中老艺人苏昆生的放声悲歌："俺曾见，金陵玉树莺声晓，秦淮水榭花开早。谁知道容易冰消！眼看他起朱楼，眼看他宴宾客，眼看他楼塌了……"

楼起了，楼塌了；楼又起了，楼又塌了……往者不可谏，来者犹可追。历史的本身，就是一场又一场残酷的悲剧。但比悲剧更可悲的是，残酷的悲剧，往往会一再重演。无论你如何换台，还是这出戏，只是演员不同，正如每晚七点的《新闻联播》。《桃花扇》中的南明，之后的大清，之后的北洋，之后的"中华民国"，莫不如此。

于是，一出出大戏轮番上演。众多豪杰，各显其能，演绎出一幕幕悲喜人生。爱立信老而弥坚，北电不复再见；阿朗割骨疗伤，崇尚大道至简；诺基亚泪洒情断，痛别西门子……

三张表的内在逻辑

有人的地方就有恩怨，有恩怨的地方就有江湖。

江湖险恶，仗剑行走，要想不莫名被黑、暴尸街头，除了独门秘籍，我们还得有一个光可鉴人的标签。

作为叱咤江湖的大佬，华为的标签不是张飞的豪爽，不是凤姐的智商，而是一份靓丽的体检表。这份体检表就是每个企业都有的三张表。

其实，三张表只是财报和年报的一部分。但年报太宏大，财报太烦琐，三张表简单、直接，有一种举重若轻的潇洒。

财报的解读原则：就财报，说故事；就故事，说数据；就数据，说趋势。我们往往容易为此而感到迷惑。首先你要搞清楚，企业为什么要编这个财报。对管理层而言，编财报就是写作文，写有标准格式的八股文。中心思想：我的过去，叱咤辉煌；我的现在，其道大光；我的未来，卿为我狂；就是一个字，牛；过去牛，现在牛，未来还牛；投资我，是你永远无悔的选择。这才是财报编制者发自肺腑的呼声。而作为读者，你唯一要做的就是去触及它的或高傲或卑微的灵魂。

分析财报的书可谓汗牛充栋，本书不再赘述。我们来聚焦三张表本身的逻辑。

现代管理学大师彼得·德鲁克认为，一个组织必须有三个主要方面的绩效：直接成果、价值实现和未来的人才开发。价值实现指的是企业的社会效益，如企业应为社会提供最好的商品和服务；未来的人才开发可以保证企业后继有人。正如任正非所说："方向要大致正确，组织需充满活力。"一个组织如果鼠目寸光，仅想维持今天的成就，而忽视明天，就必将丧失适应能力，不能在瞬息万变的明天生存。

直接成果是什么呢？相声的直接成果是博人一乐，医院的直接成果是治好病人，企业的直接成果就是销售额和利润。我们发挥一下，可以把它改为利润和现金流。而利润和现金流，其实也是价值实现的体现之一。至于它应该是"合理的"，还是"最大的"，这不在此文的讨论范围之列。

直接成果就是三张表中利润表和现金流量表的内容。

对企业而言，利润表和现金流量表是企业经营、投资、筹资三大活动的结果呈现，同时又是资产负债表的过程呈现。换言之，企业所从事的一切活动，最终都将在资产负债表中得以呈现。

资产负债表、利润表和现金流量表，构成了我们通常意义上说的财报三张表，也是财报的核心内容。

读懂了一个企业的三张表，我们就能描绘出这个企业的大体轮廓。

如果说，利润表、现金流量表更多的是展现一个企业的短期（比如一年）经营活动的话，那么，资产负债表更多的是体现出一个企业的中长期活动。

康德说："我不得不扬弃知识，以便给信念腾出地盘。"

资产负债表就是企业的地盘，而其愿景和战略，就是点缀其中的信念。

只不过，更多时候，信念并不为人所见。因为，那需要富有洞察力的视野。目光之所见，是为视线；目光之所不能见，是为视野；以宏大之视野，审察视线之所不见，是为洞察。

此境即为道家之"化境"，属于国学大师王国维在《人间词话》中所言"意与境浑"之最高境界。

既然三张表是企业的标签，那么扬美遮丑、选择性披露就是编制者的下意识行为。我们要做的，就是挖掘真正的美，看到实在的丑，以便给予客观的评价。

正如本部分第六章所讲，会计政策，是可以选择的；会计估计，是可以变更而不用追溯调整的；所以，在会计准则的框架内，利润是可以做出来的。而在绝大多数企业，利润是衡量管理团队经营业绩最为重要的财务指标，没有之一。

从这个意义上说，三张表就像比基尼，我们乍一看，露了不少，但关键的部分我们往往看不到。

利润表，是万恶之源，所谓万恶"盈"为首，秀的是妆容，显摆的是面子，要的是卖相，取悦的是投资者；现金流量表，是照妖镜，照照利润表究竟是人还是妖，收入是虚还是实，利润含金量是低还是高。资产负债表，秀的是家底，圈的是地盘，存放的是虚无缥缈但催人奋进的信念。它展示的是来自现金流量表的现金，来自利润表的利润，出来混总是要还的负债，以及可遮风挡雨的房屋等实物资产。

话虽如此，利润表仍然至关重要。

因为，只有盈利才是企业屹立不倒的基石。一个长期亏损的企业，断无长期生存之理。

看这三张表的比较流畅的顺序应该是利润表、现金流量表、资产负债表。

我们先通过利润表了解公司的基本面：总体规模，在行业中的地位，成长性如何，运营效率高低，盈利能力如何；再结合现金流量表，评估公司收入的真实性，利润的含金量，对外投资的领域（体现其战略方向），筹资来源及规模，以及外汇变动对现金流量的影响；最后看资产负债表，了解公司的总资产规模及增长，资本保值增值率，权益报酬率，长短期债务结构规模及变化，货币资金增量，应收账款规模及变化，存货规模及变化（尤其是应收账款及存货的质量，即可变现程度），固定资产规模及变化等。

财报六看

以上总结起来，就是财报六看：看战略，看成长，看效益，看效率，看资产质量，看风险。每一看都要看趋势。我们先看利润表。

1. 收入及其增长：体现企业的规模及其成长性，快速定位其在行业中的位置，《财富》世界 500 强即以收入为主要排名依据。其真实性需结合现金流量表中的"销售商品、提供劳务收到的现金"进行评估。

2. 毛利及其变动：体现产品本身的盈利能力及其变动状况，由此可以判断产品的竞争力变化情况。此指标在一定程度上能体现公司的战略，比如是成本领先战略还是产品差异化战略。

3. 期间费用及其变动：销售费用反映了企业针对客户界面的投入策略，以及用于营销、广告宣传等领域的策略。在品牌价值的提升方面，除了产品本身的质量，营销策略也是重要手段。管理费用体现了内部运营效率。所谓卓越运营，可以具体理解为管理费用率的改进；研发费用则是用于创新的投入，基于未来的长远投入，也是一个公司未来发展战略以及产品策略的评估标尺。在期间费用中，涉及的预提、摊销费用等，依赖于大量的职业判断和会计估计，这是最容易扭曲利润的温床。

4. 资产减值损失：应收账款、存货、固定资产、长期投资等资产的减值计提。这个项目更是依赖于大量的职业判断和会计估计，是另一处容易扭曲利润的温床。比如，据我国《证券时报》报道，2014年4月18日，中国证券监督管理委员会通报了上市公司2013年年报财务信息披露跟踪分析情况，称重点存在四方面的问题，其中就有一条"会计判断或会计估计不当，会计处理适当性存疑"，18家上市公司被点名批评。

5. 营业外收入：本部分第四章已详细阐述过该报表的项目内涵。其特点是一次性收入，不可持续。一般情况下，企业不用太关注该项目。但现实情况往往不一般。众多上市公司盈利或扭亏为盈就靠它。比如2013年的同城友商Z公司，项目金额达到35亿元，其中软件退税约为23亿元，政府补助约为11.6亿元，达到历史最高水平，这成为其扭亏为盈的主要因素，是2013年7月公告的未来期权行权条件之基石，重要性不言而喻。

6. 净利润：利润表的归宿。辛苦一年，有没有收成，就看它了。江湖之险恶，全在它身上体现。即便企业较为规范地执行准则，净利润仍然是一尊泥塑：是人是妖，是神是兽，

全靠它体现。这在资本市场中便形成了一大奇观：经常有
某家上市公司，前一年还吃嘛嘛香，第二年却突然腰酸背
疼腿抽筋，上吐下泻加巨亏，第三年却奇迹反转、梨花带
雨、春风含笑，扭亏为盈。最大的可能就是这家上市公司
为规避连续两年亏损被特殊处理的风险，而调剂净利润。
所以，我们看到这种 V 形反转的异常波动，以及净利润极
低且长期在盈亏线上痛苦挣扎的情形时，得用十二分的批
判眼光去审视。

每一个强者的背后，都有一段辛酸的血泪史。

每一个高估值公司的背后，都有一张强劲的现金流量表。没
有一张强劲的现金流量表，也有一段令人无限憧憬的美好传说。
反之亦然。

从这个意义上说，成功的企业都是相似的，失败的企业各有
各的不同。而无论如何不同，企业都有一个共同的特点：资金链
断裂，现金流吃紧。

现金流就是企业的血液。以血为镜，就能照出利润表的本来
面目。

面对一张盈利能力不强甚至亏损的利润表，顾城的经典短诗
"黑夜给了我黑色的眼睛，我却用它寻找光明"，是现金流量表最
好的倾诉。

这也是沃尔玛、苏宁和国美等连锁零售巨头无论盈利能力如
何，都能干得风生水起的根本原因。

现金流量表与资产负债表和利润表有着本质的不同：它是以收付实现制为基础编制的，而后两张表是以权责发生制为基础编制的。所以它能很好地弥补权责发生制的不足，能为后两张表做补充。

就是说，利润表整天玩虚的，你说符合条件应该确认，就确认了，但匹配这收入的现金可能并没有收回——也许永远收不回。费用，比如这房子的折旧，你说 20 年折旧完，就分期确认了今年的费用，但也许 100 年后你的孙子还美美地住着，这房子成了文物，还大大增值了，但今年的折旧并没有现金流出，而且今后若干年后也不会流出。这造成的直接后果是，相应的资产负债表上的资产价值比较难以衡量。这个确认很难说不对，都符合准则。

现金流量表就解决了这类问题，它不管利润表是真是假，只管现金流动。预收款是现金流入，哪怕没有确认收入；预付款也是现金流出，哪怕并不能确认成本或费用。

因此两张表之间就自然而然地出现了差异。这种差异在很大程度上是由行业或企业的商业模式决定的，但直接原因是信用的引入导致货、款不同步。具体的影响因素就是企业确认收入的时点，付款方式的约定等。

现金流量表主要回答了企业三大活动的资金流动情况：经营活动、投资活动和筹资活动。我们经常讲的投融资，就是指后两项活动。经营活动就是企业的日常运营活动。

首先，筹资活动产生的现金流量回答了公司资本的来源问题，权益资本和债务资本的规模及结构问题（详见本部分第三章）。

现实中，高低搭配是最易实现的资本结构。在初创期的企业往往采用高权益资本和低债务资本搭配的方式，因为初创期经营风险大，保不齐企业哪天就倒闭了，债权人不太敢给钱。企业进入高速成长期，权益资本比例有所降低，债务资本有所上升。这时的企业就如早晨八九点钟的太阳，喷薄欲出，前途大好，谁都想分杯羹，但风投更有兴趣。企业进入成熟期，权益资本比例继续降低，这时股东一般不会追加投资，因为到了该享受红利的时间了，而债权人则会求企业贷款，就如男人四十一朵花，银行也要过家家。企业进入衰退期后，采用低权益资本和高债务资本搭配的方式，股东逐步撤资，银行继续享受稳定的利息，大家一起享受退出红利。此时，企业经营风险较低，财务风险较高。

一般来说，筹资活动产生的现金净流量越大，企业面临的偿债压力也越大，但如果现金净流量主要来自权益性资本，那么企业不仅不会面临偿债压力，资金实力反而增强。企业吸收的权益性资本所收到的现金与筹资活动现金总流入比较，所占比重大，这说明企业资金实力增强，财务风险较低。这就是为什么一个企业规模越大，就越需要不断地转增股本。

其次，投资活动产生的现金流量回答了企业资金的重大投资方向问题，也在一定程度上回答了企业的战略以及实现战略的方式问题。

比如企业修建研发基地，这是基建领域的投资；收购某家芯片企业，这是对产品技术领域的投资，并且是以外向收购的途径进行的。这也是思科等现金流充裕的企业惯用的扩张手段。但实际上，内部研发的内生增长途径也可供企业选择，这是华为的惯用手法。

对于投资活动产生的现金流量，我们不能简单地以正负来判读其优劣。当扩大规模或开发新的利润增长点时，企业需要大量的现金投入，投资活动产生的现金流入量补偿不了流出量，投资活动现金净流量往往为负。但如果企业投资有效，那么投资会在未来产生现金净流入，创造收益。这就是面向未来的长远投入。

再次，经营活动产生的现金流量。上述两项活动之外的企业的所有活动，几乎都可归入此类活动产生的现金流量。

毫无疑问，经营活动产生的现金流量是企业赖以运营的基石。企业给员工发薪水靠它，给供应商付款靠它，给政府缴税靠它，给银行还利息也靠它，给股东分红还靠它。

我们将销售商品、提供劳务收到的现金与购进商品、接受劳务付出的现金相除，在经营正常、购销平衡的情况下，二者的比率大，说明企业的销售利润大，销售回款良好，变现能力强。

我们将销售商品、提供劳务收到的现金与经营活动流入的现金总额放在一起，可大致看出企业产品销售现款占经营活动流入的现金的比重。比重大，说明企业主营业务突出，聚焦主航道，营销状况良好。

我们还可以将本期经营活动现金净流量与上期做比较，增长率越高，说明企业成长性越好。

我们看现金流量表，主要就是看经营活动现金流。

经营活动现金流减去资本支出，就是自由现金流。在资本支出占据重要比例的运营商中，该指标被广泛使用。

自由现金流的本质是企业产生的、在满足了再投资需要之后剩余的现金流量，是在不影响公司持续发展的前提下，可供分配给企业资本供应者的最大现金额。

将现金流量表与利润表关联起来的指标有很多。比如华为常使用的利润兑现率就是很有代表性的一个指标，它反映了每1元的利润所能带来的经营活动净现金流量。

利润表反映了一定时期内的经营成果，现金流量表反映了一定时期内的现金变动情况，资产负债表则反映了资产负债表日这一特定时点的资产状况。我在前面都有阐述，此处就不展开了。

但现有的资产负债表在反映公司资产的全面性上存在着明显的缺陷。根据罗伯特·卡普兰教授和大卫·诺顿教授的研究，企业市值的75%以上源于传统财务指标无法捕捉的无形资产。也就是说，公司的平均有形资产（资产减去负债后的账面净资产）只代表了不到25%的市场价值。

这个问题在钢铁、机械等传统的制造行业不会凸显，但在高科技电子行业中，将会加倍放大。比如通信设备行业的价值可能就不一定在于有多少房产，有多少设备，而在于有多少关键资产、软资产。

那什么是华为的软资产呢？

1. 肚里有货：这个货，就是领先的、差异化的、为客户创造价值的产品和解决方案。而这正是领先于对手的武器，是未来收益率的增长来源，也正是华为不断加大面向未来的投入的原因。这是基础，是硬实力，来不得半点儿虚假。正如战场打仗，是要动真刀真枪的。

2. 有地盘：运营商市场的典型特点。我的地盘我做主，地盘就是根据地，就是价值市场的格局和规模。恰如魏、蜀、吴三国达成了相对平衡，这就是格局。任谁都无法轻易消灭对方。蜀国弱一点儿，那就东和孙权，北拒曹操。好格局意味着天时，比如曹魏；或地利，比如孙吴；或人和，比如巴蜀。若能兼而有之，就能纵横无敌、一统江湖了。有地盘意味着可能的扩容收入和更多的存量经营，也意味着深耕细作、旱涝保收。

3. 资源整合力：基于对客户的深刻理解，在全球市场服务客户的能力。这意味着企业能快速响应客户需求，高效率、低成本地交付，提升客户满意度。

4. 客户信任：价值客户的战略合作伙伴。战略合作伙伴的含义就是有个婚、丧、嫁、娶首先想到咱，有块糖优先考虑给咱尝尝。这是获得持续稳定收入的保证。

5. 品牌：在智能手机市场，越来越多的人开始了解华为，华为的影响力与日俱增，开始有回头率；有回头率，就有重复购买。

任正非认为，华为不应太功利，要有战略耐性，只要不断提升手机的质量和服务，磨好豆腐，发好豆芽，终有一天，消费者会认可。这就是品牌积累。基于行业特点，轻资产运营，提升软实力，应该成为华为的方向。

将利润表与资产负债表关联起来分析，常用的指标有净资产收益率、总资产报酬率等盈利能力指标和总资产周转率等效率指标，当然 EVA（经济增加值）也是很普及的指标。2003 年起，众多央企开始采用该指标衡量管理者业绩，但它对资本成本的定义是一个很大的问题。

其实，所有的问题归结到哲学层面上，无非就是三个问题：我是谁？我从哪里来？我要到哪里去？

三张表也不例外。企业的战略就是回答我是谁的定位问题，资产负债表中资本的来源，不同类型资产的配置，收入构成中产品的结构和现金流量表中的投资活动，都在承载公司的战略。而业务的钱从哪里来、花到哪里去，则是从资金流动的角度，来实现企业的战略。

三张表的内在逻辑关系，如图 1-4 所示。

虽有众多缺陷，但三张表仍然是大家观察一家公司的入门必备资料。再结合附注及年报的审计师报告、基本情况介绍、管理层分析、大事记、财务数据及指标摘要、重要事项、股份变动及股东情况、治理架构、高管信息、内部控制等资料，我们就可以对一家公司有一个相对完整的认识了。

三张表结合信用评级机构的评估，是一个非常好的公司评价角度。

实际上，三张表相关的财务指标在信用评级中占有相当比例。

期末资产负债表

报表项	金额
资金	88
应收	20
存货	0
固定资产	80
资产合计	188
应付账款	20
应付所得税	8
长期债务	50
所有者权益·资本	100
所有者权益·未分配利润	10

类别	活动
7 经营	收到货款 80
8 经营	现金支付期间销售费用 5
9 筹资	计息 5 并支付
10 经营	计所得税 8 本期末付
11 分配	分配利润 2

损益表

报表项	金额
收入	100
成本	50
折旧	20
销售费用	5
财务费用	5
所得税	8
利润	12

现金流量表

报表项	金额
经营流入	80
经营流出	−55
投资流入	0
投资流出	−80
筹资流入	150
筹资流出	−7
净现金流	88

假定期初资产负债表所有项目均为 0

资产负债发生额

报表项	金额
资金	20
存货	50
固定资产	100
资产合计	170
应付账款	20
长期借款	50
所有者权益　资本	100

类别	活动
1 筹资	股东投资 100
2 投资	购固定资产 100，付 80
3 筹资	银行借 50 补运营资本
4 经营	购买材料 50
5 经营	销售全部货物收入 100
6 经营	设备直线折旧 20

图1-4　三表联动：资金周转创造价值

建立在三张表基础之上的信用评级，是投资者评价一个公司基本面的重要参考因素，也是影响资本市场的利器。

比如著名的国际三大评级机构标普、穆迪和惠誉，它们动不动来一个信用下调，这甚至可让一国的经济雪上加霜。这些评级机构下调希腊、西班牙、意大利的国家信用等级，就是典型案例。

在世人眼里，三张表枯燥难懂，所以信用评级是一个简单易用的好工具，而三大评级机构就是一个组织信用等级的品鉴人。大家可能看不懂三张表，但看得懂直观的信用等级。

当然，以前没有三张表，也没有标普、穆迪、惠誉。但以前有人物品鉴大师啊，比如东汉末年的许劭。

在那个距今 1 800 多年的兵荒马乱的年代，人们的交通基本靠马，通信全靠放鸽子，损人基本靠童谣，评级全靠许劭那张嘴。

没有 QQ（即时通信软件），没有微博，没有微信；没有标普、惠誉，没有穆迪。

是人是鬼，是忠是奸，是正是邪，想升官发财青云直上，想屌丝逆袭高富帅，全在许大师一张嘴。

你说让智商说话、参加国家公务员考试？

抱歉，那是 400 年后的事。这时还是察举制、征辟制，魏晋时才改良为九品中正制。

那时没有电视台，也没有例行的记者发布会，大家也不能天天堵住许大师的门。怎么办？那就每月初一来个集中挨个点评，史称"月旦评"。

被许大师打分打成"C或D"的人，只能自认倒霉，一辈子以泪洗面了，三年升官前景渺茫。运气好的、被许大师打成"A"分的人就发达在望了。如果这个人祖上洪福齐天，被额外签发了个"大师嘉奖令"，荣获特等奖或者一等奖，直接就被任命为高山流水区总裁也未可知。

大名鼎鼎的一代雄主曹丞相也不能免俗，他在得到梁国桥玄、南阳何颙的好评后犹不满足，天天缠着许大师，死乞白赖非要他顶个帖子点个赞。大师深鄙其为人，恶其奸诈，心烦意乱，又惹不起这祖宗，担心阿瞒背后使阴招。执拗不过，大师挥泪送出十个字："治世之能臣，乱世之奸雄"。

没有三张表，累死品鉴师啊！

不光三张表像比基尼，就连洋洋洒洒的年报本身，可能也只是皇帝的新装。眼见，未必为实。带着批判的眼光、怀疑的精神去看三张表，我们可能会有另外的收获。

所以，如果高手比拼的最高境界是无招的话，那么财报解读的最高境界就是无数——不用具体数据，即已洞察其未来大势。

另外，三张表也只反映了某一家企业的经营成果、现金流量和财务状况。但世界在发展，时代在进步。一对一的单挑已经落伍了，整体生态链的对决，才是王道。前进之路，犹如河道。逆水行舟，不进则退。

无数的精彩，无尽的悲欢，无数的浮沉，无尽的恩怨，将在你之征程，一一呈现。

不要旁观，要亲历见证，让血火自燃。那些不朽，那些传奇，如天空中绚烂的流星，一旦错过，将千年不见。

是以江湖未静，奋斗不止。竭全身之力，捍领先之位。

不仅为了现在，更是为了未来。

此文原创于 2014 年 6 月 6 日，已修订

第二部分

高管懂组织——"以客户为中心"的流程化组织

第一章　管理的核心：建流程、建体系、建系统

管理的核心是什么？管理的核心是建流程、建体系、建系统。管理的目标则是流程化组织建设。图 2-1 是华为核心治理和业务运作逻辑图。

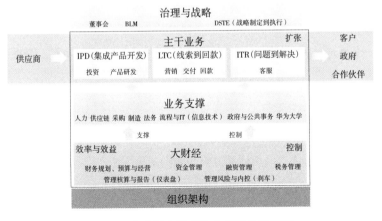

图 2-1 华为核心治理和业务运作逻辑图

2018 年 3 月 12 日，华为创始人、CEO 任正非在《关于人力资源管理纲要 2.0 修订与研讨的讲话纪要》中指出：

公司要坚持业务决定组织，适应不同业务特点，发挥大平台优势，构建聚焦客户、灵活敏捷、协同共进的组织。

公司要强调业务决定组织，使组织适应业务特点，同时发挥大平台的优势。公司平台是分层的，主要分为两类，包括整个集团的平台和各个业务的平台，是有灵活性的。最终构建的组织要满足三个要求：聚焦客户、灵活敏捷、协同共进。业务组织要有一定的管理跨度，不要分得太细。公司已进入稳定的管理状态，部门划小，对一线干扰过多。

整体上公司的组织运作要从管控型转向支持作战型。组织运作是为了作战，不是为了管控。管控是管控问题，我们怎么把自己的作战也管控得动弹不得呢？基于信任的管理就是要减少不必要的汇报、不必要的 PPT（演示文稿）、不必要的组织层级。在运作方式上，我们要逐步推广"平台 + 业务团队"的方式，这是一种理念，实现的方式有很多。职能部门要平台化、平台要服务化、服务要市场化。平台不能变得很笨重，平台的厚度要根据一线的调用来决定，反过来才能挤压平台的成本，最后平台与前线是力出一孔、利出一孔。

公司仍然需要构建流程化组织，否则大兵团作战怎么实现。流程的烦琐不是科学，但必须先立后破。眼镜蛇摆动就是最好的 KPI（关键绩效指标）运作，眼镜蛇蛇头摆过来，关节跟随着动，身体就摆过来了，但关节之间的连接是没有变化的。美军在伊拉克战争上的后勤表现很好，其实就是很好的流程化运作。我们公司现在左讨论、右开会，但组织运作僵化，流程管控僵化，还需要节节审批，真不如国企中国铁路的高铁运营管理。但现在流程差，不等于公司没建立流程组织，虽然流程有非常多的毛病，但还是支撑了这么一个大公司的运作，这个流程虽然有问题，但是公司还得继承与优化。抛弃了流程运作，我们就是游击队。我们要逐步改变流程决策机制，不确定性事务采用以主官为主体的团队决策，确定性事务采用以高级职员为中心的首长负责制。我们一年20万个会议，在咖啡厅开的小型会议还没有统计在内，ST（办公会议）太多了，AT（行政管理团队）会议也多，权力也过大。

高层委员会集体决策针对的事是很重要的，我们可以不着急、慢慢来。但中基层的日常运作就不能完全套用这个体系，确定性的事务实行首长负责制，决策速度应该很快，而不是放在每月一次的会议上决策。变革指导委员会自身要对准多产粮食，而不是流程完美的自我欣赏。

2017年7月12日，在三季度区域总裁会议上，任正非要求建立大能力中心与小作战单元相结合的组织。

公司应把中央集权（资金管理权、账务管理权、审计权）的监管体系直插到底，建立起边界，充分把经营权下放给作战队伍。

在组织结构的改革过程中，公司应贯彻继续授权。当然，决议的落实还需要一个过程，我们会一块块梳理，逐步给前方更多授权。这几天公司会通报几个典型胡乱作为的案例，让他们回到原项目去承担起责任，我们不会因为有几个胡乱作为的例子而停止授权。2003 年，华为的销售收入只有 130 亿元，相当于今天华为驻广州办事处的 1/3，为什么不能把广州办事处变成一个小华为呢？全球出现 100 多个小华为，这战斗力提升多少呀！我们已有优良管理的后方平台，有规范作业的操作方法，这比我们以前的"外蒙估"强多了。当年我们是连账都看不懂的"草莽英雄"，冲上战场，蒙一蒙、估一估就定了，后来变成"内蒙估"，现在你们变成优秀的职业经理人，甚至是将领。

华为坚持经营权继续下放不动摇，监管权上移。监管也要以多产粮食为中心，没有纯粹的监管。在改革过程中，各个口都要积极支持。希望大家不要胡乱作为，越有权，越要谨慎。

华为的流程架构师效仿 IBM 的做法，把公司的主干业务分成三段：

1. 把产品开发出来。产品从有概念开始，到设计、制造、面市，就是 IPD。IPD 是解决创新技术研究和产品开发、生命周期管理端到端业务运作的研发管理体系。

2. 把产品卖出去、变现。产品要有客户买。从发现线索，到形成机会点，订单、发货、安装、验收、回款，就是LTC。LTC是从线索、销售、交付到回款的主业务流程。

3. 售后服务。只有上帝做的东西才没问题。现在没问题，时间长了也可能有问题。客户有各种各样的需求，产品要不断地改进升级。有问题，公司就要解决，然后关闭。这就是ITR。ITR是面向所有客户服务请求的端到端流程。

这三段，就是华为定义的创造价值的三个主干，对应三大主业务流。

这三大主业务流有起始、终止，对应三个系统（IPD/LTC/ITR），要有相应的组织去适配，不仅仅要匹配流程与IT，也要和客户去匹配。

三大主业务流的上游是供应商，下游是客户。运营商BG面对的主要客户是电信运营商，企业BG面对的主要客户是政企，就是政府与企业，不含电信运营商，消费者BG面对的主要客户则是渠道合作伙伴与消费者。

为隔离风险，华为对企业客户通常采用被集成的策略，即华为不直接面对最终客户，由合作伙伴，比如神州数码等渠道商，集成包括华为在内的供应商的产品，形成解决方案，在销售界面面对最终客户。

主干业务的核心关键词是扩张。

扩张，意味着机会，意味着增长，意味着市场份额，意味着话语权。

日复一日，年复一年。简单、海量、重复的工作怎么做到更好？

最好的方法就是把它流程化、模板化，最后用 IT 支撑。

仅有主干，没有枝叶，大树不成其茂盛。

公司有了主干业务，还要有人力，招到合适的人，干合适的事；要有采购、供应链，提供稳定的原料供应；要有法务，防控法律风险；要有政府与公共关系，因为公司不是活在真空中；要有华为大学，训战结合，给公司插上腾飞的翅膀。这就是业务支撑。

公司三大主业务流一年运行下来，就形成了公司的业绩——财务三张表。围绕三张表的财务领域支撑活动，就是大财经。

大财经从来就不是数据的创造者。大财经是大数据的搬运工。

企业所有的业务运营，经过合理的会计估计和选用合适的会计政策，最终体现为三张表。大财经要做的，是使三张表看起来更合理、更稳健。

大财经的核心关键词是效率与效益、控制。大财经核算出报告，作为仪表盘，审视效率与效益。大财经管理风险，规避或降低风险敞口，在主干业务扩张时，偶尔踩刹车。

牵引企业主干业务有序扩张的源头是战略。战略有效落地的关键，是有组织的支撑。

而这一切有效运转的背后，是良好的治理。

第二章　业务有效运转的背后：良好的治理

作为一家拥有 19.4 万名员工、业务覆盖全球 170 多个国家和地区、2018 年年度营业收入 7 212 亿元的《财富》世界 100 强企业，华为能够在被美国列入实体清单持续打压的背景下，有条不紊地维持运转，其良好的治理起了至关重要的作用。

2018 年 3 月 12 日，任正非在《关于人力资源管理纲要 2.0 修订与研讨的讲话纪要》中对华为的治理做了阐述：

> 公司未来的管理体系是统治与分治并重的分布式管理体系，采用"横向分权，纵向授权"的权力结构。统治系统的各机构间是分权制衡关系、统治系统与分治系统间是授权与监管关系。立法权高于行政权。
>
> 未来集团董事会是经持股员工代表大会授权的公司最高领导委员会，代表集团的统治权力，下面是消费者业务管理委员会、ICT（信息与通信技术）基础设施业务管理委员会和平台

协调管理委员会。消费者和泛网络业务管理委员会有一定的分治权力。平台协调管理委员会支撑集团统治的协调权力，承接从董事会下来的主张与要求，做细节性的穿透工作，形成公司的共同平台。董事会的中央管控一定是强有力的，通过统治平台来管制不同业务的分治，否则就容易被架空。

公司共同价值管理就是董事会承担的总责任，主要有四条：一是战略洞察，二是建立业务边界与管理规则，三是管理高层关键干部，四是监督。董事会的支撑平台就是现在集团的主要职能部门，负有统治支撑责任，更多是基于建设，而不是操作。下面的分治体系自己建设的平台是基于操作和监督。关于集团职能的监督、管控和服务，公司可以进一步讨论优化。这样我们让多元化业务在公司生长，甚至小的创业模型出来了，我们也容忍，但业务是受限、受控的，公司不能进行赌博式的无底洞投入，业务必须企望进入世界前三，在世界IT版图上拥有自己的一席之地。各业务必须要创造出价值，没有创造出价值，也别讲故事。

以天、地为平台进行管理的目的是允许多棵树在公司平台上共同生长，最好树和树之间不关联，只是天和地跟这些树关联。我们是有中心的发散与收敛，使各业务既有自由运营的灵活机动，又有天、地的管控。去中心化，短期内还不适合华为。也就是说，树与树之间在原则上并不共享，各自干自己的，这样互不牵制，管理也就简单化了。公司的统治平台只有一个，分治的平台是各自的，分治以后就别再共享了。如果代表处实行子公司董事会代表公司，那么作为一个平台，它为所有业务服务。

华为坚持公司"立法权"大于"行政权"。

华为把公司的最高权力放在集体领导、规则遵循、行为约束的笼子里。参照英国的"王在法下，王在议会"中的成功经验，当值期间的轮值董事长要受常董会集体领导的辅佐与制约，常董会的决策需经董事会的授权、制衡与表决，董事会的决策需按董事会议事规则表决确定。

轮值董事长、常务董事会及董事会领导的行权都要受持股员工代表会批准的规则约束，他们的履职行为也要受到监事会的监督。

公司通过治理章程，实现顶层架构的分权、共进、制衡。

各治理机构既权责聚焦明确，又分权制衡，避免权力过于集中，因不受约束而被滥用。

公司核心精英群体维护公司长远利益，掌握治理领袖的选拔；董事会"任人为贤"，带领公司前进；监事会"任人为忠"，对董事和高管的忠实、勤勉、履责予以监督。

权力在闭合中循环，在循环中科学更替。华为的董事与监事都必须既有治理才能，又忠诚于治理章程。这里的"贤"与"忠"并非对立概念，只是生动地表达了公司对董事与监事的要求及履责侧重。[①]

———————

① 2019 年 3 月 30 日，《任总在第四届持股员工代表会的讲话》。

此权力循环约束机制体现了集体领导的运作精髓，它有利于公司的长期稳健发展。

2017 年 11 月 26 日正式生效的治理章程，第四届持股员工代表会的产生，董事会换届选举的成功举行，都标志着华为顶层治理结构经历 30 年的探索、试验，终于实现了科学化与合理化，并走向了规范化。而规范化是公司继往开来、长久存在的基础。

公司不仅在治理方面规范化，事实上，从 2007 年开始，华为还建立了覆盖全球所有业务、所有员工的贸易合规管理体系。[①] 正因为有了这样的一个良好运行的贸易合规管理体系的保护，如今公司逾千亿美元规模的业务才能有效地运行，才能让客户和合作伙伴放心。

虽然美国一再质疑华为的背景，但事实上，华为是一家 100% 由员工持股的民营企业。股东为华为投资控股有限公司工会委员会（下称"工会"）和创始人任正非。

作为一家非上市公司，华为没有义务按监管机构管理资本市场的规则公开披露信息。但作为一家由 96 768 名员工[②]持有公司虚拟受限股股份的公众公司，华为一直希望树立一个公开透明的市场形象。

2013 年 1 月 21 日，华为集团 CFO 首次公开对外披露业绩，预测公司将实现销售收入 2 202 亿元，同比增长 8%，将实现净利润 154 亿元，同比增长 33%，并表示更详细的数据将在毕马威审计过的年报中得到进一步披露。

---

① 2018 年 12 月 18 日，《胡厚崑 12 月 18 日国际媒体圆桌会议纪要》。

② 数据引自《华为投资控股有限公司 2018 年年度报告》。

2013 年 4 月 8 日，华为正式公布了经过毕马威审计之后的 2012 年年报。

自此之后，每年的 3 月底，华为都会由轮值 CEO 或轮值董事长和 CFO 面向全球发布经审计的年报。

纵使如此，如华为轮值董事长胡厚崑所说，华为是一家来自中国的非上市公司。但这并不意味着华为不可以做到同样的透明度，以消除某些国家的担心和疑虑。

华为在这方面也做了很多的努力：很早就公布了公司的股权结构，让公众知道华为是一家由员工持股的民营企业；每年用最严格的标准公布经过审计的年度报告，让大家了解华为业务的真实性、完整性和独立性；同时，还针对大家一些特定的担忧，向各国的政府表明华为业务运作的独立性，从来没有被任何政府要求，去做有损于客户、有损于国家的事情。

任正非多次公开表示，消除担忧最好的方式就是"让事实来说话"。事实就是，华为过去 30 年里没有发生过严重的网络事故，没有网络安全隐患，没有任何证据证明华为在做有损于任何国家安全的事情。

华为通过工会实行员工持股计划。

截至 2018 年 12 月 31 日，员工持股计划参与人数为 96 768，参与人均为公司员工。员工持股计划将公司的长远发展和员工的个人贡献及发展有机地结合在一起，形成了长远的共同奋斗、分享机制。

任正非作为自然人股东持有公司股份。同时，任正非也参与了员工持股计划。截至 2018 年 12 月 31 日，他的总出资占公司总股本的比例为 1.14%。

这就是任正非讲的"财（股）散人聚"。

股东会是公司权力机构，由工会和任正非两名股东组成。

工会履行股东职责，行使股东权利的机构是持股员工代表会。持股员工代表会由 115 名持股员工代表组成，代表全体持股员工行使有关权利。

2018 年，持股员工代表会举行了两次会议，审议通过了年度利润分配方案、增资方案、公司治理相关制度等。

持股员工代表和候补持股员工代表由在职持股员工选举产生，任期为 5 年。持股员工代表缺位时，候补持股员工代表依次递补。

2019 年 1 月，公司进行了持股员工代表会换届选举，选举产生了 115 名持股员工代表及 18 名候补持股员工代表。这些代表的主要来源是董事会成员、监事会成员、各一层组织总裁、AT 成员、职能部门主官等。

股东大会下还设有董事会、审计委员会、监事会。

华为的董事会是公司战略、经营管理和客户满意度的最高责任机构，承担带领公司前进的使命，行使公司战略与经营管理决策权，确保客户与股东的利益得到维护。

2018 年，董事会共举行了 10 次现场会议，就公司中长期发展规划、年度预算、年度审计报告、公司治理制度建设、年度利润分配、增资、合规监管体系建设、网络安全等事项进行了审议和决策。华为董事会成员共 17 名，由持股员工代表会选举产生并经股东会表决通过。

2018 年 3 月，持股员工代表会和股东会进行了董事会换届选举，董事长及新一届董事会成员、候补董事产生。董事会选举产生了副董事长和常务董事。董事缺位时，候补董事依次递补。[①]

原董事长孙亚芳退休，但仍当选为员工持股代表；原监事会主席梁华接任董事长；原常务董事、片联总裁、人力资源部总裁李杰转任监事会主席；原轮值 CEO 郭平、徐直军、胡厚崑转任轮值董事长、副董事长；原集团常务董事兼 CFO、任正非之女孟晚舟升任副董事长，兼任平台协调委员会主任和集团 CFO。

董事会设常务委员会。常务委员会是董事会的常设执行机构，受董事会委托对重大事项进行研究酝酿，就董事会授权的事项进行决策并监督执行。

2018 年，董事会常务委员会共举行了 12 次会议。董事会常务委员会成员包括郭平、徐直军、胡厚崑、孟晚舟、丁耘、余承东、汪涛。

董事会常务委员会实行七常委制，董事长梁华并未在内。

公司董事会及董事会常务委员会由轮值董事长主持，轮值董事长在当值期间是公司最高领导。轮值董事长的轮值期为 6 个月。

2018 年 4 月 1 日—9 月 30 日，徐直军当值。最后一任轮值董事长是从 2022 年 4 月 1 日—9 月 30 日，胡厚崑当值。

轮值董事长的治理机制，来源于 2011—2017 年的轮值 CEO

---

① 引自《华为投资控股有限公司 2018 年年度报告》。

机制。而轮值 CEO 机制，则来源于 2004—2010 年的 EMT 轮值主席制。

2001 年 10 月，华为召开了一次大规模的干部会议。创始人任正非在讲话中检讨了自己的决策失误，提出改进对策。讲话在内部发文，叫《十大管理要点》。此文流传到媒体，被改成了著名的《华为的冬天》。

此后，任正非主动下放权力。经咨询合益公司，2004 年，华为开始建立起集体领导机制：EMT 轮值主席机制。

这种集体领导机制，能避免华为陷入混乱和迷茫，使决策更有效。

2019 年 4 月 17 日，在中国深圳召开的东北欧媒体圆桌会议上，轮值董事长郭平回忆了 EMT 轮值的由来和轮值董事长的角色定位：

大约在 2004 年，华为请了一个美国咨询公司帮华为做高层组织设计，这个咨询公司提出华为要建立 EMT，希望任总出任 EMT 主席。任总当时提到，他年纪大了，不出任，由其他的成员出任主席去主持 EMT，这就是最早的轮值制度的形成。我们有 3 个轮值董事长（郭平、徐直军、胡厚崑），每个人轮值 6 个月。我们不作为轮值董事长的时候，仍然在 7 个人的决策委员会① 中。作为轮值董事长，我们有个人责任，是合同决策和危机处理第一责任人。对于公司的制度和重要管理层

---

① 指常务董事会。——编者注

的使用、任命、评价，这 7 个人的委员会来行使集合权利。

董事会设立审计委员会，取消原有的战略与发展委员会、财经委员会和人力资源委员会。后三个委员会重新组成 ICT 基础设施管委会和消费者业务管委会。

审计委员会在董事会授权范围内履行内部控制的监督职责，包括对内控体系、内外部审计、公司流程以及法律法规和商业行为准则遵从的监督。

审计委员会按季度举行例会，根据需要召开特别会议，并邀请相关业务主官和相关领域专家列席。

2018 年，审计委员会共举行 5 次会议，围绕公司风险控制、内控建设推动、稽查组织调整、内审业务建设、会计监管与财报管理等相关主题，审议并批准了公司年度内审计划、全球内控年度规划，听取了内控成熟度趋势、半年度控制评估（含财报内控）、消费者 BG 内控改进述职、企业 BG 内控改进述职、内审变革等专题报告，通过员工反腐教育、违反工作作风八条点名、重大审计发现与案例宣传等措施，促进员工遵守华为商业行为准则。

此外，审计委员会主任单独与外部审计师就管理改进建议书进行了专题讨论。

按照中国公司法的要求，华为还设立了监事会。

监事会的主要职责包括董事 / 高级管理人员履职监督、公司经营和财务状况监督、合规监督。监事会成员列席董事会会议和 EMT 会议。

2018 年，监事会共举行了 10 次会议，对 2017 年年度董事履职情况进行了评价，对公司年度财务报告进行了审议；听取了公司合规监管体系和海外子公司监督的汇报，对全球子公司的合规监督进行了审视；监事会成员列席了全部董事会会议，对董事会决策事项及运作规范性进行了监督。

监事会成员共 10 名，由持股员工代表会选举产生并经股东会表决通过。

监事会设常务委员会，在监事会授权下开展工作。监事会常务委员会成员有 6 名。

华为聘请了独立的外部审计师负责审计年度财务报表。外部审计师根据会计准则和审计程序，评估公司财务报表是否真实和公允，对财务报表发表审计意见。

审计范围和年度审计报告由审计委员会审视。任何潜在影响外部审计师客观性和独立性的关系或服务，外部审计师都要与审计委员会讨论。此外，外部审计师还与审计委员会共同商讨审计中可能遇到的问题、困难以及管理层的支持情况。

自 2000 年起，华为聘用毕马威作为独立审计机构，沿袭至今。

2019 年 4 月起，华为对 2C 业务的消费者 BG 的治理及监管做了重大变革。

村自为战，人自为战

2019 年 4 月 4 日，任正非签发了《关于消费者 BG "军团作战

模式"变革试点管理相关文件发布的通知》《消费者 BG 组织治理
与监管关系高阶方案（试行）》两个重要文件，对 2C 业务的消费
者 BG 今后的作战模式、组织治理与监管关系做了界定并试点，并
宣布该配套文件"具有临时权力，一年后将被优化成文件"。

在集团副董事长、平台协调委员会主任兼 CFO 孟晚舟被加拿
大无证据羁押 5 个月后，公司被美国列入"实体清单"前夕，华为
发布了消费者 BG 组织治理变革的信息，华为的目的何在？我分析：

> 一是为了最大限度地激活消费者 BG 组织的活力，促进消
> 费者 BG 进一步抓住业务发展机遇；
> 二是为了实现"规模增长"和"效益提升"双赢式的高质
> 快速增长；
> 三是为了继续探索与实施以"机关手放开，业务放开
> 手""机关管住钱，业务用好权""钱要体现集团意志，权要
> 听得到炮声"为特征的消费者 BG 相对自主经营、自主管理的
> 业务运营模式。

主要目标也非常明确：在公司董事会确定的业务边界及业
务目标内，在公司中央集权监管下，消费者 BG 以 3 年收入达到
1 000 亿美元、5 年达到 1 500 亿美元、年度税前利润率不低于预定
目标值为经营目标；以内外合规为底线目标、有效管理库存风险、
以中央集权监管穿透为管理底座；以约定的粮食包、资产管理规
则、年度研发费用不低于年度收入的 6%（节约不归己）为边界，

放手追求更高的业务发展目标，并形成人力刚性成本的自我约束。

为什么华为要在此时推出消费者 BG 的组织治理系列变革？我分析，可能受以下因素影响：

1. 华为的传统老大运营商业务收入增长停滞，2018 年甚至是负增长。4G 高峰建设期已过，5G（第五代移动通信技术）商用尚需时日，预计大规模商用需 2~3 年后实现；短期内贡献不了规模增长。

2. 企业业务不温不火，其增速虽然超过主要竞争对手（思科，Ajava，Juniper，EMC² 等），但仍未达到最初的预期。要知道，2011 年组建企业 BG 时，规划的目标是 2017 年收入规模达 150 亿～ 200 亿美元，但 2018 年实际收入仅为 108.5 亿美元。

3. 云和人工智能业务起了个大早，赶了个晚集。2010 年年底，任正非在上海首次提出"云、管、端"的战略概念。管就是运营商业务和企业业务的通信管道业务，基石是运营商业务；端就是消费者业务，即华为内部讲的"水龙头"。"水龙头"一拧，"水"就流出来了。"水"，就是数据和应用。2014 年，华为确定了管道战略，田涛老师称之为"针尖战略"，即聚焦主航道，为信息洪流提供管道，上不碰数据（内容），下不碰应用。只负责建"管道"，不负责提供"水"。应该说，任正非在 2010 年年底提出"云、管、端"的战略概念后的 8 年，"管、端"表现不错，尤其是"端"搞得风生水起。但"云"始终动作不大，落后于国际领先的亚马逊和国内领先的阿里云。

4. 消费者业务市场空间巨大，华为处于坐三望二的地位。2018 年第二季度，华为的市场份额甚至一度超过苹果，坐二望一，并且离第一的三星差距也不大。按华为现在的增速，若不考虑美国制裁、谷歌断供的影响，那么华为在未来 2～3 年可超越三星做到第一。

基于自身规模增长的战略目标和外部竞争环境等背景，华为决定加大消费者 BG 授权，给予 5 年的放权试点。

图 2-2 为华为截至 2018 年 12 月 31 日的业务架构。我们可以看出消费者 BG 相对独立，消费者 BG 于 2015 年开始探索在区域层面的独立运作。

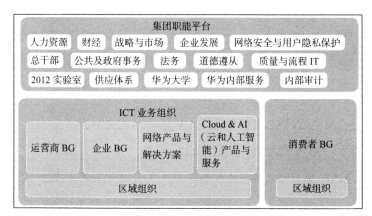

图 2-2 截至 2018 年 12 月 31 日华为的业务架构

注：引自《华为投资控股有限公司 2018 年年度报告》。

从图 2-3 可以看出，消费者 BG 一骑绝尘，领跑所有业务。

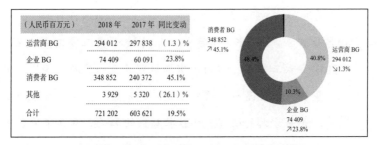

图 2-3 华为 2018 年各 BG 业务构成及增速

注：数据引自《华为投资控股有限公司 2018 年年度报告》。

消费者 BG 这次军团作战模式及组织治理变革的核心是权力下放（见表 2-1）。

表 2-1 华为消费者 BG 关键角色行权图

关键角色	任命		长期激励/工资		绩效考核		奖金		人岗	
	建议/建否权	批准权	建议/建否权	批准权	建议/建否权	批准权	建议/建否权	批准权	建议/建否权	批准权
消费者 BG CEO	消费者业务管理委员会轮值主任*	常董会	消费者业务管理委员会轮值主任	常董会	消费者业务管理委员会轮值主任	常董会	消费者业务管理委员会轮值主任	常董会	消费者业务管理委员会轮值主任	常董会
消费者 BG 总裁	集团财经 AT 主任	常董会	集团财经 AT 主任	常董会	集团财经 AT 主任	常董会	集团财经 AT 主任	常董会	集团财经 AT 主任	常董会
消费者 BG CFO	集团财经 AT 主任/消费者 BG CEO	常董会	集团财经 CFO/消费者 BG CEO	常董会	集团财经 CFO/消费者 BG CEO	常董会	集团财经 CFO/消费者 BG CEO	常董会	集团财经 CFO/消费者 BG CEO	常董会
消费者 BG 监管副总裁	监事会主席/消费者 BG CEO	常董会	集团审计委员会主任/消费者 BG CEO	常董会	集团审计委员会主任/消费者 BG CEO	常董会	集团审计委员会主任/消费者 BG CEO	常董会	集团审计委员会主任/消费者 BG CEO	常董会
消费者 BG COO	消费者 BG CEO	常董会	消费者 BG CEO	常董会	消费者 BG CEO	常董会	消费者 BG CEO	常董会	消费者 BG CEO	常董会

注：①常董会（董事会常务委员会）7 人：郭平、徐直军、胡厚崑、孟晚舟、丁耘、余承东、汪涛；

②消费者业务管理委员会 13 人：郭平、徐直军、胡厚崑、孟晚舟、余承东、李杰、梁华、李英涛、赵明、何刚、朱平、徐钦松、万飙。

1. 用人权。关键角色的管理关系设计在原则上遵循公司"分权制衡""隔层管理，两层审结"的管理原则。其中与短期评价相关的绩效考核、奖金评议等权力授予相应作战组织；与长期评价相关的任命、工资、长期激励等权力适当上收一层。

2. 财权。它全部下放给消费者业务管理委员会。它涉及战略投入和日常运营投入。战略投入节约不归己，与考核中的土壤肥力考核要求相挂钩，以牵引消费者 BG 自身对于中长期业务发展基础的投入；日常运营投入节约归己，以牵引人均效率的持续提升。

3. 事权。除了公司董事会保留的权力（消费者 BG 业务边界确定、长期发展战略审批、公司整体品牌管理、财务政策规则制定、高层关键干部与梯队建设，以及资金/账务/审计三项中央集权管理），其他全部下放。

让我们一起看看消费者 BG 分层权力运作情况（见图 2-4）。

消费者业务管理委员会：在公司董事会的授权与监管下，全权全责承担消费者业务经营、内外合规、持续发展责任，行使业务战略与经营管理决策权、关键干部监管权。

消费者 BG EMT 会议：在消费者业务管理委员会授权下，负责消费者 BG 业务日常经营与合规管理，对经营与合规结果、消费者市场的市场品牌及用户体验提升负责。

消费者 BG EMT 由消费者 BG CEO、消费者 BG 总裁、消费者 BG CFO、消费者 BG 监管副总裁、消费者 BG COO（首席运营

官）、荣耀总裁、MSS（营销服务）总裁、手机产品线总裁、消费
者云服务部总裁、硬件工程部部长、软件部部长、人力资源部部
长、大中华终端业务部部长等成员构成。

区域/国家层面消费者 BG 组织：负责区域消费者业务的日常
经营、作战指挥与组织管理。在公司区域性统一管理与支撑平台
下，消费者 BG 业务相对独立运作。

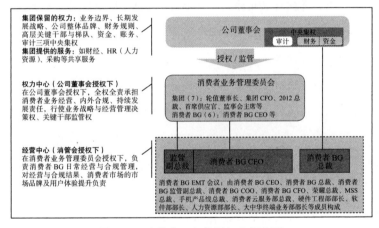

图 2-4　消费者 BG 分层权力运作图

在新的治理机制中，公司重新定义了关键角色的设计与管理
关系：

1. 消费者 BG CEO

- 负责消费者 BG 日常经营管理与长期发展，对消费者业务
的商业成功、消费者市场的市场品牌与用户体验提升负责。
- 构筑消费者 BG 端到端的业务核心竞争力及外部产业生态。

- 建立并运营匹配 2C 行业特点的组织与管理体系。
- 消费者 BG CEO 的抓手是干部管理、组织建设和消费者 BG 投资评审委员会、EMT 会议等。

2. 消费者 BG 总裁

- 作为中央集权（账务、资金）在消费者 BG 的特派代表，负责中央集权业务在消费者 BG 的有效落地。
- 作为消费者 BG EMT 成员，参与业务管理，对账务真实性、资金安全性负责，可独立向公司董事会和消费者业务管理委员会报告。
- 消费者 BG 总裁的抓手是财报内控等，参与消费者 BG EMT、各级业务管理会议。

3. 消费者 BG CFO

- 作为消费者 BG CEO 的搭档，共同承担端到端的经营责任，进行经营效益和风险管理，促进业务的可持续健康发展。
- 消费者 BG CFO 的抓手是计划管理、预算与费用管理、经营预测与分析等。

4. 消费者 BG 监管副总裁

- 代表公司对消费者 BG 干部团队进行平行监督，确保消费者 BG 与集团战略和价值观的一致性。
- 作为消费者 BG CEO 在风险管理上的搭档，保证风险管理委员会有效运作，确保风险可控、业务平稳发展。

- 统筹监管职能，制定监管规则，协同监管组织，对消费者 BG 外部合规结果负责。

5. 消费者 BG COO

- 负责消费者 BG 的供应、采购、质量、成本、流程与 IT、隐私保护与网络安全、变革管理等，为消费者 BG 提供及时、安全的供应和高效稳健的运营。
- 消费者 BG COO 的抓手是生产采购管理、市场营销与服务采购管理、计划管理与客户交付管理。

同时，公司优化组织绩效目标设定方案，简化管理、聚焦关键经营结果。

变革后，消费者 BG 的组织绩效目标聚焦在多产粮食、增加土壤肥力和风险管理方面（见表 2–2）。

表 2–2　消费者 BG 的考核项

维度	权重	考核项
多产粮食 （当期经营结果）	70%	增长：销售收入
		盈利：贡献利润率
		现金流
增加土壤肥力	30%	质量与用户体验
		消费者市场品牌
		组织能力

（续表）

维度	权重	考核项
风险管理	扣分项	内规按成熟度和重大负向事件考核，外规按重大负向事件考核
		存货风险控制

除了组织治理机制、关键角色设计及职责、考核关系、考核指标变革，公司还配套制定了资产管理及奖金激励方案。华为内部称之为"粮食包高阶管理方案"。

消费者产品就像海鲜产品，要求周转快，核心是风险和效率，即存货的风险和周转效率。

比如一款手机的生命周期是 2～3 年，一年出一款。因为华为是全球销售，所以它还可以在不同地区错位发布、销售。但一旦库存积压，形成存货，对公司的经营就是致命的打击。这一点是快消产品与其他行业（比如白酒行业）相比最大的不同。比如贵州茅台放得越久越有价值，公司根本不用担心存货贬值。

基于此，为牵引消费者 BG 抓住未来几年战略机会，实现快速规模化发展，华为决定在消费者 BG 相对自主经营、自主运作的模式下，制订旨在鼓励业务发展的资产管理方案。

资产管理方案的目的是根据消费者 BG 快速周转的特点，通过设置合理的资金占用成本率（8%），牵引加速回款、加快运营资金周转，支持消费者 BG 实现规模增长和盈利增长的双赢发展。

资产管理方案的总体原则是定期准确核算消费者 BG 业务发展所需要的运营资产总量；设置合理的资金占用成本率，支持消费者 BG 的业务扩展，实现高质规模发展；以按月平均的方式统计运营资产、计算资金占用，牵引消费者 BG 加速回款、加快存货周转，鼓励用一定规模的资产创造更大的价值。

消费者 BG 资产管理方案的运营资产核算口径与 2019 年经营报告核算指引保持一致，包含应收账款与存货。

运营资产的核算方法：

1. 应收账款：包含收入口径应收账款、其他应收款 / 客户代垫款原值，不扣除坏账准备，需扣除预收账款及锁定产能的预付款。

2. 存货：核算范围同存货余额核算范围保持一致。其中，备件存货资金占用按照备件的净值计算，其余存货均按照原值计算。终端蓄水池存货不计入计提范围。

3. 运营资产资金占用：为牵引消费者 BG 多用资产、多产粮食、多做贡献，将运营资产年资金占用成本率下调至 8%。月运营资产资金占用 =（月初运营资产余额 + 月末运营资产余额）÷ 2 × 8% ÷ 12。

年运营资产资金占用为每月运营资产资金占用的加总。

为充分激发消费者 BG 追求更高发展目标的主观能动性，保障规模增长的经营质量，华为消费者 BG 借组织治理机制变革之机，对奖金包方案做了同步调整，发布了粮食包高阶管理方案。消费者 BG 的粮食包高阶管理方案的目的是简化管理，授予消费者 BG 合理的粮食包（包含工资性薪酬包和奖金包），消费者 BG 在边界范围内，自主管理、自我约束，充分释放消费者 BG 的创造活力，总体方案如下：

1. 年度粮食包按照一个总包授予消费者 BG，包含工资性薪酬包和奖金包。

2. 奖金包按消费者 BG 的 TUP（奖励期权计划）前贡献利润的百分比生成。奖金包内的 10%～15% 的奖金用作战略/土壤肥力奖金，与考核中的土壤肥力考核要求相挂钩，以牵引消费者 BG 自身对中长期业务发展基础的投入。

3. 工资性薪酬包 = 粮食包 – 奖金包。工资性薪酬包可分成战略薪酬包和日常运营薪酬包。战略薪酬包主要用于消费者 BG 对未来业务竞争力的投入，采用节约不归己的模式。日常运营薪酬包可采用节约归己的机制，以牵引人均效率的持续提升；人均效率提升产生的日常运营薪酬包节约，可转换为当年的经营性奖金。消费者 BG 与华为变革项目组联合制定实施细则。

4. 进一步建立现金流约束机制，设置年度消费者 BG 的利润兑现率目标。若其低于目标，就扣减一定的经营奖金包；若其高于目标，就予以进一步奖励。具体规则由集团财经与人力资源管理部共同制定。

5. 粮食包中的奖金包不能转化为工资性薪酬包。

粮食包生成的主要依据为历史延长线（见图 2-5），即基于消费者 BG 最近三年的销售毛利系数延长线和贡献利润系数延长线，叠加相应权重后，结合当年消费者 BG 经营业绩预测，测算形成当年的粮食包。

确因集团战略需求而开展的消费者 BG 业务，集团应授予相应的战略粮食包，以对应消费者 BG 增加人员投入的薪酬激励需要。

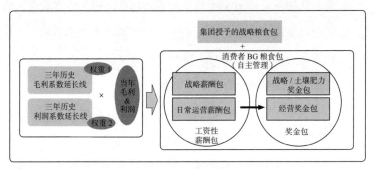

图 2-5　消费者 BG 粮食包的具体生成方案

粮食包计算的主要逻辑是，基于历史延长线和本年度的销售毛利、奖金 TUP 前贡献利润计算粮食包。

毛利系数和利润系数的产生逻辑是，基于过去三年每年的薪酬总包、销售毛利和奖金 TUP 前贡献利润之间的比值，结合年度影响权重，确定毛利系数和利润系数。考虑到过去三年对本年度业绩影响的差异，过去三年的年度影响权重由近及远取值为 50%、30% 和 20%（见图 2-6）。

为牵引消费者 BG 快速、规模化发展，在最终形成粮食包的计算中，销售毛利权重（权重 1）取值 60%，奖金 TUP 前贡献利润权重（权重 2）取值 40%。

$$粮食包 = (销售毛利 \times 毛利系数 \times 权重1 + 奖金\,TUP\,前贡献利润 \times 利润系数 \times 权重2) + 集团授予的战略粮食包$$

$$\cdot\ 毛利系数 = 50\% \times \left(\frac{薪酬总包}{销售毛利}\right)_{year1} + 30\% \times \left(\frac{薪酬总包}{销售毛利}\right)_{year2} + 20\% \times \left(\frac{薪酬总包}{销售毛利}\right)_{year3}$$

$$\cdot\ 利润系数 = 50\% \times \left(\frac{薪酬总包}{奖金\,TUP\,前贡献利润}\right)_{year1} + 30\% \times \left(\frac{薪酬总包}{奖金\,TUP\,前贡献利润}\right)_{year2} + 20\% \times \left(\frac{薪酬总包}{奖金\,TUP\,前贡献利润}\right)_{year3}$$

图 2-6　粮食包的计算方法

注：粮食包应包含奖金和工资性薪酬包、离家补助、艰苦补助等薪酬激励项目。

　　粮食包预算的调整与核算流程：年初按照预算的销售毛利和奖金 TUP 前贡献利润生成粮食包预算；过程中由消费者 BG 按照业务滚动预测管控，年末根据销售毛利和奖金 TUP 前贡献利润的实际完成情况进行核算。

　　以上粮食包的生成规则的有效期为 5 年，截至 2023 年 12 月 31 日。

第三章 企业发展的最高目标：建设流程化组织

流程确定角色，组织承载角色，流程与组织匹配，公司的业务运作才能高效。

在流程与组织变革中，华为借鉴业界标杆经验，遵循惯常做法，即从战略出发，基于战略设计选择业务模式，确定公司的主业务流，并识别业务流；基于关键能力的差距和优先级，确定变革的规划。在此基础上，华为基于变革进行流程设计，并基于组织设计原则进行组织设计和流程的匹配。

从一个企业的组织与流程架构设计来看，理想的设计应该具有如下特点：横向看，每个流程在各业务组织间实现全球的一致性；纵向看，每个业务组织实现各业务流程的有机集成。

企业的主业务流程是直接为客户创造价值的流程。所有组织必须工作在主业务流程中，或者支撑好主业务流，为客户创造价值。

各职能组织如何参与和支撑呢?

华为的实践是项目化运作,这是最有效的方式。

事实上,业务组织都是通过一个个项目或项目群来实现其经营目标的。项目就是最基础的管理单元,执行主业务流程的是项目或项目群,而各种组合管理的目的包括组合设计、取舍以及优先级排序,以满足客户需求、实现资源投入产出最大化。

因此,各职能组织都需要参与执行主业务流的跨功能部门项目,为客户创造价值。比如研发项目、销售项目和交付项目等。

对于各职能组织的设计,华为通常的核心理念:每个职能组织都要对端到端的结果负责,而不是段到段。各组织之间不是接力赛,而是类似足球赛。各组织共同参与项目,通过项目组的跨职能组织的运作,一起执行主业务流,以实现业务目标。

基于业务流需要的能力、一个或者几个专业领域(根据管理的需要),为了让各职能领域能够有一个执行的端到端的完整的流程视图,华为通常引入专业领域的概念,进行职能组织设计。

每个专业领域都对应人力资源的一个职类(比如软件、硬件),也可对应一个职能部门。流程定义(是什么)、专业领域定义(怎么做)、专业领域的建设都可以授权给各职能部门进行建设。

因此在华为,流程的授权可以分为两个维度。一个是基于经营组织的划分进行主业务流的授权,另一个是基于专业领域的划分对各职能组织进行授权。

既然是流程确定角色,组织承载角色,那么流程的责任人是谁呢？责任人是业务主官，而不是流程与 IT 部。顾问公司和流程与 IT 部提供流程专家，以顾问形式提供专业服务支持。

在华为，这个观念也有个转变的过程。

以前，一线员工向任正非反映流程太长，流程设计有问题。任正非首先骂的是流程与 IT 部，因此流程与 IT 部老是挨批。

后经公司研讨，认为流程的责任人是业务主官。哪个流程有问题，发现者就应该给业务主官打电话，而不是找流程与 IT 主官。流程与 IT 部不可能单独开发一个流程出来让大家用，只有业务部门、流程与 IT 部一起开发出来的流程才可能有用，业务部门才可能执行。

既然华为强调流程要业务部门来主导设计，为什么还要有流程与 IT 部、顾问公司呢？这是因为华为觉得公司对业务的理解还存在片面性。

怎么理解公司的业务？公司做了什么，我们的职责是什么。

举个例子。华为在梳理政府事务流程时，发现政府事务部门仅把自己原来怎么做的变成了自己的流程。后来华为请 IBM 做顾问，发现整个政府事务部的"要负责的事情"少了百分之七八十，于是又在顾问的帮助下把业务框架搭起来。

框架一搭起来，华为就发现好多工作都没做。法务也是这样的。原来的法务只管诉讼、不管预防，就像只管灭火、不管消防。由于各级业务主官的视角还只聚焦在做了什么，理解到了什么，不全面，也不系统，因此华为需要顾问公司。

顾问公司在其他公司做了类似的事情，它知道别的公司有哪些环节，可以给华为一个标杆，建议华为考虑哪些环节，并给出具体方案。

流程与 IT 部做什么呢？流程与 IT 部的专家可指出业务部门在流程设计、流程表现、流程建设上需要注意的一些事项。

所以，华为的变革和流程优化，是业务部门、流程与 IT 部、顾问公司三者的结合。

但起主导作用的是业务部门。只有业务部门自己愿意做，才愿意推行，才愿意面对推行过程中的问题。否则，公司强加一个流程给业务部门，业务部门不可能推行，只要有一点儿困难，就会指责流程。

华为呼吁大家做流程的主人，不做流程的奴隶。当员工成为流程的主人时，员工才不会认为流程是身外之物，才会主动建设、优化和推行流程。

只有大家高质量地建设流程、遵从流程，在流程中构筑质量，并通过 IT 固化流程，才能有效落实企业管理的目的——流程化组织建设。

第四章 华为的"川普日落法"：
1130日落法，让流程越来越简单

集团各机关部门、各地区部要学习如何用正面清单进行管理。做不出正面清单的部门，应清理随意对一线作战部门说"NO"的文件，使其符合现在的管理要求。在不确定时，各部门可请示公司"落实日落法以及清理机关说 NO 工作组"。

各部门应在未来三五年内，约束其二三级部门不要随意发管理文件（工作联络单、流程操作等文件不在此列），必要的发文由一级部门总裁批准，遵循"增加一个文件，减少两个旧文件"的规定。[①]

流程的核心是反映业务的本质，顺"业务"的势而为。流程要匹配业务流，尤其要完整系统地反映业务的本质。业务中的各

---

① 2018 年 1 月 24 日，《任总在落实日落法及清理机关说 NO 工作组、合同场景师推动小组座谈会上的讲话》。

关键要素及其管理要在流程体系内循环。

基于流程建设的管理体系（IPD/LTC/ITR）是运营系统、业务操作系统。最重要的是，它落实到组织中，就是流程化的组织建设和运作。

构建公司的流程体系就是构建公司的运营系统，把质量、运营、内控、授权、财经的要素嵌入流程，"一张皮"运作。

业务是以客户为中心的。业务流要从客户中来，到客户中去。为什么流程要改进？为什么流程改进一小步，绩效能改进一大步？比如火车，我们平时感觉不到它对现代化的贡献，但是十多年过后，我们会发现有火车比没有火车的时候效率更高。

华为每年有过千亿美元在 LTC 的大系统里面周转。日复一日的运转和长期的流程改进，对绩效（财务三张表）的贡献是很大的。

在流程和流程化组织建设中，华为是对标业界标杆进行设计的。

爱立信作为百年企业，其卓越运营（存货周转天数 / 销售变现天数 / 质量 / 成本 / 效率）在业界最具竞争力。在运营商业务领域中，华为全面对标爱立信。

华为的业务流瞄准给客户解决问题、实现客户价值，这正是以客户为中心的最好体现。

流程建设完成后，公司也形成了一个系统。这样一个从客户中来、到客户中去、成就客户价值的业务流，通过系统实现了高效率、低成本，这就是"以生存为底线、以客户为中心"。

基于此系统不断去改进，就实现了"深淘滩、低作堰"。

譬如，没有 IPD，A 产品的东西（经验、教训等）就不能制度化地传递给 B 产品，这就是管理的系统缺失。如果公司把管理的系统缺失补上了、改进了，就不会重复犯错，成本就降低了。

华为内部统一了认识，明确了企业发展的目标是建设流程化组织。这该如何理解呢？

华为流程化组织建设的目标分解：价值创造流程简化高效、组织与流程匹配运作高效、管理体系集成高效、运营管理卓越、持续改进的质量文化与契约交付的项目文化已经形成。

从 1998 年启动的 IPD、2001 年启动的 ISC（集成供应链）变革开始，华为就在向这个目标努力。而后面开展的 CRM（客户关系管理）、LTC 变革也是如此。

为了实现流程化组织建设这个目标，华为在各级组织中设置了质量与运营组织。

企业实现价值创造的过程，是从获取客户要求开始，到交付产品及服务给客户、获得客户满意，并实现企业自身价值的端到端业务的过程。这就是业务流。

业务流是客观存在的，每家公司在设计自身的业务流时，都要想办法找到真实合理的业务流，去适配这个业务流。

只要企业制定了战略，选择了业务模式，就确定了业务流，不论企业是否用业务流来描述和定义。

业务流天然存在，所有业务部门都工作在业务流或者业务流的支撑活动中，不在此中的组织是没有价值的。

条条大路通罗马，但总有一条路是最近的。企业可以通过实践进行自我优化和改进，找到真实客观的业务流，然后围绕业务流客观地建设流程。

所有和客户相关的业务流，都是从客户到客户的，企业围绕业务流开展工作的时候必须瞄准客户，以客户为中心；只有围绕客户才能创造业务价值，企业不能脱离客户。

识别业务流程是非常关键的，因为业务流是一切工作的原点和基础。紧紧抓住业务流，就不会偏离工作方向。

流程描述的是业务流，IT承载和使能的是业务流，数据是业务流中流动的信息。从采购到交付，原材料及产品的流动构成物流，采购付款到交付验收回款则构成资金流。质量要求依附于业务流，质量管理基于业务流，运营工作的开展也基于业务流。

这就是业务有效运转的逻辑，它依赖于业务流、物流、资金流、数据流。

四流合一成一流，四流缺一奔二流。衔接顺畅，运营一流；衔接不畅，公司就可能滑向二流。

流程是优秀作业实践的总结和固化，目的是不同团队在执行流程时获得成功的可复制性。越符合业务流的流程越顺畅。

流程就像河道，业务流、物流、资金流、数据流就像河道里流淌的水。河道越符合自然规律、地势起伏，水流就越顺畅，反之水流就越容易泛滥。流程越符合业务本质，业务就越顺畅，运营就越高效。

譬如华为的ITR流程，在初期时根本不关注客户，所有的问题定级都是基于不同产品、不同问题来进行技术等级定级的，然后内部出现相互指责，结果就是客户不满意，华为内部也不满意。

其实问题是从客户那里触发的，客户是最着急的。公司不去关注问题对客户的影响，不去评价对客户的影响级别，而只关注内部矛盾，这样做是很难解决问题的。

后来，华为改变了网上问题处理流程和IT系统：所有问题以客户对故障的定级来定级。客户很清楚自己有多少用户被影响了。客户通过数量、时间和重要性三个要素来定级，并根据这三个要素分档，进行自动定级。所有的流程、所有的IT，都应围绕快速了解网上发生的问题、快速解决网上的问题，所有内部考核的事情应先放一边。流程和IT系统应先解决问题，支持公司快速响应客户需求，知道网上发生的问题，快速去解决。

这就建立了运转有效的ITR流程。

又譬如交付流程。华为原来在进行LTC变革的时候，考虑到交付流程不纳入LTC，因此华为认为自己的交付流程已经很好了，只要在原来的基础上修改一下就行了。当时交付流程立的是一个优化项目，立足于优化原有流程。

后来项目组越看华为的交付流程越不对劲儿。第一次项目的章程与后来在变革委员会汇报的章程相比，已面目全非——原有的交付流程基本上没有了，只有一个项目管理流程和一个站点流程。

于是，华为开始重新梳理交付流程。

刚开始，华为没有找到方向，不知道交付流程到底该怎么建设。后来华为参观了跨国移动电话运营商 T-MOBILE 整个网络部署的端到端流程，发现这个流程和华为想要的流程差不多。于是华为就将 T-MOBILE 的流程作为参考对象。

本来网络的部署是客户的事情，作为网络设备供应商的华为交付流程，只是被 T-MOBILE 调用。从明确需求开始，一直到网络交付运营，本来是客户自己的事情。华为作为供应商，只是在整个流程中完成其中一两个或多个环节而已。

所以华为提出：要从运营商视角，从运营商的流程来看华为的流程。

据此思路，华为把德国电信的顾问请来，从明确需求到运行维护保障，华为真正基于运营商视角来设计交付流程。

对于欧洲运营商，华为的交付只是运营商整个网络部署流程里的一个环节。而对于马来西亚、印度尼西亚等东南亚地区的运营商，由于它们缺乏端到端的整个流程，华为通常需要多做几个环节。

显然只有业务主官最清楚这些业务场景，流程与 IT 部、质量运营部是搞不清楚的。

流程是对业务流的一种表现方式，越符合业务流的流程越顺畅。如果流程符合业务流，企业就不用再去简化流程。所以流程要客观地表现客观存在的业务流。流程与客观存在的业务流越接近，就越畅通、越精简、越能体现真实。

比如华为以前的网上问题处理流程比较多，内部出现很多矛盾。因此只有完全理解真实业务的流程，才有生命力。

流程的核心是 KCP，即关键控制点，控制点不能太多，要抓住"关键"。

各个部门为了凸显自己的存在感，都有往流程中硬塞控制点的冲动，而不管这个控制点关键不关键。

这样的结果，必然是流程越来越多，控制点越来越多，管理越来越复杂，效率越来越低下。

我们该怎么处理这个问题？

华为效仿美国总统特朗普的"川普日落法"，通过 EMT 决议内部发布"1130 日落法"。

为什么叫"1130 日落法"？因为这个文件是 2016 年 11 月 30 日通过的。

"日落法"的本质：简单、务实、有效。

2016 年 11 月 9 日，特朗普当选美国第 45 任总统。2017 年 1 月 20 日，特朗普正式上任。美国《福布斯》杂志曾评估特朗普的资产净值约为 45 亿美元。但特朗普发挥其一贯大嘴本色，如闯入瓷器店的灰犀牛，横冲直撞，无所顾忌，也不惧联邦税局深夜查表。他号称自己身价逾 100 亿美元。

正如高收入人群的生活是低收入人群无法想象的，贫穷限制了我们的想象力。

低收入人群无法想象的是两个极端：一是高收入人群的穷奢极欲，二是高收入人群的省吃俭用。

你能想象特朗普不喝酒、不吸烟，只喜欢吃汉堡、喝可乐吗？难不成特朗普是个假富翁？他的钱都干什么用呢？他自己的钱舍不得用，那么公款呢？

特朗普当了总统后，依旧不会花钱，处处精打细算。2017 年，特朗普打破了一项历史纪录：他成为近百年以来，首位执政第一年内没办过国宴的总统。这也太不好客了，还能不能愉快地玩耍啊？友谊的小船不得说翻就翻？

令人惊讶的是，他的这一举动并不是为了作秀，而是真心实意的。他多次表示要去除类似国宴这种虚文缛节。

早在 2015 年，特朗普就曾批评时任总统奥巴马过于浪费，并声称自己当上总统后，会在国宴上提供麦当劳汉堡，以便于吃完汉堡马上谈正事！

没想到，他真的如愿以偿，并且言出必行。

美国公共廉政中心的调研显示，特朗普为 2016 年总统选举自掏腰包 6 610 万美元。这位前地产大亨曾在 2011 年时宣称，如果他要竞选总统，他就会拿出 6 亿美元。而实际上，他个人为这次大选，只拿出了上述数字的 11%。①

这显得特朗普有点儿抠门儿，或者说他太会花了——他施压军工巨头波音和洛克希德·马丁，要求二者降低"空军一号"和F–35 战斗机成本的做法，就展示了他的精打细算。

特朗普一直秉持削减政府经费的原则。他曾因为"空军一号"造价过高，而取消了与波音的订单。有一次在联合国大会致辞上，他甚至呼吁减少官僚主义、削减成本、进行改革。

---

① 特朗普获得了 6 297.9 万张选票，他每一张选票的花费为 6.5 美元。相比之下，希拉里 6 584.5 万张选票的"单价"则为 11.5 美元。

2019 年 1 月 14 日，特朗普邀请大学橄榄球联赛冠军队 Clemson Tigers 到白宫做客。因为政府停摆，白宫的工作人员和厨师都休息了。特朗普就请队员们吃麦当劳、汉堡王。他这么做一方面是因为政府停摆，但更多是因为他的节俭习惯。

2019 年年初，特朗普政府向国会发布了白宫人事年度报告，包括 377 名白宫雇员的姓名、身份、工资和职务。原来白宫工作人员竟然这么少。

报告显示，特朗普领导下的白宫年薪总额为 3 580 万美元，比起奥巴马政府的 6 090 万美元，特朗普政府每年节省了 2 510 万美元。

他是怎么做到如此削减经费的？

主要原因是，特朗普一任的白宫工作人员比奥巴马任期少了 140 人。比如服务于美国第一夫人的工作人员就减少了 39 人。现在的第一夫人梅拉尼娅只有 5 名工作人员，而米歇尔则有 44 名。

这份报告还回答了一个全世界都很关心的问题，那就是特朗普捐出来的薪水用在何处。

答案是他的 40 万美元的年薪全部捐给了美国内政部，用于军事墓地的建设和维修。特朗普不仅不乱用钱，还倒贴钱，真是一位"傻瓜"总统。

省吃俭用，从己做起，身体力行，以身作则。

在这方面，我不得不说，身为总统，特朗普做了很好的表率。

相比民主党奥巴马政府，共和党特朗普政府相对更节俭些。但我们也要看到，特朗普的爱好，绝不止吃汉堡、喝可乐。他真实的爱好，是打高尔夫球。

据媒体报道，特朗普在就任总统后的近 600 天时间里，光顾高尔夫球场的天数有 150 天。换句话说，特朗普就职总统后有 1/4 的时间是在高尔夫球场度过的。

这个癖好，经常被人诟病。

当然，我写这些的目的不是教你当了总统后怎么依然永葆朴素本色，而是引导你向他学习。

因为他首倡了"川普日落法"。

政府在行政管理中建立一个机构和批准一个项目是比较容易的，但要撤销它们却很困难，因为这将使许多人失去工作，会损害许多方面的利益。如何控制趋于自然膨胀的行政机构，对任何政府来讲都是一个头疼的问题。

制定"川普日落法"这种特殊形式的法律，目的就是对抗行政机构自然膨胀的趋势。

"川普日落法"规定：在机构或项目的结束日期到来之前，国会要对该机构的工作和该项目的执行情况进行全面审查，以决定它们是否有继续存在的必要。

这条规定为某些机构和项目的生存提供了机会。当然，在这一审查过程中，"川普日落法"也成了国会监督行政的一种重要手段。

2016 年 10 月 26 日，任正非在质量与流程 IT 管理部员工座谈会上指出，金融危机可能即将到来，华为一定要降低超长期库存和超长期欠款。

谈到 IT 部门简化流程时，任正非要求，IT 应用及文件管理要学习"川普日落法"：

1. 不产粮食的流程是多余流程，多余流程创造出来的复杂性，需要逐步被简化；
2. 集中精力消除流程断点，打通信息流；
3. IT 应用开发投入使用后，没有使用量的流程要接受问责机制的问责。

为此，经 2016 年 11 月 30 日 EMT 会议讨论，公司通过了"1130 日落法"，规定：

1. IPD、SUP（供应链）、MFIN（管理财经）、LTC、DSTE、SD（服务交付）等成熟流程领域每增加一个流程节点，要减少两个流程节点；每增加一个评审点，要减少两个评审点。公司应将这一方式逐步覆盖到所有流程领域，并由各 GPO（全球流程责任人）负责落实。
2. 行政文件、流程文件的发布要有明确的有效期，且有效期不超过 5 年。相应责任组织要对有效期进行管理，若公司在有效期后要继续执行文件，就优化文件后重新发布。此规定发布前的没有有效期的行政文件和流程文件，从发文日开始有效期统一为 5 年。超过 5 年有效期的行政文件和流程文件，要在 2017 年 12 月 31 日前完成优化或重新发布，否则将被废止。

3. IT 应用要根据使用情况，对需求提出部门建立问责制度。对于生产 IT 应用，业务部门要承担决策责任；对于办公 IT 应用，质量与流程 IT 管理部要承担决策责任。流程 IT 要对 IT 应用基于使用量多少进行日落法管理。

4. 质量与流程 IT 管理部作为支撑机构，要为日落法在各流程领域、责任组织、业务部门的执行落地提供工具和方法支撑。

为了进一步落实"1130 日落法"暂行规定、瞄准作战、聚焦价值创造、提高 IT 应用的有效性，2017 年 2 月，华为再次发出电子邮件，要求各部门清理低流量应用，将减下来的 IT 资源集中去打通"断头路"；杜绝刷流量行为，避免搞形式主义和作假。

笔者当时常驻海外代表处一线，就被要求例行审视"1130 日落法"的执行情况。质量与流程 IT 管理部与内部审计部定期组织检查，对于刷流量等不聚焦客户、产粮食的形式主义和作假行为，一经发现将进行问责处理，包括不限于降级、降薪、考评降等、通报批评。

"川普日落法"及华为的"1130 日落法"主要针对的是成熟业务、成熟领域的成熟流程。这对很多公司的流程、制度建设来说，还是很有借鉴意义的。

流程化组织建设，需要捋清流程与部门的关系。

以前，华为把流程和部门捆绑起来，让自己很被动：因为部门设置随时可能发生变化，部门一变，流程也得跟着变。而实际上，流程反映的是业务，业务不会经常变化。

现在，华为对流程设计的新思路，是流程不体现部门，不与组织直接挂钩。流程只定义角色，组织要承载流程角色。华为强调流程决定组织，就是组织要承载流程里的各个角色所要履行的职责。

数据是在流程中跑的信息，IT 则用技术手段固化流程。在流程、组织、IT、质量与运营工作中，数据是非常关键的，但华为在2014 年之前并没有予以足够的重视。直到 2014 年，为了提高数据质量，华为专门成立数据源清洁项目组，由流程与 IT 部总裁与集团 CFO 牵头，计划用 3 年时间，实现数据源清洁和数出一孔。

在业务流中流动的是信息，信息的载体即数据。数据包括结构化数据和非结构化数据（文档），数据是指业务流各作业活动的输出。对每个作业环节来说，其作业的输出需要满足下游的需要，如果一个作业活动没有输出下游所需要的数据，那么这个活动就相当于白做了，因为它没有达到质量要求。下游为了补救它，需要花费更大的代价。

理想的境界：每个作业环节都有独特价值，能输出下游需要的刚刚好的信息——不冗余、不缺失、满足该作业环节的质量要求。

虽然华为的 IPD 变革已进行了 20 年，且有力地支撑了公司的发展壮大，但由于其早期对数据关注不够，因此没能系统梳理产品的信息架构和数据的标准，从而没能基于梳理的数据来定义 IPD

流程各环节的交付件和数据，也没能基于数据流的梳理来定义 IPD
领域的 IT 应用架构和接口，最终导致前期 IPD 领域的 IT 和工具
建设凌乱、不集成。

IPD 的经验与教训表明，对业务流中信息的梳理是流程定义的
前提，是 IT 应用架构定义的基础，也是 IT 系统开发的前提。

主流程集成贯通的本质是数据的集成贯通。数据管理在流程、
组织与 IT 中处于最核心的位置，因此公司需要给予数据足够的
重视。

数据是在流程中跑的信息。常见的企业现象：信息的入口没
管理起来，使进入流程的信息没有价值。流程是通的，但因为里
面的信息没有价值，从而流程也是没用的。信息很关键，企业一
定要把住入口，提高质量。

除了流程贯通需要关注数据外，数据还是企业经营管理的基
础。基础数据不准确，各种经营管理所需要的报告数据就会不准
确，导致其不能准确地反映业务实质，无法有效地指导经营管理。

这就是数据的重要性。

IT 是什么？IT 是工具，是承载业务作业流程并实现业务数据
自动传递和集成的使能器。IT 承载的是业务流以及数据，IT 支撑
每一个作业以及作业输出的数据。企业应通过 IT 实现数据之间的
集成、流程的自动化，而不要依靠人来输入、转换数据。因为人
是可能会犯错误的，而 IT 系统不会，IT 系统的效率比人的效率高。

因此，流程化的组织建设的最高境界，就是端到端、整个业
务流全由 IT 支撑，所有的作业、所有的数据都由 IT 承载，而不是

手拉肩扛。流程从前到后都是集成和自动化的。

IT用技术手段把流程承载起来，固化流程，提升流程的运作效率。在IT中跑的固化流程，本质上是业务。

没有IT支撑的流程就是耍流氓，很容易成为一堆纸，难以执行。

基于流程搞建设是很有挑战性的工作，它必须由领导者亲自推动。这就是美国人把参与制宪的人都称为国父的原因。

曾经有人问丰田公司："你们为什么大量使用机器人、机械手？"丰田说："我的第一诉求不是节省人力，哪怕人没有成本，也达不到机器人作业的质量，机器人的效率特别高，不良品率极低。"

即使我们把"雷锋"全部招过来，也无法实现机器人的质量成本效率。流程能让我们的业务运作上一个大台阶，让我们发挥智慧，去干更有价值、更有创造力的活儿，比如呼唤炮火、解决难题。因此丰田的全员改进是做得最好的。

丰田给我们的启示：应对马拉松式的激烈残酷的竞争，简单重复枯燥的事、用流程系统去解决问题是最明智的选择。

第五章　华为的组织演变史：因"时"而变

战略决定组织，组织跟随战略。

——美国著名企业史学家艾尔弗雷德·钱德勒

2017 年 6 月 2—4 日，华为在上海召开集团战略务虚研讨会。任正非做了《方向要大致正确，组织要充满活力》的讲话，提出战略要解决方向问题，组织要解决活力问题：

一个公司取得成功有两个关键：方向要大致正确，组织要充满活力。这里的大致正确的"方向"是指满足客户长远需求的产业和技术。其实"方向"包含的内容非常广泛，比如以客户为中心、以奋斗者为本、艰苦奋斗、利益分享制……今天，我讲的是技术、产业。作为商业组织，如果不能聚焦客户需求、把握商业趋势，方向就不可能做到大致正确。

我们要充满信心，基于 30 年的积累，厚积薄发。厚积薄发就像跑马拉松。华为必须要有良好的经营财务状态和组织状态,才能争取赢未来。战略只能帮助公司明确发展方向,真正实现目标是靠组织活力。

我们始终坚持为客户创造价值的正确方向,持续激发组织活力。战略执行要闭环,经营管理要下沉。我们坚持导向熵减,加快优秀员工的提拔,让人才在最佳时间以最佳角色做出较大贡献。资金、账务、审计实行中央集权,全力服务业务,风险控制有效。我们下放业务经营权,让听得到炮声的人来指挥战斗。我们以责任贡献分配价值,以愿景使命提升队伍精神追求,加快对做出突出贡献的人才破格提拔。

1987 年,华为于深圳市南山区注册成立,注册资本为 21 000元。历经 30 余年,华为的营业收入从零起步,至 2018 年年底达7 212 亿元,实现了从小企业到大企业、从单业务到多业务、从中国到全球的跨越(见图 2–7)。

2010 年,华为首次进入《财富》世界 500 强,排行第 397 位。2019 年,华为进入《财富》世界 100 强,排行第 61 位。

公司战略决定组织结构,组织结构支撑公司战略的制定与执行。

华为力出一孔的聚焦战略、对标标杆的竞争战略,决定了华为的组织结构是大平台下的精兵组织。

1987—1994 年,华为处于创业阶段,营业收入规模较小。1994 年,营业收入刚过 5 亿元,达到 5.8 亿元。这个阶段的关键词:活下去。

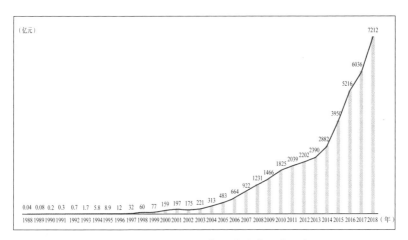

图 2-7　1988—2018 年，华为营业收入额

注：数据来源于华为历年年报及公开资料。

彼时，华为由起初的代理产品转向自主研发单一产品，采取低成本策略，并逐步从农村包围城市。

公司的组织是直线职能制。其特点是权力集中，能快速统一调配资源；参与市场竞争，职责边界模糊；管理粗放，效率较高，快速适应外部环境变化（见图 2-8）。

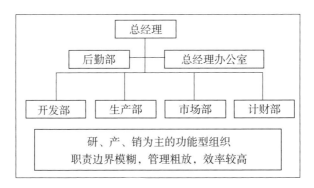

图 2-8　20 世纪 90 年代初，组织初步成型

1995—2003 年，华为处于中国国内市场拓展阶段；2000 年，营业收入首次突破百亿元；2003 年，营业收入达到 221 亿元。

这个阶段的关键词：走出混沌。

公司的组织是二维矩阵式，即划小经营单位，建立事业部与地区部相结合的二维矩阵式的组织结构。其特点是管理依赖个人，部门分工过细，组织能力低（见图 2-9）。

彼时，华为已由研发生产程控交换机转向提供全面通信解决方案。

虽然华为的主要业务来源于中国内地市场，但鉴于过于依赖单一市场风险太大，华为开始考虑走出去，破冰出海。由聚焦内地市场转为面向内地和外部两个市场。

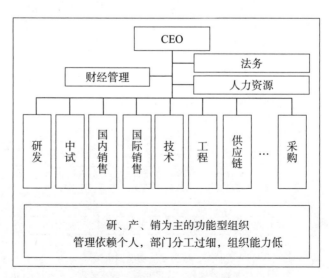

图 2-9　2000 年，组织成长期

华为破冰出海的首站是中国香港，最有代表性的一站却是俄罗斯。

1996 年，华为与长江实业旗下的和记电讯合作，提供以窄带交换机为核心的"商业网"产品。

经过香港市场的初步尝试，华为的 C&C08 机打入香港市话网，开通了许多中国内地市场未开通的新业务，这是华为大型交换机走向海外市场的第一步。

和记电讯的苛刻要求促使华为的产品和服务向国际标准发展。

俄罗斯是华为继进入中国香港之后，外部拓展的第二站。

华为的战略向来有着清晰的规划，规划的实施始于 1996 年。目标是俄罗斯。

1996 年，华为高瞻远瞩，抓住政治机遇，开始进军俄罗斯市场，在当地建立了合资公司。由于亚洲金融危机等因素的影响，阿尔卡特、西门子等电信巨头退出俄罗斯市场。但华为在俄罗斯市场仍不顺利。1997—2000 年，华为仅仅签订了一份合同。

2001 年，华为终于苦尽甘来，在俄罗斯市场的销售额达到了 1 亿美元。此后俄罗斯市场才开始发展。

事实上，华为开拓俄罗斯市场的野心由来已久。

早在 1994 年，华为就曾派代表团到访俄罗斯。此后双方互访数次，但合作未有进展，困难重重。

华为进入当地一年后，市场契机如期而至。

1997 年，俄罗斯卢布疯狂贬值。整个国家陷入经济危机，阿尔卡特、西门子等电信巨头纷纷撤资。

华为不失时机地开始布局：1998 年，华为在俄罗斯乌法市建立了第一家合资公司——贝托–华为合资公司，它由俄罗斯贝托康采恩、俄罗斯电信公司和华为三家合资，采用属地化经营战略。

创始人任正非给俄罗斯市场的开拓下了死命令。

1999 年，在日内瓦世界电信大会上，任正非对时任俄罗斯市场主官、现任华为控股监事会主席李杰说："李杰，如果有一天俄罗斯市场复苏了，而华为被挡在了门外，你就从这个楼上跳下去吧。"

死命令换来的是华为在俄罗斯市场的统治力。当年，华为接到来自俄罗斯国家电信局的第一张订单，价格仅仅为 38 美元。

是的，你没看错，38 美元，后面没有哪怕一个零。

随后的几年间，华为在俄罗斯市场取得的成绩令人瞩目：2001 年，华为在俄罗斯的销售额首次突破 1 亿美元。2018 年 6 月，华为首次取得俄罗斯手机市场销量冠军。

华为走出去的路线异常清晰：中国香港，俄罗斯，亚、非、拉等发展中国家，最后通过第三世界国家形成合围，打入欧美高端市场。

根据华为年报披露的数据，2017 年，海外业务带来的营业收入额已占华为总营业收入额的 49.5%，几乎占了半壁江山。其中，欧洲、非洲、中东市场的总营业收入额已达华为总营业收入额的27.1%，每年在欧洲率先召开的旗舰手机发布会更是被手机行业格外关注。

2018 年，由于中美贸易摩擦的影响，海外业务的营业收入占比有所下降，但仍达 48.4%。其中，欧洲、非洲、中东市场的营业收入占比提升至 28.4%。

要知道，在 1999 年，华为的海外营业收入占比还不到 4%。

除此之外，拉美市场也是华为海外业务的新增长点。

华为在拉美的开拓由来已久。1997 年，华为在拉美第一大国——巴西投入 3 000 多万美元建立了合资企业。1999 年，华为在巴西开设了拉美首家海外代表处。2011 年，华为宣布在巴西投资 3 亿美元建设研究中心。2012 年，华为在巴西圣保罗州的索罗卡巴市投资 6 000 万美元，建立了拉美最大的配送中心。

虽然此后的几年，华为在巴西的发展并不顺利，甚至一度退出当地的智能手机市场，但 2018 年，华为宣布重返巴西市场，在销售渠道重新建立影响力。

受巴西的营商环境复杂、政局动荡、经济衰退、税务和劳工法严苛、远离中国大陆、业务难、"夜总会"（由于时差，巴西通常夜晚与总部开会）等因素的影响，华为在巴西的经营一直步履维艰。

用任正非的话说，华为不可能改变巴西，因为巴西已经存在几百年了，几位总统都没能改变巴西。所以华为需要做好法律遵从，运作好子公司董事会，控制风险，进行合规管理。

复杂的营商环境吞噬了华为在巴西的业绩：直到 2013 年，华为进入巴西 14 年后，才首次实现当年度盈利；2018 年，经过数代巴西华为人的艰苦努力、浴血奋战，巴西代表处终于实现"历史累计利润转正"——累计盈利。

在巴西之外的其他拉美国家，华为的布局同样活跃。

1999 年，华为进入厄瓜多尔市场，在厄瓜多尔的基多市、瓜亚基尔市各设立一个办事处。随后，华为在墨西哥、哥伦比亚、委内瑞拉等国也有所投入。深谙拉美文化的华为，先后与球星哈梅斯·罗德里格斯、亚历克斯·桑切斯签下代言合同。2016 年 3 月，华为正式签约足球巨星梅西。

在南亚次大陆和东南亚地区，华为也抓紧布局。1999 年，华为在印度班加罗尔首次设立研发中心。

2001 年，华为获得 CMMI（能力成熟度模型集成）4 级认证，两年后获得 CMMI 5 级认证，拥有当时世界上最大和最先进的智能网络。

1999—2000 年，华为先后拿下了越南、老挝、柬埔寨和泰国的 GSM（全球移动通信系统）市场，随后又把优势逐渐扩大到中东地区和非洲市场。

2004 年，华为与荷兰运营商 Telfort 合作，首次实现在欧洲的重大突破。

2008 年，华为首次在北美大规模使用 UMTS（通用移动通信系统）、HSPA（高速分组接入）网络，为加拿大运营商 Telus 和 Bell 建设下一代无线网络。

学术理论界喜欢把中国企业走出国门分为国际化和全球化两个阶段。事实上，任正非并不喜欢国际化的说法。他更愿意听到外界将华为称为一家全球化公司。这意味着华为能以世界为中心，利用全球优势资源为全球市场服务。

比如华为在俄罗斯莫斯科设立数学研究所，在法国巴黎设立 ID（工业设计）中心，在英国伦敦设立资金风险监控中心和全球关联交易中心，在米兰设立微波研究开发中心……

我之所以花篇幅回顾华为全球化的简单路径和案例，是因为我想说明，公司的战略方向确定后，业务是不断演进的，公司必然会对组织结构提出新的要求。

1996 年启动、1998 年定稿的"华为基本法"的第 44 条，就组织结构提出了明确的要求：公司的基本组织结构将是一种二维结构，按战略性事业划分为事业部和按地区划分为地区公司。事业部和地区公司均为利润中心，承担实际利润责任。

"华为基本法"第 45 条提出了管理部门的构建原则：职能专业化是建立管理部门的基本原则。公司的管理资源、研究资源、中试资源、认证资源、生产资源、市场资源、财政资源、人力资源和信息资源等，是公司的公共资源。

按职能专业化原则划分的部门与按某一对象专业化原则划分的部门交叉运作时，公司在组织上就形成了矩阵式结构。

2004 年后，华为进入全球市场发展阶段（见图 2-10）。

2006 年，华为实现销售收入 664 亿元，同比增长 37%。其中 65% 的销售收入来自大陆以外的市场。

在 2006 年度报告中，EMT 管理团队致辞："我们一贯坚持贴近客户的组织建设原则。随着全球业务规模扩展以及与客户合作的不断深入，我们进行了区域组织重整，将支持和决策中心设在离客户最近的地方，以保证对客户需求做出最快速、准确的响应。同时，我们不断强化客户需求驱动的研发体系建设，持续创新，为客户提供有竞争力的解决方案和服务。"

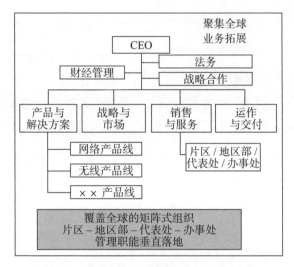

图 2-10　2005 年，业务变革驱动组织变革

　　华为首次在年报中明确组织建设的原则是"贴近客户"。

　　2007 年，华为全球合同销售额为 160 亿美元，同比增长 45%，其中大陆以外的销售占 72%。

　　2008 年，华为全球合同销售额达到 233 亿美元，同比增长 46%，国际市场销售额所占比例超过 75%。

　　华为的组织结构是矩阵式结构，由战略与市场、研发、业务单元组织、市场单元组织、交付支撑平台和支撑性功能组织等组织构成，以支持公司经营管理团队运作（见图 2-11）。

　　战略与市场负责为公司战略发展方向提供主导性支持，促进客户需求驱动的业务发展，管理公司品牌与传播，监控制订公司业务计划，以实现公司的发展目标。

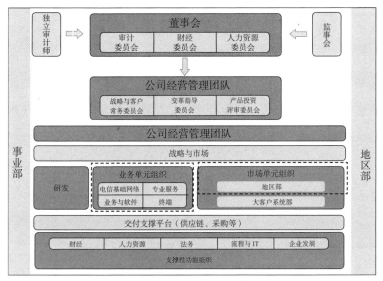

图2-11　2009年，华为治理架构和组织结构

注：来源于《华为技术有限公司2009年年度报告》。

华为的研发组织包括位于深圳的研发部门，以及全球17个研发中心（截至2009年年底）。公司还与领先运营商共同成立了20多个[①]联合创新中心，开放合作，不断提升解决方案的竞争能力。

业务单元组织为公司提供有竞争力、低成本且高质量的产品和服务。公司的四大业务单元为电信基础网络、业务与软件、专业服务和终端，它们基于客户需求持续创新，建立起端到端的优势。

市场单元组织是公司LTC流程的责任人，通过强化区域的运营管理和能力建设，确保公司战略在区域的有效落实，包括地区部、大客户系统部等。地区部通过承接公司战略，对本地区部整

[①]　数据引自《华为技术有限公司2009年年度报告》。

体经营结果和客户满意度负责，同时对总部所在辖区的大客户系统部的全球经营目标及竞争目标负责。各大客户系统部通过承接公司战略、匹配客户战略，制定和实施客户关系管理策略、资源牵引与组织策略，关注行业环境变化及竞争动态等，实现系统部经营和客户满意度的达成。

交付支撑平台通过建立端到端以及全球运作的采购、制造、物流平台，追求及时、准确、优质、低成本的交付，满足了客户需求。

支撑性功能组织是支撑公司战略与运营、提供资源和策略性支持的组织，包括财经体系、人力资源部、法务部、流程与 IT 部、企业发展部等。支撑性功能组织通过流程、工具和组织的优化，驱动公司提高运营效率。

2011 年，华为成立了企业 BG、消费者 BG，在聚焦战略下，强化多业务运营模式，从运营商业务领域拓展到企业、消费者业务，建立面向客户的组织（见图 2–12）。

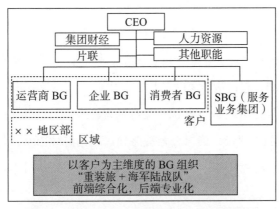

图 2–12　2012 年，匹配多业务，分 BG 运作

2014 年，华为提出公司的运作要从以功能为中心转向以项目为中心，构建项目型组织。同时，华为将产品与解决方案功能从运营商业务和企业业务中拆分出来，单独组建产品与解决方案组织。

2012 实验室和产品与解决方案组织，共同构成华为的研发体系：2012 实验室聚焦研究，面向未来 5~10 年的前沿技术和基础研究，解决面向未来的、中长期的竞争力；产品与解决方案组织聚焦开发，面向未来 1~5 年的产品开发，解决短中期的公司生存问题。

也就是在这个阶段，为适应面向多业务有效增长的战略诉求，华为建立了基于客户、产品和区域的三维度架构，同时设立面向运营商客户和企业客户的销售、服务组织（见图 2-13）。

图 2-13　客户、产品和区域的三维度架构

为适当整合泛网络研发业务，提高效率，适应不同客户的需求，华为开始试行客户群与产品解耦，整合产品线组织，提升 ICT 融合的解决方案能力；尊重不同业务的规律，支撑面向不同客户的商业成功和客户满意度提升。

为加强区域一线授权，促使其成为经营和利润中心，充分发挥代表处代表、地区部总裁在经营管理方面的能力和价值，华为开始在区域和客户群间构筑相互配合、各有侧重的组织体系；在监管基础上，加强对一线授权，增强一线经营的灵活性和自主性。

为使消费者业务相对独立，华为尝试保持消费者业务端到端的独立运作模式，与大平台适度分离；将客户群和泛网络产品线剥离，整体形成客户、产品和区域的三维度架构。

客户、产品和区域的三维度架构共同对公司的有效增长、利润和客户满意度负责，都是客户价值创造环节的一部分，但它们承担的责任和工作侧重有所不同。各维度定位如下：

区域：利润中心，作战指挥中心，区域客户群管理中心。区域层面的组织有地区部、代表处。大的代表处下设办事处。比如中国地区部、西欧地区部，杭州代表处、印度尼西亚代表处。

客户：面向客户的解决方案、销售、服务组织，对增长和客户满意度负责。比如运营商 BG、企业 BG、消费者 BG、SBG。

产品：运营商及企业 / 行业 ICT 基础设施（管道）领域的产品提供商，负责产品领域的发展方向、产品竞争力和商业成功。比如网络产品线、无线产品线、大名鼎鼎的手机产品线。

华为内部对各产品线有句经典段子：圣无线，神终端，大业（爷）软。说的是无线产品线一直非常牛，奖金高，引无数英雄竞折腰。神终端后来居上，超越圣无线，成为华为销售规模第一的产品线。而业软（业务软件）产品线难得"名副其实"：持续地、一如既往地疲软，绝不让你失望。

2017 年，上海战略务虚会议决定"缩减业软领域"，当时业软领域的上万名产品线人员都转移了岗位。

2019 年 3 月，任正非在电信软件改革表彰大会上表示，寂寞英雄也是伟大的英雄，业软领域的裁减为公司的改革做出了榜样。

很多不知内情的人经常调侃业软产品线，但轮值董事长郭平认为，业软 2/3 人员的转移，使华为又多了一项"明知不可为而不为"的能力。这样的能力为华为的进一步改革树立了强大的信心，开创了华为的未来。

做出裁减决定的过程是异常痛苦的。

对于电信软件业务的改革，在 2017 年 6 月 2—4 日召开的上海战略务虚会上，与会人员进行了激烈讨论，激烈到任正非中途离场去花园散步了。对于撤销 CRM，他回来不到 10 秒就鼓掌，说明他胸有成竹。因为 30 年来，华为从来没有放弃过一个行业，永远是从胜利到胜利。[①]

之所以表彰业软的员工，是因为业软创造了一个历史——"华为不可为而不为"是可以实现的。而"明知不可为而不为"，也是可以实现的。

而无线产品线，也对得起"圣无线"这个名号。成功的背后，

---

① 2019 年 4 月 2 日，《寂寞英雄是伟大的英雄——任总在电信软件改革表彰大会上的讲话》。

是公司 10 多年的持续投入和坚持。

1996 年，华为成立无线产品线，开发 GSM 解决方案。1998 年，华为加大投入开发 UMTS 解决方案。

2001 年，华为拓展 UMTS 海外市场，探索新商业模式。

2004 年，第一个 UMTS 网络在阿联酋落地。其前景看起来很美好，但现实很残酷，市场更残酷。

2006 年，无线产品线连续第 10 年亏损。

2007 年，无线产品线实现当期盈亏平衡。圣无线蓄势待发。持续投入逾 10 年，华为终于守得云开见月明。2009 年，无线产品线销售额首次突破百亿美元，是公司第一个超过百亿美元的产品线。

2012 年，华为无线 LTE（长期演进）核心标准提案占全球总提案的 20%。

2015 年，华为代维有 150 张网络，销售额为 150 亿美元，实现了全球市场份额第一。

自此，圣无线誉满华为。

圣无线名动华为后，神终端也不甘居人下。但神终端的命运更具戏剧性，其跌宕起伏，恐怕连最优秀的编剧也未必能猜透剧本。

神终端成立于并不遥远的 20 世纪。

1999 年，华为成立终端公司，但并未大力投入。华为对其定位是为运营商客户提供配套终端产品，并非主航道。

2003 年，华为开发海外终端市场。

2005 年，华为推出 3G（第三代移动通信技术）上网卡。

2008 年，华为出售终端股权，未获成功。

2011 年年底，华为在终端公司的基础上组建消费者 BG。原无线产品线总裁、西欧地区部总裁余承东调任消费者 BG CEO。

2012 年，余承东大力发展智能手机和自有品牌。砍掉 Vodafone 等大客户贴牌定制机。

2013 年 1 月，华为市场大会盘点 2012 年业绩，终端公司未达标。

任正非授予消费者 BG 管理团队"从零起飞奖"，以践行当初"不达底线目标，团队负责人零奖金"的诺言。

获奖人员的 2012 年年终奖金为"零"。

由于华为 2012 年销售收入离目标差 2 亿多美元，没有完成任务，所以按制度规定，时任轮值 CEO 郭平、胡厚崑、徐直军，集团 CFO 孟晚舟，片联总裁李杰，创始人、CEO 任正非和董事长孙亚芳，都没有年度奖金。

事实上，华为 2012 年年度奖金总额比 2011 年提升了 38%。

在大好形势下，华为高管自愿放弃年终奖，领取"从零起飞奖"，也体现了勇于担当的品质。

彼时，余承东第一次"被下课"，任正非力挺。

2014 年 7 月，华为进行半年业绩盘点，预测全年消费者 BG 业务目标达成困难。余承东承受巨大压力，已不知第几次"被下课"。9 月，Mate7 大屏手机在柏林面向全球发布，内部预期销量为 50 万台。同时，华为预测全年目标达成依然困难。团队信心虽然坚定，但员工心中难免打鼓。11月，"美腿妻"（华为内部对Mate7的戏称）一机难求，3 699元的高配机，被"黄牛"炒到5 000元。你别嫌贵，想买可能还买不到。

2015年1月4日，李克强总理来华为视察时问了一句："什么时候能买到Mate7啊？"

自此，消费者BG咸鱼翻身，员工加班加点赶工。

至2015年年底，Mate7一款机型的销量超过了700万台。

借着这股东风，华为顺势推出Mate 8。

2015年12月，华为手机的发货量首次突破1亿台，位居全球市场第三，紧追三星、苹果。

神终端初露锋芒，江湖名声大震。"余大嘴"（网友对消费者BG CEO余承东的戏称，因其敢言）再无"下课"之忧。

2016年年初，华为内部要求各大体系大力支持神终端发展，到新领域建功立业。CFO签发文件，要求在2016年6月30日前，对于消费者BG同意接收的财经体系员工，集团财经各部门主官要无条件放人，不得拦阻。

2018年1月，任正非签发文件，在荣耀试点新的奖金发放规则——每个季度都有奖金，年终奖变成了季度奖。华为真正以奋斗者为本，奖金不分职级、不看资历、只看贡献，导向冲锋，13级员工有可能拿到23级员工的奖金。以客户为中心，荣耀奖金基本上只和服务客户量（销量）有关。当然，华为有一个利润额要求。服务客户越多，奖金越多，上不封顶。

消费者BG自此井喷，组织活力被充分激活。

2018 年 8 月，互联网数据中心发布 2018 年第二季度智能手机数据。全球手机厂商共出货 3.42 亿台智能手机，与 2017 年第二季度 3.482 亿台的出货量相比，同比下滑 1.8%。这是连续第三个季度同比下滑，也是历史上第四个下滑的季度。

但华为（包含荣耀手机）逆势爆发。2018 年，华为市场份额自 2010 年第二季度以来首次超过苹果，仅次于三星。2018 年第二季度，华为出货量为 5 420 万台，市场份额达到 15.8%，位居全球第二。

自此，神终端名副其实。

华为终端公司董事长、消费者 BG CEO 余承东曾在 2012 年夸下海口："三年超苹果，五年超三星。"从实际情况来看，他尽管三年没有超过苹果，但终于在五年之后的 2018 年实现。

神终端的案例告诉我们：实现了的吹牛，叫战略；没有实现的战略，叫吹牛。

随着华为规模越来越大，组织越来越复杂，内部交易成本越来越高（见图 2–14）。

2010 年，华为员工人数为 11 万。2017 年后，华为一直维持 18 万人的规模。2018 年年底，华为有 18.8 万人。截至 2019 年 10 月底，在美国制裁（美国当地时间 5 月 15 日，美国宣布计划将华为列入"实体清单"）的背景下，华为员工不减反增，到了历史峰值的 19.4 万人。

基于信任简化管理，面向差异化人群和业务，华为实行差异化管理，营造出了信任、协作、奋斗的组织氛围，持续激发组织活力。

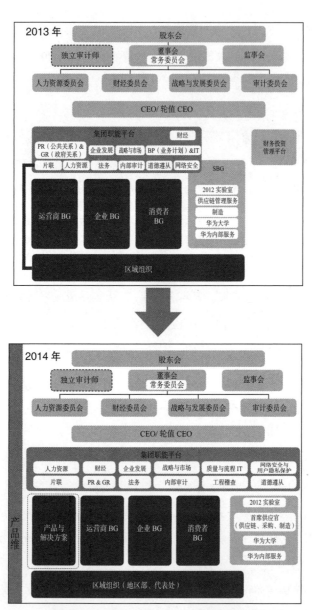

图 2-14　2013—2014 年，华为组织架构

华为不断优化公司组织运营管理体系，形成了 ICT 基础设施业务管理委员会、消费者业务管理委员会、平台协调委员会为主体的业务与平台管理机制，进一步精简职能机关组织，加大对区域、研发及各一层组织的组织调整、干部任用的授权，激发一线组织的创造活力（见图 2–15）。

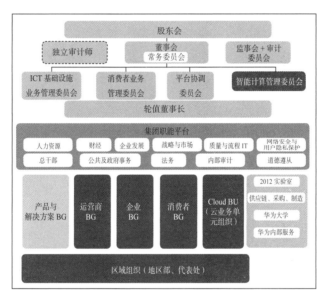

图 2-15　2018 年初，华为组织结构

注：引自《华为投资控股有限公司 2017 年年度报告》。

平台协调委员会是新成立的组织，目的是协调庞大复杂的机关各职能部门，由集团副董事长、CFO 任主任。

2018 年 6 月 27 日，任正非在平台协调委员会的座谈会上，对平台协调委员会的职责、定位做了阐述：

第一，平台协调委员会不改变每个组织已有的决策体系。

各部门的管控决策来自董事会的决定，运作服务来自一线的需求驱动，这是经线。相关部门的协调请求属于纬线管理。平台协调委员会的责任是推动各部门实现执行任务的运作优化，以及跨领域的运作简化、协同强化，让机关在未来3~5年，从管控型转向服务与支持型，与一线更加密切合作。

平台协调委员会不参与每个组织的日常业务运作决策，而是在理解公司的要求及指示的前提下，推动平台组织在准确理解公司意图与改进要求的基础上落地执行，包括推动跨领域执行。

第二，平台协调委员会的每个委员是站在集团立场来解决公司建设中的问题的。

平台协调委员会的委员，不是代表自己部门的代理人，而是推动所有平台组织不断自我优化、改进管理与实现协同工作的力量。他们更不是代表部门来"分瓜"的，准备"分瓜"的委员将被除名。大家都是来"做饼"的，目的是把"饼"做大，把"土壤做肥"。

当平台组织间出现各自"经线"的专业决策冲突时，平台协调委员会的委员必须放下自身部门的立场，站在公司集体利益上做出合适的选择。对于组织运作体系设计问题、缺失存在的责任不清问题，委员要鼓励、奖励相关组织"把困难与麻烦留给自己，把方便让给别人"的风气与做法，并使之成为习惯，树立服务支撑型组织的典型，绝不允许以责任不清为由而相互推诿，绝不允许关键问题迟迟得不到解决。

平台协调委员会加强"纬线"的打通，优化、简化人员的调配与考核。

第三，平台协调委员会要推动各部门的组织结构的优化与简化、运作优化与简化，关键角色与专家、干部的选拔与评议。

平台协调委员会应抓住COE（能力中心）主官的专业化建设，做到合理使用及优胜劣汰。专业工作只有在结合了服务对象的业务开展后，才能真正创造专业价值，COE主官既要精通自己的专业领域，也要懂所服务对象的业务。如果平台组织的COE主官不懂业务、不懂专业，纯粹为做官而做官，那么他就应该被边缘化。平台协调委员会有权对各部门主官评议、考核，提出罢免及晋升建议，也有权提议继任者，报董事会审议；其他主要专家、主要职员、辅助官员，有考核任免权。组织的精简、招聘与裁员由各部门各自进行，平台协调委员会给予评议。

华为坚持以责任结果为导向，在成功实践中选拔与发展干部。2017年，华为实施"蒙哥马利计划"，以加大优秀年轻干部的识别与选拔；2018年，华为逐步试点实施"考军长"机制，检验干部适应变化业务的能力，不断优化完善干部流动机制，保持干部队伍的活力。

华为结合市场与计划机制，优化内部人才市场运营，促进新老业务之间的人才流动，支撑新业务发展，减少成熟业务的人员冗余；优化个人绩效管理，"多产粮食，增加土壤肥力"，聚焦为客户创造价值，促进相互协作；任命及晋升各类专业"单板王"，树立专业标杆，鼓励专家辈出，提升队伍专业能力。

华为基于获取分享、贡献面前人人平等的理念，优化获取分享与责任结果导向的分配机制，根据不同产业、不同发展阶段和不同人群，设计差异化的激励方案，让所有内、外部优秀人才参与价值创造和价值分配的过程，驱动组织和员工进行更大、更好的价值创造。

此外，华为还开展了公司新愿景的解读、传播，用愿景使命激发持续创造的更高使命感，用荣誉感激发更大的责任感，激活员工持续奋斗的内驱力。

2017 年，为加强对消费者业务的战略及风险管理，提升决策效率，华为成立了消费者业务管理委员会，将其作为消费者业务战略、经营管理和客户满意度的最高责任机构。

2018 年，为加强对 ICT 基础设施业务的端到端经营管理，华为成立了 ICT 基础设施业务管理委员会，将其作为公司 ICT 基础设施业务战略、经营管理和客户满意度的责任机构。

为逐步打造公司支撑不同业务发展的共享服务平台，并有序形成公司统治实施的抓手，华为成立了平台协调委员会，以推动平台各部门的执行运作优化、跨领域运作简化、协同强化，使平台组织成为"围绕生产、促进生产"的最佳服务组织。集团职能平台是聚焦业务的支撑、服务和监管的平台，它向前方提供及时、准确、有效的服务，在充分向前方授权的同时，加强监管。

在组织建设中，围绕流程的项目型组织建设是一个重点和难点。项目型组织的显著特点就是虚实结合的矩阵式组织（见图2-16）。

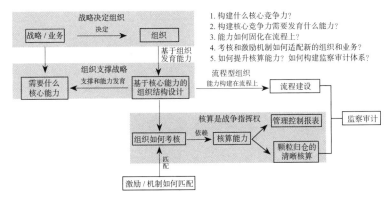

图 2-16　战略与组织关系示意图

2015 年，在与埃森哲全球董事长座谈时，任正非提出，过去20 年，IBM 把华为从一盘散沙变成平台型组织，未来 10 年，华为需要借助埃森哲，把"屯兵组织"打造成精兵组织。为此，华为提出"眼镜蛇组织"的概念。

"蛇头"就是前方的精兵组织，面对的是不确定性事件。管理者应该把精力和智慧投在这些不确定性强的挑战性工作里，比如新业务、战略、创新、客户、市场拓展、干部培养选拔。

"蛇头"对效益负责。而"蛇身"就是大平台，处理确定性事件。"蛇身"对效率负责。

第三部分

高管懂战略——面向未来的战略规划

华为的战略管理是确定使命，通过外部洞察和自我分析确定战略目标、编制战略规划、决策资源配置、管理监控目标，进而达成一个动态管理过程。它包括战略制定、战略解码、战略实施和监控管理、战略评估，最终实现战略目标。

战略管理不是静态的，而是周而复始的动态管理过程。它需要根据外部环境的变化、内部条件的改变，以及战略执行结果的反馈信息，重复进行新一轮战略管理，它是不间断的管理。

既然战略管理对公司这么重要，那么，公司可以通过什么流程来承载并固化战略管理呢？

华为主要是通过 DSTE 流程来承载战略管理的。华为要求内部的商业领袖要具备识别自身发展和环境变化趋势的能力，恰到好处地调整核心竞争力的定义，灵活运用 DSTE 流程工具。截至2019 年年底，华为有 16 个业务流程。这些业务流程被归为三大类：运营类、使能类、支撑类。

运营类业务流程是客户价值创造流程，它可以端到端地完成客户价值交付所需的业务活动，并向其他流程提出需求。运营类业务流程包括 IPD、MTL（市场到线索）、LTC、ITR、Retail（零售）。

使能类业务流程是响应运营类业务流程的需求流程，它可以支撑运营类业务流程的价值实现。使能类业务流程包括 DSTE、

MCI（管理资本运作）、MCR（管理客户关系）、SD、SC（供应链）、Procurement（采购）、MPAR（管理伙伴和联盟关系）。

支撑类业务流程是公司基础性的流程，为整个公司的持续、高效、低风险运作而存在。支撑类业务流程包括MHR（管理人力资源）、MFIN（管理财经）、MBT & IT（管理业务变革和信息技术）、MBS（管理基础支持）。

DSTE流程属于使能类业务流程，它是编制中长期战略规划，制订年度业务计划的流程，具有执行、监控、评估功能的统一流程框架和管理体系。它意在保证公司及各业务单元的中长期战略目标与年度资源预算和滚动计划一致，确保各业务单元协调一致，引导公司建立稳定和可持续发展的业务，管理公司及产业的投资组合，支撑公司战略与业务目标的实现。

DSTE流程是管理流程，是各级管理者开展管理工作的主要流程，它把SP（战略规划）、BP、述职、全面预算、人力预算、KPI、PBC（个人业务承诺计划）进行有效集成，并在各个层级拉通管理，以形成战略制定到执行的闭环。

DSTE流程与其他流程的边界关系大致如下：

（1）DSTE流程面向对象进行设计和适配，包括集团、BG、BU/PL（产品线）、地区部、系统部、SBG，FU（功能单元）、MU（市场单元）等场景。

（2）DSTE流程管理主干用于定义集团整体要求，包括方法论、关键交付件、关键评审点、批准机制等，而具体专业领域活动的详细开展在其他相应流程中被定义。DSTE流程是一条主线，把其他流程的相关活动及输出串起来。

（3）DSTE 流程将战略和目标上下对齐、左右协同、前后贯通，是人、财、物计划的集成。

华为的 DSTE 流程基于业界最佳实践和公司的实际情况设计，主要包括战略规划、年度业务计划与预算、管理执行与监控三个循环（见图 3–1）。

战略规划是关于集团层面及各 BG、SBG、区域、功能领域中长期发展的目标、路径、关键业务设计及重要举措的选择和决策，是与管理层驱动、聚焦关键战略问题、年度循环、执行闭环有关的规范化活动。公司一般通过春季启动的战略规划周期和日常开展的战略专题研究两个层面进行战略运作与管理，集团及各 BG、SBG、区域、功能领域遵循统一的日历和方法。

战略规划循环是指公司在 4—10 月，采用 BLM 来编制中长期的业务发展战略规划。战略规划获批并发布后，公司进入年度业务计划与预算循环。从 9 月底至次年 3 月，公司指导各级部门完成下一年度的业务计划和预算。管理执行与监控循环的全年例行开展，将确保 SP/BP 闭环的形成。

在开始战略规划前，华为一般会发布公司层面的战略指引。战略指引由 SDC（战略与发展委员会），FC（财经委员会），HRC（人力资源委员会）提议，经公司董事会批准，在每年战略规划的初始阶段发布。

战略指引是指导性文件，它基于对未来的假设和预期，提出公司未来的发展方向和目标，以及面临的关键挑战与问题。这些

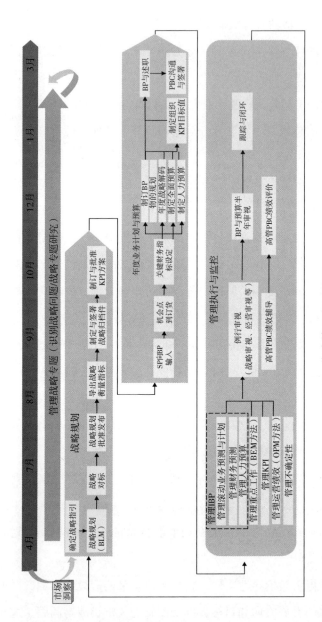

图 3-1 华为的 DSTE 流程

问题需要各业务单元在战略规划中进行解答。战略指引的对象包括集团、财经、HR 及 BG 区域、SBG 和主要 FU。

华为采用的战略规划工具是从 IBM 引进的 BLM。BLM 是华为中高层用于战略制定与执行的工具与框架，它从差距分析、市场洞察、战略意图、创新焦点、业务设计、关键任务、正式组织、人才、氛围与文化、领导力与价值观等各个方面，帮助管理层在制定与执行企业战略的过程中实现系统思考、务实分析、有效资源调配及执行跟踪。

在编制战略规划的过程中，华为特别关注产业链的竞合管理，即围绕 SP 确认重大产业政策、战略性新业务方向、新市场、新方案、新技术，识别未来的战略控制点和战略短板，对产业链优质关键资源进行针对性系统梳理与选择，通过战略并购、联盟、项目合作等方式对产业链优质资源进行主动利用和管理，构筑持续核心竞争优势和战略控制点，建设良性健康的生态环境。

董事会战略与发展委员会办公室通常于 5—9 月联合各 BG 的战略规划部，组织集团层面的 BG 战略务虚研讨会。参考 CEO 的行程安排，研讨会将持续 1~2 天。届时，集团 CEO、SDC/FC/HRC 主任、BG EMT 核心成员将受邀参加（一般会控制参会人数）。战略务虚研讨会针对各个 BG 的中长期战略问题进行研讨，充分听取 CEO 给出的指导意见，输出 BG EMT 的战略决议，形成对 BG 的战略指导。

编制战略规划后，公司要执行落地。而要保障落地的效果，公司必须战略解码。战略解码是通过可视化的方式，将公司的战略规划转化为全体员工可理解、可执行的行为的过程。战略解码工作是保障战略得以执行和落地的重要手段，是确保公司形成战略意图—业务设计—中长期目标—关键措施—PBC、KPI 及预算目标制定—业务执行—效果评估与考核的闭环管理。

第一章 统一编制语言：拜师IBM，引进BLM

邓小平同志曾在回忆长征时，说了三个字：跟着走。就是说红军从于都出发时，并没有清晰的战略方向，陕北并不是红军事先规划好的目的地。在前有堵截、后有追兵的长征途中，毛泽东主席力挽狂澜，找到新的方向，才带领红军逃出生天，免于全军覆灭。

华为早期并没有战略。要说华为有战略，也就是"跟随"。华为的运营商业务跟随爱立信；华为的企业业务跟随思科，华为的消费者业务跟随苹果、三星。

2002年起，华为开始编制战略规划。为什么战略规划这么重要？我们先看任正非近年来频繁提到的一个词——熵。熵是物理学用语，它指出了宇宙中所有的事物都会自主地选择它们的发展方向。比如，如果一块地一年没人管，就会杂草丛生；如果一个组织长期没人管，组内成员就会各自为战，组织内部就会混乱不堪。这就是自然界的熵增法则：事物通常会变得无序。很多公司，尤其是中国的公司，之所以会出现办公室政治、内耗，就是因为每个人都在自主地玩着自己的小游戏，于是就出现了混乱和无序。这就是熵增。

管理要解决什么问题？对抗自然，实现熵减。它是一个从无序走向有序的过程。这就需要方向，需要规则。如果我们规定这块地只能种水稻，那么，杂草统统都要被除掉；如果我们规定这一章只讲战略，那么我们就不要聊八卦，不要跑偏。

当今时代是一个机会很多但成功概率很小的时代，人人都充满了自主性，但人人都充满了焦虑。这时，选择就变得很重要。

所以，在当下这个时代，战略规划就成为一个很重要的工作。它在无序中给我们一个方向，让大家能够朝着同一个方向努力，能够帮助企业选择高价值的区域，并持续做出正确选择。

什么是战略呢？其实战略也并没有那么复杂。按明茨伯格的说法，战略就是定位、取舍、配称。定位就是我是谁，想成为谁；取舍就是选择做什么，不做什么；配称就是配置资源，即资源配给谁、配多少、什么时候配。笔者把战略定义为"实现企业愿景和使命的谋划，自身定位下的选择，基于全局和未来做出的有限资源下的取舍"。

很多人之所以容易有选择犹豫症，就是因为他们有太多退路，无须背水一战。我们经常说战略是一门艺术，但是战略管理却是一门科学。

无可否认，任正非、马云，还有已经故去的乔布斯，都是非常优秀的战略家。但是如果他们针对手机行业做出自己的战略选择，那么他们的战略不一定是一样的。

那么，什么战略才是好战略呢？能落地执行的战略就是好战略。不能落地执行的战略统统都是口号，都是吹牛。

华为消费者业务CEO余承东在2012年喊出"五年做到全球第一"的口号，他也因此被华为内部员工戏称为"余大嘴"。2018年第二季度，华为手机发货量首次跃居全球第二，与第一名的差距逐渐缩小，余大嘴的吹牛逐步变为现实。

从这个意义上说，战略在某种程度上也是吹牛——要敢想。实现了的吹牛是战略，没有实现的战略是吹牛。所以，战略必须要跟执行结合起来，这样才是真正的可执行的好战略。

华为的发展历程在外界看来富有传奇色彩，因为它似乎在每一个重大的历史关口，都做出了正确的选择，都制定了好战略。

在20世纪90年代，也就是中国从模拟通信走向数字通信的当口，华为发布了C&C08交换机；在中国从固定通信转向移动通信的时候，华为实现了软交换；在中国从2G（第二代移动通信技术）转向3G的时候，华为的宽带战略横扫全球；当通信行业从运营商说了算到用户说了算的时候，华为又发布了手机；当互联网和通信逐步融合并向ICT转型的时候，华为又跨过了解决方案转型，向云计算、大数据、物联网迈进，并且每年都能保证35%以上的利润增长。

华为是怎样做到这一点的呢？因为华为有好工具——从战略制定到执行的DSTE流程。

虽然这个流程看起来复杂，但它其实只有四个环节。第一个环节，我们称之为战略制定；第二个环节，我们称之为战略解码，目的是输出年度业务计划；第三个环节，我们称之为战略实施和监控管理，它是通过经营管理来实现的；第四个环节，我们称之为战略评估，即绩效管理。它是一个循环迭代的过程。

华为对战略的重视是从 2002 年开始的。因为当时的华为错过了与小灵通的合作机会，且差点儿被竞争对手赶超（此事至今仍有争议，因为任正非始终不认为不与小灵通合作是重大战略失误，他认为小灵通代表落后的技术）。也正因如此，当时的华为流失了大批非常出色的高管。这些人觉得任正非失去了战略把控能力，所以纷纷离开，去玩自己的小游戏去了。

这之后，任正非意识到，华为必须通过战略把他们都团结在公司，让他们进入这个大游戏。2002 年，华为引入了美世公司的一套 VDBD 战略模型——价值驱动的业务设计。2006 年，华为正式引入了 IBM 的 BLM，并将这一年的战略规划命名为"803 规划"。之后的规划均被命名为"80X 规划"。经过十多年的实操打磨和优化，华为逐步完善了这套模型，使之成为中高层制定战略的必备方法。简单来说，这套模型是从公司的愿景和使命出发，编制中长期的业务发展战略规划，通过一致的、规范的方法来指导战略开发过程，使集团、BG/SBG、BU/PL、FU、MU 保持协调一致，确保战略管理例行化、日历化。其核心逻辑是，从差距分析开始，识别业务的关键问题，以价值转移趋势分析、客户需求偏好发展预测及洞察客户财报为牵引，围绕客户选择、价值定位、价值获

取 / 利润模式、业务活动范围、战略控制点、风险管理等 6 个方面进行业务设计选择，识别可牵引的创新焦点，确定集团、BG、BG/PL、SBG、区域及功能部门的中长期发展战略、关键里程碑和财务目标。它通过编制支撑业务设计、实现战略意图目标的关键任务及举措，分析差距与关键问题的根本原因，进行组织、人才、文化与氛围的规划，以确保战略规划的可执行与目标的达成。

第一个环节：战略制定

1984 年，IBM 被誉为"全美最受推崇的公司"。20 世纪 80 年代末、90 年代初，IBM 陷入困境。1991—1993 年，IBM 累计亏损 162 亿美元。1993 年 4 月 1 日，郭士纳临危受命，正式加入 IBM，成为董事长兼 CEO，并开始大刀阔斧地改革。

半年内，郭士纳通过削减成本、调整结构、确定发展根基、外围解决企业文化、构筑领导集体、展示愿景、激发雄心等方式，逐渐稳定了 IBM 的军心。一年后，IBM 获得了长足发展——由 1993 年亏损 80 亿美元，转变为 1994 年盈利 30 亿美元。之后的故事，大家都知道了："大象也能跳舞。"2002 年，在郭士纳的主导下，IBM 开发了 BLM。

1997 年年底，任正非带领高管团队参观 IBM 总部。之后，华为决定全面学习 IBM，持续变革 20 多年。2006 年，华为正式引入了 IBM 的 BLM（见图 3–2）。BLM 是用于战略制定与执行联结的方法与工具，它的 8 个标准模块建立了管理者的统一语言。BLM

有以下原则：

1. 战略不能被授权：业务领导负责引领战略制定和执行，包括有效沟通战略；

2. 聚焦差距：聚焦关键业务差距和问题，注重结果；

3. 市场洞察：深刻理解外部市场趋势和其对业务的启示；

4. 战略性业务组合管理：平衡成熟和新兴业务，保持业务的可持续发展，即注重所谓的"第二曲线"管理；

5. 战略落地：强调战略制定到执行的一致性逻辑思考，以及组织能力与战略的适配；

6. 组织能力一致性：强调组织各能力之间的协调一致性，分析执行中的组织保障和根本原因；

7. 组织协作：相关业务部门在战略制定过程中的充分研讨、协同、共识和承诺。

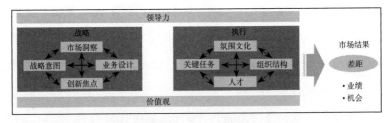

图 3-2　IBM 的 BLM

　　所有的战略都是因不满意而引发的。如果你对自己当前的状态很满意，那么你是不需要讨论战略的。所以差距分析是战略的起点。然后我们看战略维度。如果我们制定的是公司级战略，那么我们会从市场洞察入手；如果我们制定的是业务级战略，那么我们会从战略意图入手。在差距分析之后，我们要进行市场洞察。市场洞察的目的在于洞察外部市场的变化趋势，更重要的是帮助我们从业务的角度理解这些变化。发现新的业务机会，发现新的高价值的业务区域，可以为后续的业务设计等活动打下基础。市场洞察的方法是五看——看趋势、看客户、看竞争、看自己、看机会。

战略意图是什么呢？比如领导画了一个圈，他通过这个圈告诉你应该做什么和不应该做什么，以及做到什么程度。这位领导就是在表达战略意图。所以，战略意图可以导出愿景、长期战略目标、短期目标。

而如果我们要制定公司战略，那么我们必须先做出选择。我们可以从市场洞察入手，从外部着手分析我们遇到的机会和面临的威胁，识别谁是我们的对手，谁是我们的目标客户。

接下来就是确定创新焦点。确定创新焦点可以让我们结合自身优势，抓住机遇，把资源投入关键创新点，避免在非战略机会点上消耗资源和力量。

而战略的落脚点在哪里呢？答案是业务设计。业务设计就是我们俗称的商业模式。商业模式通常是业务层面的模式。没有人会问华为的商业模式是什么，联想的商业模式是什么。人们只会问华为手机的商业模式是什么，联想笔记本电脑的商业模式是什么。所以"商业模式"的真正含义是业务设计，它是整个战略的落脚点。业务设计由如下几部分构成。

客户选择

业务设计的核心问题：你的客户是谁？你基于什么原则对客户进行结构化分类？客户选择你的原因不在于你能做什么，而在于能与你合作多久。

在这个世界上，"把我的思想装进你的脑袋"和"把你的钱装进我的口袋"是两件最难的事。客户就是心甘情愿把钱装进我们口袋的人。所以，我们要以客户为中心。选择客户，就是确认谁愿意为你的产品与服务买单。谁付钱给你，谁就是你的客户。是否付钱是客户和用户的重要区分。客户是唯一的，用户是真正使用你的产品的人，却未必是付钱的人。比如你通过京东商城购买了一台华为手机，并把它作为送给夫人的生日礼物。那么，对华为而言，京东商城是华为的客户——渠道客户，因为京东是付款给华为的唯一特定主体。而你则是京东商城的客户，因为京东商城收到了你支付的手机货款，但你的夫人却是华为手机的最终用户。手机好不好，应由实际使用手机的人——你的夫人来做评价。若你的夫人有良好的手机体验，那么一切运转顺畅。若你的夫人的手机体验并不好，那么她可能会要求你今后不要购买华为手机。即便京东商城大量进货，使华为手机的发货状态看起来很好，但这些手机并未真正销售给消费者，而是积压在京东商城，这样的状态必然不可能持续。因为京东商城不可能为华为手机无限沉淀资金。在这个案例中，京东商城是华为的客户，你是京东商城的客户，你的夫人则是华为客户的客户的用户，也就是华为手机的最终用户。最终用户体验的满意度，将决定产品未来的可持续发展能力。

最高层次的以客户为中心，不仅仅是以客户为中心、让客户满意，而是能够洞察客户需求，提升客户体验，最终提升用户体验。让末端消费者满意，才是端到端的价值链管理，才能真正做好业务设计，实现战略意图。事实上，华为的市场洞察工作不仅能洞察客户需求，还能关注客户的KPI。应该说，这是非常有远见的做法。

价值定位

你提供什么产品、服务或解决方案给目标客户？你所提供的产品、服务或解决方案的独特性和竞争力何在？价值定位也就是价值主张。定位理论是由美国著名营销专家艾·里斯与杰克·特劳特于20世纪70年代早期提出的。1996年，杰克·特劳特梳理了25年的工作经验，写出了《新定位》一书。这本书更符合时代特征，其核心思想源于定位理论。定位理论的产生，源于人类信息传播渠道的拥挤和堵塞，是在信息爆炸的时代背景下的商业运作的结果。科技进步和经济社会的发展，几乎把消费者推到了无所适从的境地。首先是媒体信息的爆炸。广播、电视、互联网的海量信息使消费者应接不暇。其次是产品的爆炸。仅电视就有大屏幕、小屏幕、平面直角、超平、纯平之分，从耐用消费品到日用品，众多的产品令人眼花缭乱。再次是广告的爆炸。电视广告、广播广告、报刊广告、街头广告、楼门广告、电梯广告，广告真可谓无孔不入。因此，定位就显得非常重要。定位让产品（这里指广义的产品，包括产品、服务与解决方案）在潜在客户的脑海里拥有一个合理的位置。笔者把它归结为四个字：夺人心智。

定位的基本原则不是去创造某种新奇的东西，而是去操纵人们心中原本的想法，去打开联想之结。夺人心智的真谛就是"攻心为上"。消费者的心灵才是营销的终极战场。消费者有五种思考模式：只能接收有限的信息，喜欢简单、讨厌复杂，缺乏安全感，不会轻易改变对品牌的印象，想法容易失去焦点。掌握这些特点有利于公司占领消费者心目中的合理位置。而定位的方法有很多，比如强化自己已有的定位、比附定位、第一定位、市场空白定位、品类定位、再定位等。按照艾·里斯与杰克·特劳特的观点：我们可以为产品定位，也可以为一项服务、一家公司、一个机构，甚至一个人定位。定位并不是要你对产品做出改变，而是要你为产品在潜在客户的脑海里确定一个合理的位置，使你的潜在客户熟知产品。定位是对现有产品的一种创造性试验。定位意味着改变产品的名称、价格及包装，产品本身并没有改变。定位修饰的是产品的外在，其目的是让产品得到潜在客户心中的有利地位。所以杰克·特劳特说："定位可以令你的公司和产品与众不同，并使之形成核心竞争力；对受众而言，定位让公司的品牌更加鲜明"。特劳特（中国）品牌战略咨询有限公司总裁邓德隆说："所谓定位，就是让品牌在消费者的心智中占据最有利的位置，使品牌成为某个类别或某种特性的代表品牌。当消费者产生相关需求时，消费者便会将定位品牌作为首选，也就是说，这个品牌占据了这个定位。"

按照艾·里斯与杰克·特劳特的理论，我们身处的社会已成为一个过度传播的社会，而消费者只能接受有限的信息。消费者抵御这种"信息爆炸"的最有力武器就是最小努力法则——痛恨复杂、喜欢简单。产品在顾客心目中通常都有一定的位置。例如，人们通常认为，可口可乐是世界上最大的饮料生产商，格兰仕是中国最大的微波炉生产商，北京同仁堂是中国最著名的中药店，华为是中国高科技通信设备商的代表，等等。这些产品和服务的提供者所拥有的地位是通过与消费者的长期交易而获得的，是其他公司很难取代的。也就是说，消费者不会轻易改变对品牌的印象。定位的目的是占据顾客心目中的有利地位。因为只有这样，产品才能在市场上赢得有利的竞争地位。

一般来说，企业在业务设计与市场营销中的失误表现为两方面：一是在市场逐渐成熟后，企业不能及时构思新的定位，从而使自身陷入困境。例如，在国内的冰箱、电视机已拥有成熟技术之后，如果有一个厂家仍然宣传自己是第一个引进国外技术的厂家，就会让人笑掉大牙。而海尔的"海尔，中国造"的定位则收到了极好的宣传效果。二是企业的不断扩张和多元化发展，使消费者对产品的印象越来越模糊。美国雪佛莱汽车公司就经历过这样的事情。过去，雪佛莱汽车是美国家庭汽车的代名词，但在雪佛莱扩大生产线后，消费者心中原有的"雪佛莱就是美国家庭汽车"的印象焦点反而模糊了，而这让福特站上了第一品牌的宝座。"三九胃泰"曾是我国著名的胃药生产商，但其生产啤酒的决定使自身陷入窘境。众所周知,饮酒会对胃肠道产生不良刺激,胃药生产商同时也在生产啤酒,这不正是《自相矛盾》这一古代寓言的现代翻版吗?定位的真谛也是"攻心为上",消费者的心灵才是营销的终极战场。从营销传播的角度来看,定位并非要在改变产品上下功夫,因为产品已是生出来的孩子,已经定型,不大容易被改变,而容易被改变的是消费者的"心"。

当然,我们应优先考虑定位,即在战略制定、业务设计时就要考虑定位。在广告泛滥、信息爆炸的大背景下,消费者必然要用尽心力筛选产品,以剔除大部分垃圾。例如,尽管市场上饮料众多,但只有可口可乐、娃哈哈、乐百氏这几个品牌为人们所熟知,并且这几个品牌在人们心目中还是有一定顺序的——可口可乐一定是第一名,至于第二名、第三名是哪几个品牌,就要看厂家的定位策略了。人们总是容易记住第一名。谁都知道世界第一高峰是珠穆朗玛峰,但极少有人能说出第二高峰。人们能很快说出体育比赛的冠军,亚军则不易给人们留下印象。所以,在价值定位中,企业要善于找出自己所拥有的令人信服的某种重要属性,并通过一定的策略和方法,让自己的品牌给人们留下深刻的印象。

第一,强化自己已有的定位。如果企业现有的产品和服务已在消费者心目中占据一定的有利位置,那么企业在业务设计时就要考虑这种定位,并反复向人们宣传这种定位,不断强化产品在消费者心目中的形象,也就是自己的特色。而这种强化必须是实事求是的。例如,在我国的冰箱生产厂家中,海尔反复强调自己的"高品质"，新飞则宣传自己是节能冰箱，而美菱把文章做在了"保鲜"上。

第二，比附定位。企业可以使自己的定位对象与竞争对手（已占有牢固位置）发生关联，并确立与竞争对手的定位相反的或可比的定位概念。如果竞争对手很强，那么企业的这种做法既能强化自己与强者的关系，又能表明自己处于弱者的位置，更易引起人们"同情弱者"的共鸣。比附定位还有另一层含义：消费者主要依靠"你与谁为敌"未判断你的地位。你的对手越强大，你就越强大。

第三，第一定位。处于领导地位的企业仍要以新品牌来压制竞争者。因为每一个品牌都在其潜在顾客心目中独自占据了一个特定处所。这是作为市场领导者所要采取的策略。既然自己是老大，那么卧榻之侧，岂容他人鼾睡？因此，企业在各种场合宣传自己的"第一"的形象自然就在情理之中了。

第四，市场空白定位。企业应寻求消费者心目中的空隙，然后加以填补，比如价格（高低）、性别、年龄、一天中的时段、分销渠道、大量使用者的位置等各种空隙。例如，万宝路是美国的著名香烟品牌，而一个叫"窈窕"的香烟品牌，就是以女性抽烟者为突破口，挑战万宝路并大获成功的。

第五，品类定位。当一个强大的品牌名称成了产品类别名称的代表时，公司必须给予新产品一个新的名称，而不能采用"搭便车"的做法，沿袭公司原有产品的名称。这像"跷跷板"原理，当这边上来时，另一边就会下去。因为一个名称不能代表两个迥然不同的产品。宝洁公司的多品牌策略就大有可取之处，其价值定位具有差异化特征。

第六，再定位。再定位就是重新定位，即改变事物（比如产品）在消费者心目中的原有位置与结构，使事物以新形象在消费者心目中重新排位，调理关系，以创造一个有利于自己的新的秩序。这意味着企业必须先将旧的观念或产品从消费者的记忆中抹去，再让消费者接受一个新的定位。海尔最初是以宣传自己冰箱的优良品质为定位的，而在产品线得到延伸之后，它很快就突出了"中国造""向国际营销商授权"等新的定位。

企业在进行价值定位时，不能仅仅站在营销的角度，而是要站在全生命周期的角度，来审视主要产品与服务的定位。由于艾·里斯与杰克·特劳特都是广告人出身，他们的定位理论往往局限于一种广告传播策略，强调让产品占领消费者心目中的空隙。营销大师科特勒认为，定位是对公司的提供物和形象进行策划的行为，目的是使它们在目标消费者的心目中占据一个独特的有价值的位置。因此，企业必须从零开始，使产品特色确实符合所选择的目标市场。科特勒把艾·里斯与杰克·特劳特的定位理论归结为"对产品的心理定位和再定位"。显然，除此之外，他们的定位理论还包含对潜在产品的定位。

定位理论传入中国后，与中国实践相结合，在中国得到了蓬勃发展。著名品牌定位专家鲁建华认为，定位理论的核心是一个中心、两个基本点，以打造品牌为中心，以竞争导向和进入客户心智为基本点。

第一，以打造品牌为中心。从根本上说，公司创造价值的过程就是创造客户、打造品牌的过程，营销就是打造品牌；从更广义的角度上看，创建伟大企业的过程其实就是创造客户、打造品牌的过程，做企业就是做品牌，企业运营的本质就是打造品牌。

定位理论所有的概念、观点、体系都服务于打造品牌这个中心。离开打造品牌这个中心谈论价值定位，必然会让我们误入歧途，不得要领。

第二，以竞争导向为基本点。客户重要还是竞争重要？传统的营销理论认为，客户更重要，没有客户就不会有竞争，营销就是满足客户的需求。"客户是上帝"的观念至高无上，被广为流传。客户导向的观念至今仍深入人心。

从纯理论的角度上看，客户确实比竞争重要；而从实战的角度上看，解决竞争问题才是最重要的。华为是特别强调竞争的企业，它在制定战略、定价时都将竞争作为重点考虑因素。

从满足、服务客户的角度上看，营销必然走向趋同，最终陷入打价格战的深渊；而从竞争角度上看，营销就会变得有活力，营销将走向创造客户、创造需求的新境界，不断引领企业开创新的未来。

竞争导向让业务设计者不得不考虑如何让自己的品牌与竞争品牌区分开来，实现差异化，再把生意从竞争对手那里转换过来。这是定位思考的起点。商场就是战场。定位让企业在与竞争对手正式开战之前，占据了消费者心目中的一个最有利的位置。定位是建立在竞争之上的，它随着竞争的发展而发展。竞争导向是定位理论的第一个基本点。

第三，以进入客户心智为基本点。营销中没有事实，只有认知。这是商业中最隐秘、最基本的真理。这个真理的产生有三个原因。一是从事实到认知有一个过程，人们无法跨越这个过程。这个过程就是事实要经过大脑的过滤、解读，最终体现事实的认知。二是人们已经形成既有的认知、观念，他们认为自己的这些既有认知、观念就是事实。而这些既有认知、观念会影响人们对新事物的认知。这表现在两个方面：其一，心智中既有的认知、观念会让人们有选择地接收信息，你"看到""听到""尝到"的事物，往往是你"希望看到""希望听到""希望尝到"的事物；其二，心智中既有的认知、观念有时会对人们起到误导作用，比如在一个装满自来水的瓶子上贴上某纯净水品牌的商标，你对这个品牌的既有认知（纯净水）会影响到你对事实（自来水）的判断。三是客户的认知逻辑与企业的认知逻辑往往相反。虽然客户和企业都认为质量更好的产品一定会胜出，但企业判断质量的标准是产品的技术指标（它们很自然地认为自己的产品质量更好），而客户判断质量的标准是哪一种产品得到了更多客户的青睐，哪一种产品的质量就更好。客户没有能力也没有精力去理会那些所谓的技术指标。这就是心智认知规律所揭示的事实。其实所有广告的目的都是影响你的认知，如果广告没有对你产生影响，那么它就是失败的；反之，它就是成功的。离开认知，企业就没有办法谈营销，没有办法谈价值定位，也就没有办法谈业务设计。所以价值定位不是事实之战、产品之战、市场之战，而是认知之战。商战的地点不是事实、产品、市场，而是心智。商战的目的其实就是设法进入心智认知并占据一席之地。价值定位就是选择、占据心智认知上最有利的位置，是通过商战实现的。商战在客户的心智中进行，心智是企业获胜的地方，也是企业落败的地方，心智决定成败。商战中没有事实，只有认知，认知即事实，认知决定成败。

进入客户心智是定位理论的第二个基本点。心智是竞争的内容，竞争是进入心智的手段。竞争在心智中展开，心智是竞争的战场。心智为竞争开辟了全新的内容、提供了一个差异化的竞争角度，竞争是进入、占据心智的必由之路。心智认知规律决定竞争规律，竞争发现、提升了心智认知的价值和作用。竞争导向与进入客户心智这两个基本点有机结合，共同服务于品牌的打造，帮助企业实现价值定位。比如华为Mate系列手机的定位就是"高端、商务"，所以它的屏幕大，待机时间长，电池续航能力强，可满足高端商务人士经常出差的办公需求；P系列手机的定位是"高端、时尚"，所以它的设计前卫大胆，其拍照美颜功能尤其强大，以"酷炫"为卖点。而华为Mate 9保时捷款的限量供应，形成了供不应求的溢价市场，这符合它"拉升品牌"的定位。

价值获取

如何盈利？如何赢得高于平均值的利润？价值获取需要回答如何盈利的商业模式问题。究竟是羊毛出在羊身上，还是羊毛出在猪身上？传统行业一般是前者，但互联网行业往往是后者。比如谷歌并非因使用搜索功能的消费者的付款而获得收益，它主要依靠广告收入实现盈利。谷歌发展初期的首要目标是帮助所有人（男女老少）免费上网，并且让他们便捷地查找内容。这里的关键词是免费和便捷。谷歌在商业方面的成功还得益于中间环节的减少，它能不断扩大自己的技术领先优势。在横幅广告和弹窗式广告无处不在的市场中，谷歌网页的新颖设计吸引了广大的用户。用户规模大，谷歌的广告位就会是企业投资的好选择。虽然广告位的数量不多，但是谷歌的广告费用却是传统广告费用的 10 倍，这让谷歌的收入不断增长。而华为坚持聚焦主航道，认为即使逐步协助运营商做好业务发展和运营工作，价值获取也应该建立在管道战略上。

战略控制点

有什么持续价值？替换成本是否足够高？战略控制点可以理解为"蛇的七寸"，即主要矛盾。抓住了"蛇的七寸"，就抓住了要害。比如 5G 关键技术，强大的普遍客户关系，遍布全球的快速交付能力，都是华为的战略控制点。当然，具体案例有具体表现。笔者一直认为，在未来的新 ICT 数字化转型的时代背景下，华为的战略控制点是连接——连接万物，做使能工具。未来信息社会是一个万物感知、万物互联、万物智能的社会。万物感知和万物智能的空间太大也可能让华为力不从心；万物互联就是网络连接，这是华为的主航道，也是其核心优势，它很可能让华为再创佳绩。华为的互联网手机品牌荣耀的总裁赵明把它的战略控制点归结为三点：品质、创新与服务。

赵明在 2018 年 11 月撰文《笨鸟不等风》时写道：

　　荣耀在三年中承担了探索试错的重任。荣耀最先尝试双摄，荣耀最先采用麒麟芯片，荣耀最先发布第一款人工智能手机 Magic，荣耀最先将线上、线下模式融合在一起。2017 年年底，任正非亲自签发奖金改革政策，荣耀再次成为人力资源和组织运作的探索者。2018 是 AI 的风口年，很难想象，几年前当我们陆续发布荣耀 Magic、荣耀 V10 的时候，中国手机从业者对 AI 大多是三缄其口。据我们判断，荣耀布局 AI 手机领域的时间算是非常早的。

　　在我刚来荣耀的时候，我和团队就在思考一个问题：荣耀的战略控制点是什么？我们的营销不如别人，我们不会讲故事，所以战略控制点显然不是营销。

　　最后我们把品质、创新与服务这三个点作为荣耀的核心战略控制点，也就是后来大家在 2015 年 GMIC（全球移动互联网大会）上听到的“笨鸟不等风”。我们不做风口上的“猪”，我们是一只笨鸟，笨鸟只做最本质、最艰难的事情。风停了，猪会掉下来。但笨鸟靠自己的翅膀依然可以飞起来。有了这三个核心战略控制点，就意味着我们今后的一切都是围绕品质、创新与服务而来。

业务范围

企业价值链上的哪些业务活动是核心活动？哪些活动可以外

包出去？外包原则是什么？华为强调聚焦主航道，非主航道的边缘产品都外包给了供应商，收缩了一部分产品线。2017年7月12日，在第三季度区域总裁会议上，任正非提出华为应下定决心，向主航道聚焦。他认为，一个企业的精力是有限的，企业应适当收缩业务，不展开太大的进攻面。处处设战场的结果可能是处处都无法被攻克。2019年5月21日，任正非在接受中国媒体采访时表示，华为有一些边缘产品没有"备胎"，而这些产品迟早是要被淘汰的。如今，美国把华为列入实体清单，制裁华为，因此这些边缘产品受到了影响。但华为的核心产品不会受到影响，至少5G不会受到影响，因为其他企业在两三年内不可能追上华为。

在核心部件上，华为一直重兵投入。海思就是一个例子。海思于2004年成立，负责华为所有的半导体芯片以及核心器件的开发和交付，在华为内部具有重要地位。然而这个部门却异常低调，在华为架构的一级部门中，我们甚至找不到海思的身影。一直以来，海思属于2012实验室，就是前文提到的"研发"体系中负责"研"的部门。

对于海思半导体芯片作为华为的战略备胎这一点，2019年5月21日，任正非在深圳坂田基地接受《面对面》记者董倩的专访时表达了如下精彩观点。

任正非：……我们曾经准备用100亿美元把这个公司卖给美国公司，卖给人家时，合同也签订了，所有手续也办完了。两个团队的人穿上花衣服，去海滩比赛跑步、比赛打乒乓球。

但是在这个星期，美国公司的董事会发生了变化，新董事长否决了这项收购，于是我们回来讨论还卖不卖？少壮派是激进派，坚决不再卖了。我就说10年以后，我们和美国人在山头上遭遇，遭遇的时候我们肯定是输家，我们拼不过他们的刺刀，他们爬南坡的时候是带着牛肉、咖啡在爬坡，我们背着干粮爬坡，可能爬到山上，我们还不如人家。

好，那我们就要有思想准备。我们就准备了备胎计划。当然今天有人有疑问——5G将来会不会分裂成两种标准，西方一种标准，东方一种标准？我认为是不会的。因为人类好不容易统一了一个标准，为共同的全球云社会服务，两种标准就是两朵云，很难交融。

在这样的前提下，美国人从北坡攻击我们，我们顺着雪往下滑一点，再起来爬坡，但是总有一天两军会爬到山顶，这时我们决不会和美国人拼刺刀。我们会去拥抱，我们会因人类数字化、信息化服务胜利大会师，以及多种标准胜利会师而欢呼。我们的理想是为人类服务，不是为了赚钱，也不是为了消灭别人。大家共同实现为人类服务，不是更好吗？有人会疑惑，既然你有备胎，为什么不早用呢？我们就是为了西方公司的利益，我们不让西方公司的利益被挤榨，这让我们的朋友变多了。因为我们不做8K分辨率的电视机，所以日本、韩国所有的电视机用的是我们的芯片，用的是我们的系统。

记者：可能很多人就不大能理解你刚才说的话，我们放着这个钱不挣，要让别人去挣这个钱，这是什么样的考虑？

任正非：我们挣得已经够多了，你要不要看看常务董事会去年的利润？

记者：这太炫富了吧？

任正非：不是，我们的战略投入不够。如果我们有足够的战略投入，那么我们今天面对的困难就会少一点儿。

事实上，不仅是芯片这类核心部件，在制造方面，华为与苹果公司全部外包的做法也不同。华为在东莞松山湖建立了制造基地，就是为了确保在最恶劣的条件下，华为依然拥有向客户交付产品的能力。苹果公司的手机生产则全部外包给富士康和伟创力等供应商。

用任正非的话说，华为要"打造一条打不烂、拖不垮的钢铁供应链"：

这些年，华为供应链的持续改进方向是正确的。我们要更加开放和主动，打造一条打不烂、拖不垮的钢铁供应链。我们公司只有一条供应链，它不能垮掉，否则公司就无法连续运行。过去几年，我们的供应链建立了贴近客户的快速供应网络、账实相符、五个一、ITO（存货周转期）都有明显改进，精益制造、采购产业链管理的能力也有很大的提升。企业的供应链要主动延伸到产品设计和项目运作中去。企业可以在一线提拔一批人，像市场一样设立"供应场景师"，组成专家团队，把主要精力集中在管理不确定性工作上，负责供应场景的设计和管理，解决产品和合同的供应问题，这样就能一次把PO（采购订单）做准确了。诺亚方舟的人工智能应进入供应链业务，聚焦GTS（全球技术服务），我们就是要用人工智能来解决另一部分确定性工作的自动化，以及一部分不确定性工作的智能化。我们已有一万亿美元的网络存量，你去哪儿找这么大的人工智能市场呀！

所以，虽然供应链涉及部分外包业务，但华为自身有一条完整的供应链，它能确保在最恶劣的环境下，实现向客户的高质量交付。这就是华为业务范围的部分体现。

风险管理

企业应做好风险识别、风险评估、风险报告和风险应对措施。

2016年7月12日，任正非在2016年市场年中会议上的讲话《前进的路上不会铺满了鲜花》中提到，华为要把握机会、识别风险、拥有战略自信：

人类社会转变成智能社会是一个客观规律，谁也无法阻挡，我们要看到人工智能对社会产生的积极作用。我们要有战略自信，要勇敢地去拥抱挑战。第一个信心是我们有"机会窗"，管道扩大和流量增大创造了巨大机会。第二个信心是我们这支队伍能挑得起来。这支队伍的形成非常不容易，我们历经了 28 年磨难，也曾栽过跟头，也曾从泥坑里爬起来。我们犯过多少错误，才修正到今天的状况，而今天的修正是否科学？没有人知道。过去的奇迹是我们这群人创造的，接下来，我们还要创造更大的奇迹。当然，今天我也会讲到一些不足，那是助大家成为将军的指引。

一、机会、战略自信、风险

1. 机会：高清图像需要宽带的低成本，AI、VR（虚拟现实）、AR（增强现实）需要网络的低时延……

2. 战略自信：28 年"力出一孔"和"利出一孔"的厚积薄发，资本与劳动的分享机制，集体奋斗的精神是有独特竞争力的……

3. 风险：

（1）世界黑天鹅事件群飞，全球市场会产生我们想象不到的波动，我们还没有完全建立严格的内、外合规。我们在经营的有效性、财务的健康性方面还有待努力。

未来 3~5 年，公司存在很大风险，华为必须遵纪守法，以法律遵从的确定性，应对国际政治的不确定性。整个世界风云变幻，但是我们能确定自己遵纪守法，在世界各国都不要违犯法律。各个代表处要严把合同质量，不断提高经营的有效性。

（2）多国经济问题的积重难返。每个代表处的效益增长都要坚定不移地建立在高合同质量的基础上，现在公司从以销售为中心向全面建设转移的步伐，还不尽如人意。我们一定要度过这场危机。

机会、风险、销售……我们要将风险排在销售的前面，把暂时看不到机会的国家的员工撤退到战略预备队去，减少开支。

华为把公司的风险分为 3 个层面：战略风险、运营风险、财务风险。战略风险就是方向不正确的风险。

华为选择管道战略的假设：未来支撑数据的管道会像太平洋一样粗。2017 年 6 月 2—4 日，华为在上海召开战略务虚研讨会。会议肯定了 ICT 行业仍有前途，坚定了华为聚焦管道业务的信心。但 ICT 的前途在哪儿？有人认为是白牌化。当一个互联网公司搭建内部架构时，只要它不考虑架构的开放性，就可以做到网络极简。当年 ITU（国际电信联盟）定位网络时，它认为世界网络是由千百家公司共同搭建，它要求每段网络一定要有开放性、标准性，所以 ITU 的标准非常多。事实上，将来可能只有两三家公司担负全世界骨干网的建设，接入网建设也不会有太多公司参与，那么市场是否会产生转发次数减少、建造成本降低、运营成本降低、效率提高的新产品呢？为什么大量 ICT 基础研究的体系，竞争不过白牌化呢？以前影响电信设备公司是否能继续维持行业领先的关键，其实在于设备供应商自己，因为网络简化意味着同一个合同的销售额减少。

华为高管在上海战略务虚研讨会上达成一致意见，认为未来的趋势是网络简化，直到极简。当然，实现网络极简可能需要较长时间。基于此趋势，华为认为，网络架构简化可以带来一个好处——管道越粗，价格越便宜，用户越多，流量越大。虽然它让直接销售额有所下降，但设备供应商业务却得到了扩张，利润不会减少。网络架构简化降低了门槛，减少了既有优势积累，构建了更大的新优势，更适应未来智能社会。

在未来智能社会中，智能无处不在，贯穿整个"端、管、云"架构。未来智能社会将实现万物感知、万物智能、万物互联。万物感知是传感器组成的"神经网络"，万物智能是超级计算，万物互联就是网络连接。华为的目标就是实现万物互联。这是华为的趋势判断，也是华为的战略方向。所以，华为下定决心向主航道聚焦。公司的精力是有限的，因此公司应适当收缩业务，不展开太大的进攻面。处处设战场的结果可能是处处都无法被攻克。但这个假设对不对？这个方向大致正确吗？谁都不知道，这待未来去验证。

运营风险就是公司日常运转过程中的营运风险，比如地震导致业务中断，美国制裁导致业务休克，内部管理失误导致重大损失，等等。

财务风险就是财经领域的风险，比如汇率波动、融资风险、客户信用风险等。

第二个环节：战略解码

战略制定完成之后，公司就需要通过解码来对其进行分解。

解码就是帮助执行层理解公司战略，并且寻找和自身的关系的过程。为了支撑公司的可持续发展，华为战略与发展委员会通常要求各业务部门开展战略解码，即提升战略执行的有效性；要求各管理团队致力于高绩效团队建设，围绕战略进行解码和闭环管理。各 ST 管理团队主任是战略解码和执行落地的第一责任人，负责组织各自团队开展高绩效活动。各 ST 管理团队使用 BLM 开展战略制定，并实践战略解码与高绩效团队建设引导方法 BEM（业务战略执行管理），来保障战略的有效解码和执行落地，明确重点工作和责任人，将其纳入 ST 例行议题进行管理。战略规划部和质量运营部为上述工作提供方法和工具，负责引导、组织支撑工作。战略解码覆盖了各 BG/SBG 和区域，BG 覆盖 BG 和 BU 层级，SBG 覆盖主要业务一层组织，区域覆盖地区部、代表处和大 T 系统部层级，其他功能领域如人力、财经等部门也要参照执行。在时间进度上，华为通常在每年的 3 月 31 日前完成战略解码和重点工作汇报。华为每月在 ST 例会上审视工作进展，提供相应的资源和支持。在这个过程中，质量运营部与战略规划部发挥着重要作用，它们要对战略解码和执行落地工作开展赋能和专业支撑，且质量运营部还要定期跟踪和监控，每月以简报方式向公司输出进展报告。BEM 将战略逐层分解为战略 KPI、流程 Metrics（衡量指标）、重点工作。战略解码的过程，就是战略对齐、战略落地的过程。战略解码要求定量管理，用数据说话。

战略解码的产出是指为了支撑战略，我们必须要完成的关键任务是什么，以及这些任务分别都跟哪些人有依赖关系。这个环节让我们通过解码实现从战略到战术的分解，完成战略从对齐到落地的过程。在华为从三星引进 BEM，并将其作为战略解码工具后，笔者很荣幸参加了 2014 年 12 月集团战略规划部组织的 BEM 赋能培训。方法固然重要，但更重要的是我们的核心输出是否已明确，以及我们是否已经完成解码。如果上级部门的战略无法被分解为下级部门的战略，那么这个战略就成了孤岛。如果下级部门的战略不能够匹配、支撑上级部门的战略，那么这说明未完成解码。

解码包括几个核心的点。一是找到关键任务，关键任务就是"战术"。二是要跟当前的组织能力结合起来，把任务落实到相应的组织和责任人身上；要 SMART 化，即使之具体、可衡量、可达到、具有相关性、具有明确的截止期限。公司可能会经历很多次战略解码，从公司分解到各个 BG/BU，从各个 BG/BU 分解到各个产品，最终分解到各个部门的关键任务上。

第三个环节：战略实施和监控管理

战略实施和监控管理属于日常经营活动。经营就是通过不断地运行流程，找出其中的瓶颈、约束环节，并实现突破。一个企业的经营效率往往被最薄弱环节所制约，如果企业突破了这个瓶颈，那么这会直接促进整个战略的达成。这之后，企业需要布阵、点兵、造势。企业的组织结构、组织人才、组织氛围和组织文化，都是执行的基础。

在这个过程中，企业需要落实几个非常重要的工作。第一个工作是财务核算。因为企业经营需要使用商业语言，而财务数据就是真正验证经营结果、弥补差距的关键证据。所以企业的第一个重要工作就是做出清晰的财务核算。第二个工作是复盘。复盘的原因可能是前期信息不全、组织能力不匹配、执行结果没有达到预期等。由于外部环境、竞争对手和客户的需求发生了变化，企业需要动态调整，这也是复盘的原因。第三个工作是发挥组织能力。组织能力就是让企业的业务流程实现各个环节的有序协作，无须过多人为干预。人体就是一个非常有机的组织。我们在开车时，不需要考虑踩完离合器之后的下一个动作是什么；我们在吸一口气之后，不需要指派肺去运作；我们在心跳了一次后，也不需要考虑第二次心跳是什么时候。因为它们都已经被有序组织起来了。

企业要想实现强大高效的组织能力，就应对流程、IT平台、会议管理提出更高的要求。华为的IT部门有2 000多人，这些人有效地组织了华为的各个业务流，也帮助华为实现了高效运作。同时，高效开会、交流沟通平台的搭建，也是对组织能力的考量。

第四个环节：战略评估

战略评估就是绩效管理，它用市场结果验证战略的执行情况，然后论功行赏。如果市场结果跟我们前期的差距分析并没有完全匹配，企业就需要通过战略复盘来进行纠偏；即便是匹配的，企业也需要通过复盘来不断迭代，支撑公司长期发展。

华为强调结果导向：一切用结果来说话，一切结果用军功章来交换。战略评估的目的是审视我们最终的市场结果、市场产出、客户评价，是否跟我们前期的差距分析和战略意图保持一致。如果不一致，那么我们做的就是无用功，即便我们很辛苦，我们的工作也没有价值。所以，一切以结果为导向是华为战略绩效考核的核心。

很多企业经常在这个过程中犯错误。因为很多企业的绩效管理和战略管理是脱节的，企业常在组织纬度的层面上做绩效管理，而常在更高的层面上做战略管理，这造成两边的评价机制不太一样。绩效管理要围绕战略目标是否达成、是否帮助战略落地而展开。所以在整个过程中，战略管理是分不同步骤进行的。最后，领导力是根本，价值观是基础。这是华为走向领先的核心要素。

DSTE 流程是一个端到端的战略思维模型，它是动态变化的，它把制定与执行有效结合了起来，即在战略制定环节，输出市场洞察报告、战略意图和目标、业务设计；在战略解码环节，输出战略举措、关键任务、年度目标；在战略实施和监控管理环节，重点布阵点兵，进行目标纠偏，进行流程化组织管理；在战略评估环节，输出组织绩效 KPI 以及个人考核 KPI。

没有一个企业是完美的企业，也没有一项业务会永远处于增长状态。企业跟人一样，最终都会走向死亡，这是事物发展的客观规律。我们能做的只是尽可能延长企业的寿命。企业要发展，因为只有发展才能解决发展中的问题。企业管理的核心，就是要打造一套以客户为中心的价值创造体系。只有真正服务好客户，企业才能有存活和发展的机会。

这个以客户为中心打造的价值创造体系，就是 DSTE 流程的闭环过程。

第二章　战略要有抓手：管理战略专题

　　华为的战略规划一般通过春季启动的战略规划周期和日常开展的战略专题研究两个层面进行运作与管理。战略专题就是战略落地的重要抓手。

　　战略专题是指对公司及各 BG、SBG、区域、功能领域的业务及未来发展有重要影响的问题，包括但不限于业务增长、盈利、竞争、新技术、新产业机会、客户关系、质量运作、人才等重大战略性问题。通常情况下，各 BG、BU 的战略规划部每月会对战略专题进行管理，董事会 SDC 会定期（一般是每季度）审视战略专题的达成情况。集团战略规划部汇报年度公司战略专题提案，经 SDC 讨论发布，并由 SDC 主任签发。公司在确定战略专题内容的同时，明确 Sponsor（赞助人）和项目经理。对于以前年度的未结题的战略专题，公司应在当年继续研究。例如，作为一家以销售运营商网络设备起家的通信公司，设备硬件是华为的强项，而软件则是短板。那么，如何构筑软件能力？如何从价值实现和价值定位等视角确定软件发展战略？对华为来说，这可能是一个重要的战略专题。再以生态系统的打造为例。苹果公司之所以强大，主要是因为它构筑了硬件和软件应用协同的生态系统。如何打造华为手机的端云协同，增加手机终端的黏性，让消费者甚至消费者的下一代选用华为手机？这个课题也可能是一个重要的战略专题。此外，产业发展、各业务单元的关键洞察及未来趋势、重大粮仓区域的定位、关键领域的管理变革、国际普遍关注的网络安全、人工智能、物联网等问题，都有可能成为战略专题，使公司对其进行专题研究和管理。

对于新兴业务，公司要考虑聚焦哪个领域、哪些区域、哪些客户能实现新的增长点。这些聚焦方向的选择，也可作为战略专题。

第三章 过程不能跑偏：战略审视管理

战略管理是一个系统工程。战略审视是战略管理的重要手段，由战略规划部组织。SDC 定期审视战略的达成情况。

战略审视包括审视战略目标、战略 KPI 的达成情况，战略山头项目的突破进展，战略专题的进展情况，公司重点工作的落实情况，等等。它的详细内容与前述的战略实施和监控管理的内容一致。

通常，战略专题的责任人向 SDC 汇报战略专题的痛点、高阶方案、关键路标、输出成果等，并按期关闭战略专题。对于中长期的专题（如持续 3~5 年），责任人需要定期向 SDC 汇报进展。

牵引财务结果：发布战略指引

各大公司一般都会按年编制 3~5 年的战略规划报告，且每年更新。华为也不例外，每年编制 80X 战略规划报告。从 2006 年正式编制首份战略规划报告"803 规划",到 2019 年的"819 规划",华为已经连续编制了 14 年。

2006 年是华为正式编制战略规划报告的第一年。这种命名规则历经 10 年,一直延续到 2016 年的"813 规划"。

2017 年起,华为修改了命名规则,使规划名称与自然年度同步,因此华为 2017 年的战略规划名称,从"814 规划"变为"817 规划",之后依次是"818 规划""819 规划"……

华为的早期战略规划较为简单,直到 2006 年,华为花重金引进 IBM 的 BLM,将其作为战略规划的工具。公司用 BLM 统一战略规划语言后,业务、财务、人力等领域如何编制战略规划?或者说,各领域的战略规划需要回答哪些公司关注的重大关键问题?基于此考虑,董事会 SDC、FC、HRC 一般会对未来趋势的假设和预期进行讨论,并基于对未来的发展方向和目标的构想形成战略指引。

战略指引并非给出企业答案,更多的是向企业提出问题,即基于对未来趋势的假设和预期,提出公司未来的发展方向和目标、面临的关键挑战与问题。各业务单元在编制战略规划的过程中,需要重点关注和回答这些问题。战略指引的对象包括集团、财经、HR、BG、SBG、区域,主要 FU 等。

战略指引一般由各领域规划部门拟稿,SDC/FC/HRC 提议,再经董事会批准,在每年 4~5 月的战略规划开始阶段发布。战略指引需要针对集团的战略目标,在多个经济预判场景下,为公司发展预判和战略选择提出建议,包括对区域经济环境的研究,以及对公司发展的判断。战略指引需要洞察行业整体的运作规律、价值转移趋势以及公司的应对策略。除了关注行业发展趋势外，战略指引还要关注公司的规模增长来源，持续盈利能力，内部运营效率提升，运营风险和财务风险应对，新形势下的商业模式设计，不同业态、不同发展阶段的业务之间的协同，差异化管理策略等重大问题。

对于各具体业务单元，战略指引则重点关注投资纪律、自我约束管理机制、组织架构匹配业态、内部降本增效等问题。财经领域的战略指引一般围绕业财一体化、财经与业务的结合、业务—财经—业务的循环、增长与盈利的平衡、经营安全和健康度、战略投入和客户界面的投入、财务资源获取能力、合理资本架构等问题，保障公司战略和业务发展需要，以确保公司长期核心竞争力的不断提升。人力资源领域的战略指引一般围绕组织效率和弹性、人员结构、特征和素质模型，组织活力，激励机制，人才流动机制，干部继任计划，高潜人才识别，组织能力构筑等问题，保障公司业务目标的达成。流程与管理变革的战略指引一般围绕聚焦业务的战略诉求和能力提升，变革落地固化，支撑业务规模、盈利、现金流等价值实现，基于流程的管理体系搭建，组织与流程的匹配等问题，保障流程建设与变革效果。战略指引可以提出对企业的未来经营、业务布局有重大影响的问题，引导战略规划编制主体积极思考、回答并解决这些问题。

第四章　联通业务与财务的战略规划：
"讲语文"与"讲数学"结合

　　如何联通业务战略与财务结果？如何将"讲语文"的业务故事与"讲数学"的财务结果有效结合起来？公司应围绕业务战略，明确SP中业务的财务规划的输入、输出要求，有效指引各业务单元的财务规划，使业务规划与财务目标之间的逻辑关系清晰，以便对业务规划的财务结果进行评价。公司还应基于战略诉求、业务目标及财务资源能力，牵引业务规划，并对其进行修正，实现"业务—财务—业务"的循环，促进业务的长期有效增长。

　　业务规划的核心是八个字：规模、盈利、效率、风险。规模：基于对市场机会的洞察，回答销售额、收入、回款等规模指标的增长问题。盈利：回答主营业务的产品、服务及解决方案的获利能力问题。效率：回答资源配置过程中的投入产出比问题。效率反映内部运营的质量，比如费效比、人均销售额、人均利润等指标。风险：回答对重大业务风险、财务风险的识别、评估、防范及应对的问题。

规模

首先，公司应关注市场机会。关注点是市场细分、市场空间、各类细分市场的竞争对手和排名、行业平均利润水平、战略重要性（从增长、盈利、竞争、解决方案组合、客户等角度，明确机会点对长期有效增长的重要性）、战略控制点（实现持续有效增长的核心竞争力）。市场空间与可参与空间决定了未来的规模增长潜力。市场空间数据应与市场洞察的信息相符，各细分市场之间的可参与空间应可相互验证。市场空间数据一般来自第三方行业研究机构，应与行业经济环境、客户战略及需求、技术发展趋势等描述吻合。可参与空间数据应基于公司的竞争力分析、主要竞争对手分析与预判、存量等信息进行预测。行业年均利润水平用于判断该行业的盈利能力、市场吸引力及自身成本结构是否存在竞争优势，并为成本与利润假设提供基线标准。各业务单元可以基于可获取、可比较原则，自行制造毛利率、销售毛利率、贡献利润等指标。战略重要性说明了市场机会的重要程度，它从客户需求、增长规模和竞争格局、解决方案等角度对市场机会进行了解读，同时也是资源投入优先级的参考要素。战略控制点是指抓住市场机会的关键点，同时也是确定业务组合及对应产品开发策略、市场策略的依据。

其次，公司应关注增长来源。关注点是格局/份额、收入年增长率和复合增长率、战略增长点、价格/价位、存量增量、业务组合等。

盈利

公司应重点关注主要产品的获利能力。比如过去三年和未来五年的销售毛利润（率）、净利润（率）、各利润指标的同比变动等。

效率

公司应关注资源配置过程中的投入节奏及投入产出比。公司应掌控投入节奏，关注业务组合和价值定位、资源投入节奏、投资纪律、投入优先级、战略投入与日常投入。不同业态决定了不同的投入策略，投入策略要与价值定位、排序及战略控制点相匹配。投入节奏要适应规模的变化，要基于业务路标确定投入时间和投入强度。各业务单元要基于业务策略、业务特性，自行对战略投入进行定义，并输出战略投入清单。战略投入清单要与投入排序相互验证。公司还应关注运营效率，比如费效比、人均销售额、人均利润等投入产出比。

风险

公司应关注战略风险、运营风险（外部／合规风险）、财务风险，列出风险清单，供决策者参考、使用。

第五章 蓝军机制：组织有序的红蓝军 PK

华为强调自我批判。2000 年，华为研发体系召集了一个万人规模的"呆死料大会"，一起回顾并反思历史上犯过的错误，并领取很特殊的"奖品"——因自己的幼稚和错误而造成的呆死料和机票。自我批判可以帮助产品研发体系时刻保持清醒头脑、不自满、虚心向外界学习。

2010 年，在华为的马来西亚电信产品出了事故（内部称"马电事件"）被投诉后，华为公司开反思会，分析根本原因，大家从思想深处进行自我剖析。华为基于此案例优化了解决方案管理能力，并强化了以客户为中心的文化。

自我批判有一个制度性设计——蓝军机制。蓝军是相对红军而言的，是一个专门的组织。它研究怎么打败华为，打败华为的产品和解决方案。换句话说，蓝军是挑剔的，它不会迎合大家。

当年，为了满足欧洲客户的需求，红军为某个接入网产品设计了一个平台架构。随后，蓝军的一个专家跳出来，写了一篇很长的文章，他认为这个产品架构有缺陷，肯定会失败，他的每一条反对理由都有充分的论据支持。红军开始反击蓝军，召集了硬件、软件领域的专家，以优化架构和设计，证明自己是正确的。蓝军的"攻击"激发了整个红军团队的工作激情。这个产品从2004年开始设计，并于2006年上市，虽已面市十余年，但其架构仍然是领先的。这就是蓝军机制，它激发了组织的潜力，使华为在产品和技术上不断创新。

华为在战略制定层面上引入了蓝军机制，即通过组织有序的红蓝军PK活动，避免和减少公司的各级产品解决方案、市场营销战略、竞争策略等重大决策出现失误。蓝军机制具有反向思维、模拟对抗、批判构建、自我完善的特点，有利于红军弥补缺漏、自我完善。美军就有很成熟的蓝军机制，这也是美军强大的重要因素之一。

华为的"蓝军参谋部"成立于2006年，隶属于SDC下的战略与市场组织。这个部门的人并不多，但个个都是精英。华为成立该部门的目的，就是要构筑组织的自我批判能力。

所谓"蓝军"，原指在军事模拟对抗演习中专门扮演假想敌的部队，通过模仿对手的作战特征与红军（代表正面部队）进行针对性训练。华为的"蓝军"也与之类似。按照任正非的解释，蓝军会想尽办法来否定红军。任正非提出，员工要想升职，应先在蓝军锻炼，不把红军打败就不能升司令。如果红军的司令没有在蓝军锻炼的经历，那么他就不会再被提拔。任正非解释道："你都不知道如何打败华为，说明你已到天花板了。"

为了避免评审体系老化，红军评委会采用任期制；蓝军和红军还会有置换，优秀的蓝军战士可以做红军司令。红军司令都要去蓝军接受洗礼，若红军司令无法带领蓝军打败红军，就不能再回红军，只能下连当兵。红军评委会改组时，需更替1/3的评委。保留的2/3的评委将起到传帮带的作用，新的1/3的评委是新鲜血液。在蓝军毕业的人，才能做红军司令。谁冲上去，谁就会被认同，这就是"结果导向"。蓝军实验室的使命是颠覆现有产品的组织架构。当红军和蓝军持有相反意见时，它们不能相互评审，它们需要上层组织参与评审。①

早在2008年前后，任正非就有了建立蓝军机制的构思。他在《研委会第三季度例会上的讲话》中提出："研发系统的总体办可以组成一个'红军'和一个'蓝军'，'红军'和'蓝军'两个队伍同时存在，'蓝军'要想尽办法打倒'红军'，千方百计地钻它的空子，挑它的毛病。'红军'的司令可以从'蓝军'的队伍中产生。'蓝军'拼命攻击'红军'，拼命挑'红军'的毛病。一段时间后，原来'蓝军'中的战士可以调到'红军'做团长。有些人有强大的逆向思维能力，擅长挑毛病，我们应把这些人培养成'蓝军'司令。'蓝军'的司令可以是长期固定的，'蓝军'的战士是流动的。每个产品线都应该增加一个标准队伍、一个总体队伍、一个蓝军队伍。不要怕有人反对，因为有人反对是好事。"

蓝军参谋部的定位：负责构筑组织的自我批判能力，在公司

---

① 2019年12月6日，《任总在2019年11月27日〈20分钟〉的讲话》（华为总裁办电邮讲话【2019】114号）。

各层面建立红蓝军对决机制，通过自我批判帮助公司走上正确的道路。在公司高层领导团队的组织下，蓝军参谋部采用辩论、模拟实战、战术推演等方式，对当前的战略思想进行反向分析和批判性辩论，在技术层面寻求差异化的颠覆性技术和产品；从不同的视角观察公司的战略与技术发展，进行逆向思维，审视、论证红军战略／产品／解决方案的漏洞或问题；模拟竞争对手的战略／产品／解决方案策略，指出红军战略／产品／解决方案的漏洞和问题。现在，蓝军参谋部发出的声音越来越多，成为启动华为自我批判的重要引擎和平台。蓝军基于强大的战略洞察力，挑战公司已存在或潜在的关键问题，预判行业前沿技术趋势，提出公司未来前进的大致方向。当然，蓝军也可以批判公司，击败红军。

2017 年 9 月 12 日，任正非在英国代表处讲话，指出满广志、向坤山是华为的时代英雄（满广志任中国陆军第一蓝军旅旅长），基层公司的队伍需要有成千上万个"满广志""向坤山"。

任正非强调，基层主官一定要有战略洞察能力、决断能力，一定要有坚强的意志和自我牺牲精神。过去的华为是中央集权的组织，选拔干部的标准是较强的执行力、客户沟通能力。如今华为的合同均在代表处完成审结，再向下授权。基层主官缺少洞察客户价值需求的能力，不熟悉合同场景，对解决方案的理解不够透彻，缺少决断能力，对内部组织人员的使用又不尽合理，这导致公司产生种种问题。

与徐直军（华为三位轮值董事长之一）沟通"满广志、

向坤山是我们的时代英雄"的按语时，我们共同认为缺乏洞察力、决断力是我们的干部当前存在的重要问题。三级以上团队应多组织几次讨论。这个时候，干部是否具备合同洞察能力、提升土壤肥力的洞察能力就显得尤为重要了。

未来，主官＋职员构成精兵作战模式，主官＋职员＋专家构成特战模式。最优秀的主官是谁？电影中的主官也许是林彪、粟裕。林彪、粟裕一心一意扑在战场上，完全不关心其他事。他们对战局了如指掌，所以跟着他们一定能打胜仗。主官就是要一心一意打仗。锄头、扫把都管的人是主管。主官是一直盯着胜利的人。我们要重点培养干部的战略洞察能力、决断能力、自我牺牲精神。其实我们这个队伍，有成千上万个满广志和向坤山。过去30年，我们积累了一大批优秀的干部，他们的执行能力、与客户沟通的能力都很强。我们的干部一定要在战略洞察上加强成长。因为我们要变成100多个小华为了，干部要学会当家。

任何一个合同，任何一个交付，都需要复盘。因为只有复盘后，我们才能知道哪些事做错了，哪些事做对了。我们所有的高级干部要增加一些阅读量，一定要读公司的文件，不读公司文件的主官会被淘汰。高级干部要读懂公司文件背后的深意，读懂的同时，也就具备了一定的战略洞察能力了。

华为蓝军有两个比较有代表性的谏言，一个是提出"端管云"战略，不能出售终端；另一个是提出员工工资Overpay（过支付）。

当然，这些都不如"任正非十宗罪"吸引眼球。其实，"任正非十宗罪"并非蓝军原创，蓝军只是作为执笔人，收集并整理了大家的意见而已。

谏言1：不能出售终端

华为蓝军发现了终端的重要性，并在内部提出了"端管云"战略，保住了终端公司。

2007年的手机市场竞争激烈，既有国际品牌高端市场的高墙固守，又有山寨机低价掠夺的四处游击。与2006年相比，联想手机2007年的销量衰减了31%，税前亏损2.35亿元。为了不让手机业务拖累联想股价，2008年1月，联想以1亿元的价格将手机业务卖给了同为联想系的弘毅投资。与此同时，华为也在盘算着尽快卖掉终端公司。比起联想断臂求生、左兜掏到右兜的做法，华为是真想卖掉还在持续盈利的终端公司。

2006—2007年，终端公司为华为贡献了一半以上的利润。2009年，华为手机销量为3 000万台，CDMA（码分多址）手机销量在全球市场和中国市场都位居第二，数据卡销量为3 500万张。但华为还是计划卖掉终端公司，集中资金把通信设备做大做强。当时的终端是为运营商网络设备服务的，属于附加品，不在主航道上。

2008年5月，华为聘请摩根士丹利帮助其出售旗下移动业务部门的部分股权，引来20多家竞购方，美国私募股权公司贝恩资本及银湖资本最终入围。不巧，全球金融危机在竞购过程中爆发，以致竞购在最后阶段生变。10月8日，华为宣布在市场状况和经济不明朗因素的影响下暂缓出售计划。也正因为全球金融危机爆发，以及蓝军的建议，这桩买卖才没有成功。

在2010的MWC（世界移动通信大会）上，华为再度放出出售终端业务的消息。"华为将再次尝试剥离生产手机和数据卡的终端部门"的信息成为此次大会上最触动投资者敏感神经的信息。2010年9月，华为又推出了全球首款原生安卓系统手机Ideos，出货量达到300万台。但华为此举的初衷，不过是为终端公司卖个好价钱加码而已。最后，华为分别在2010年年底和2011年年底开了两次研讨会议。第一次会议的主题是主动出击市场，全力打造品牌。第二次会议的主题是离开运营商渠道，以终端消费者为导向。这就是华为消费者业务CEO余承东提出的"从ODM（原厂委托设计）白牌运营商定制，向OEM（原厂委托制造）华为自有品牌转型"的观点。这两次会议之后，终端业务终于从一个准弃子变成了嫡子。

继2014年9月Mate7爆红之后，2016年开始，华为的手机产品线爆发。华为于2016年4月发布的P9是全球首款徕卡双摄手机，半年销售量突破1 000万台，成为华为首款销售量突破1 000万台的高端机。华为于2017年10月发布的Mate10是全球首款搭载AI手机芯片的手机，销售量再次突破1 000万台。2017年，华为手机全球出货量达1.53亿台，消费者BG营业收入达2 372亿元。2018年，华为超过iPhone，以2亿台的销售量排名世界第二。从1亿

台到 2 亿台，华为只用了三年的时间。2018 年，华为的消费者 BG
营业收入达 3 488.52 亿元，占华为集团总营业收入的 48.4%，接近
半壁江山。

谏言 2：华为员工富贵化，20 级以上员工的 工资 Overpay

2016 年，华为蓝军首次提出员工工资 Overpay 的概念：华为
的工资标准提高了，员工日益富贵化了，尤其是 20 级以上员工的
工资 Overpay。

蓝军借由 2004 年西门子董事会对华为的评估说起。2000 年起，
华为开始进入国际市场，对当时的德国西门子、芬兰诺基亚、美
国朗讯、加拿大北电、法国阿尔卡特等电信行业领导者构成了一
定的威胁。2004 年，西门子公司的董事会上产生了一个针对华为
的专题内部分析，现在看来，这个分析依然非常有意思。西门子
董事会的内部分析认为：

1. 华为研发的人均费用为 2.5 万美元 / 年，而欧洲企业研发的
   人均费用为 12 万 ~ 15 万美元 / 年，是华为的 6 倍（这个费
   用不仅包括薪酬、奖金、福利等，也包括出差、仪器仪表
   等各项业务性费用）；

2. 华为研发人员的年均工作时间约为 2 750 个小时，而欧洲研
   发人员的年均工作时间约为 1 360 个小时（周均工作时间约

为 35 个小时，但假日很多），两者的人均投入时间之比约
为 2：1；

3. 依照 2004 年的数据，华为有 13 000 个软、硬件开发人员，
13 000×6×2×0.8=124 800（人）。华为的开发人员相当于
具备了西方同类公司约 12.5 万开发人员的能力，因此华为
在产品响应速度和客户化特性方面反应较快，研发投入产
出比接近大多数西方公司的 10 倍。

根据西门子董事会的内部评估材料，我们可以很形象地为当
时的华为画一幅肖像，这幅肖像应该包括如下关键词：一贫如洗、
充满朝气、胸怀大志、艰苦奋斗等，基本上就是一个年轻有为、
朝气蓬勃、努力奋进的小城镇青年刚进入一线城市的写照。

一晃 12 年过去了，西门子公司还在，但它已经彻底不是华为
的竞争对手了，电信设备和手机不再是西门子的主业务了；而华
为在这 12 年中，营业额从 2004 年的 462 亿元（此处应为销售额，
2004 年年报的营业收入额为 313 亿元），增长到 2016 年的 5 000
多亿元（当时的预测数据，实际数据为 5 216 亿元），取得了 10 倍
以上的增长，可谓天道酬勤。

假设 2016 年的西门子还在 ICT 行业，那么西门子董事会在
对华为进行二次评估后，会给华为画一幅怎样的肖像？毫无疑问，
关键词会变成"大规模""国际化""业务多元化"等，可能还会
有"富贵"这个词。"富贵"这个词，一方面是指公司有钱，利润
可观，另一方面是指员工有钱。

大家都知道现在的华为有钱，员工待遇好，也就是日益富贵化。蓝军提出的问题是，华为所谓的富贵化到底富到什么程度？华为给员工的待遇到底在行业中是什么水平？而这种富贵化趋势又会给华为带来什么重大影响？蓝军选取了通信行业最重要的四家公司——华为、爱立信、诺基亚和中兴通讯，以及互联网公司腾讯，分析这些年这些公司员工薪酬的变动情况（见表3-1）。

表3-1　通信及互联网公司的员工薪酬变动情况

	2013年人均薪酬（美元）	2014年人均薪酬（美元）	2015年人均薪酬（美元）	2013—2015年复合增长率（%）		
				收入	薪酬包	人均薪酬
华为	59 000	68 000	93 000	27%	34%	26%
爱立信	89 038	88 266	81 158	−8%	−2%	−5%
诺基亚	72 248	80 479	73 175	−8%	−4%	1%
中兴通讯	25 580	27 860	30 811	15%	15%	10%
腾讯	65 787	90 323	100 880	29%	53%	24%

注：华为数据来自集团财经体系，其他公司来自公开数据。华为薪酬费用含工资、奖金、TUP及其他福利。

我们可以从上面的数据看到：

1. 在过去的三年中，华为收入总共增长65%，复合增长率为27%；同时，华为的薪酬包总共增长79%，复合增长率为34%；人均薪酬增长58%，人均薪酬复合增长率高达26%。可以说，过去三年是华为业务大发展的三年，更是华为员工薪酬大幅增长的三年。2016年，预计华为人均薪酬增至

11.3 万美元，较上一年继续增长 21.5%。

2. 在这三年内，华为主要的西方友商爱立信和诺基亚的收入和人均薪酬连年下滑，和华为形成了鲜明对比。爱立信和诺基亚人均薪酬的下滑有多种因素，比如经营压力大，结构性调整（员工大量转移到低成本的发展中国家，管理服务合同大量增加且大量的低成本员工的进入），美元升值（2013—2015 年，瑞典克朗贬值 24%，欧元贬值 21%）。这些因素共同导致以美元计数的人均薪酬数据降低。

3. 在这三年内，中兴通讯同期的人均薪酬基本未增长。到 2016 年，华为人均薪酬已经是 2015 年中兴通讯人均薪酬的 3.6 倍，也就是说，同样作为一个根植于中国的公司，在华为养 1 个员工，可以在中兴通讯养将近 4 个员工，中兴通讯的 30 000 个研发人员的研发薪酬支出只能在华为雇用不到 9 000 人，9 000 人只相当于华为一个大产品线的研发人员的规模。

4. 华为 2013 年的人均薪酬大约只有爱立信的 2/3，2015 年的人均薪酬约超过爱立信 15%。以这个趋势到 2016 年，华为的人均薪酬将超越爱立信 40%，超越诺基亚 55%，是中兴通讯的 3.6 倍。可以说，这是在中国近代史上，中国大公司第一次在人均薪酬方面大规模超越同行业的西方大公司。这在过去是难以想象的。

5. 腾讯近三年的收入快速增长，人均薪酬也是快速增长，人均薪酬复合增长率达到 24%。2015 年，其人均薪酬水平略高于华为。虽然华为的薪酬水平已笑傲通信业，但优秀互联网公司依然是华为人才的有力争夺者，互联网公司的高固定工资、高股权激励的激励结构特点，对年轻优秀人才有着强烈的吸引力。

我们换个更广的视角来看看华为的薪酬在全球 ICT 行业处于什么水平。Salarylist 咨询公司最近发布了全球大公司的薪酬榜。在全球 ICT 行业中，脸书、谷歌等互联网公司和苹果公司位居薪酬榜前列，超过我们熟知的微软、思科、IBM、英特尔等美国科技巨头。

我们从图 3–3 中可以看出，在全球 ICT 行业中，华为的薪酬福利也处于一流水平。可以说，2016 年华为的薪酬在全球人才市场已达到了世界级水准，总体处于全球第一集团。

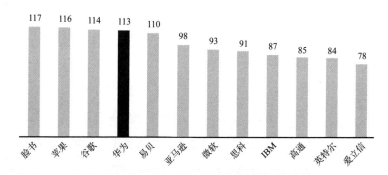

图 3–3　2016 年 ICT 企业人均薪酬（千美元）

说明：华为数据来自集团财经体系，其他公司数据来自 Salarylist。

华为大量的人才来源于中国，总体人才成本相对较低。如果从纯粹的人才供给和雇佣关系的视角来看，我们就会有一个新的结论：华为对员工的支付行为，属于典型的 Overpay。本可以一个月 2 万元薪酬雇用的人，华为却要向这个人支付 3 万元或 4 万元薪酬。从纯粹雇佣关系来说，这是不理智的、没有必要的，一般的企业肯定不会这么做，但是华为就是这么做了。这也是华为的有些资历的专家和主官很难被别的公司挖角的原因，因为一般公司〔中国的 BAT（百度、阿里巴巴、腾讯）等优秀互联网公司可能例外〕按市场规律办事，根本付不起这个薪酬。上面的数据应该超出了很多人的想象。蓝军提出，假设 2016 年的西门子还在 ICT 行业，那么西门子董事对华为二次评估的话，会给华为画一幅怎样的肖像？在新的肖像中，华为应该由充满朝气的穷小子、小鲜肉变成了大腹便便的富有中年大叔、成功人士，有点儿像西门子了。

这种富贵化对华为来说是福还是祸？蓝军认为，这种富贵化当然是福，尤其是对华为公司的普通员工来说。员工从企业发展中获得切切实实的好处，当然是一种福。华为公司的员工大部分来自小城镇和农村，从一贫如洗、胸怀大志出发，通过努力工作，过上了有尊严和品质的生活。这种富贵化对公司来说也是福。这种富贵化是果而非因，是华为长期有效发展的结果。这种分配策略就是华为一直提倡的奋斗者文化在 HR 战略上的落地，也是华为 HR 战略优先于财务战略的体现，是华为强劲而持久竞争力的重要来源。华为的经营目标从来不是追求股东利益的最大化，也不是追求短期表现优秀的财报。在平衡短期经营和长期发展的基础上，公司一直是将更多的精力和资源投向未来，通过潜在能量的耗散，形成新的势能，并将其转化为面向未来的优势。公司长期推行的管理结构就是一个耗散结构，我们需要耗散能量和脂肪，奋发努力，使自己的脂肪转换为肌肉，获得更多的发展动能。华为给奋斗者的良好的个人回报，一样可以理解为一种能量的耗散，从而将其转化成新的更强劲的势能。

一流的薪酬架构有利于华为吸引全球优秀人才为己所用，这是华为从跟随战略转型为行业领先战略的必要条件。

这两年，华为在北京大学、清华大学甚至海外名校中，颇具争夺优秀毕业生的实力。对新进入公司的大学生来说，他们并未与公司建立信任感，对公司也没有什么特别的感情，往往更看重能拿到手的现金收入，固定薪酬的竞争力成为大学生第一次择业非常重要的考虑因素。

同时，华为一流的薪酬架构是具有一定的合理性的。即使在世界 500 强企业中，华为也是一家经营一流的公司。不过，这样的全球公司应该有全球性的薪酬架构。蓝军认为，华为的这种富贵化对公司经营和战略也日益产生了巨大的负面影响。

问题一：一碗面的故事在华为上演

人均薪酬高，意味着华为养一个人的成本很高，对规模大、盈利高的业务（比如无线）来说，这不是一个大问题，但是对规模不大且人员多的业务来说，这就可能出现巨大的问题。比如，在同等规模下，因为电信软件的人均产出远低于无线、网络的人均产出，在薪酬不断上升的时候，电信软件的经营压力就比无线、网络大很多，甚至经营难以为继。

　　华为过去的业务策略是蚂蚁雄兵，即一个人打不过你，就借助众人的力量打败你。但是未来，我们要对这样的策略大打问号了。只要是人员多、业务规模不大的业务都会碰到很大的问题。

　　中国经济圈有一个"一碗面的故事"。

　　同样一碗面，在北京、上海、广州、深圳这些一线城市的商圈的价格，就比二、三线城市的价格高很多。原因是什么？面条、油、盐等原材料采购成本并没有太大区别，水成本和电成本也没有什么区别，但房租和人工是最大的不同的成本项。一线城市商圈的店铺租金远高于二、三线城市商圈的店铺租金，人工贵也有相当一部分原因是这些员工的房屋租金很贵。

　　因此，经济学家有一条有趣的结论，面条的价格80%是由房价决定的，也就是说面条的价格其实主要是房价高低的反映。

　　不仅是面条生意，一线城市几乎所有行业都受到高房价的影响，人员多、占地多、毛利率低的行业都被迫从一线城市迁出或被边缘化，这就是所谓的挤出效应。房价绑架了几乎所有的行业，只有能承受高房价的行业才能活下来。香港当前的经济困境就是这个理论的写照。

　　这种一碗面价格和房价强相关的故事在华为同样上演了，华为的富贵化（高昂、一致的人力成本）就好像一线房价节节高，华为所有产业都要经受其考验，规模小、人员多的业务在华为的生存变得越来越困难。电信软件、集成服务，甚至华为终端产业，都受到高昂、一致的人力成本的严峻考验。这样的结果使华为只能吃精粮，不能吃杂粮、粗粮，一样产生了挤出效应。

这样的故事曾经在 IBM 一遍遍地重演。20 世纪 90 年代，IBM 的主业 PC（个人电脑）的毛利率不断下滑，难以在 IBM 这样的"贵族"公司生存。于是，IBM 在 2004 年卖掉了 PC；然后，这样的故事在 2014 年再次上演——X86 服务器被出售；最后，2015 年，IBM 被迫卖掉本来很适合"贵族"公司的高科技业务——PowerPC 处理器芯片，因为没有中低端低毛利产品的支撑，少了防火墙、护城河，高毛利、高技术产品也无法生存了。

任正非在 2014 年战略务虚研讨会上提出了类似的担心："我们在争夺高端市场的同时，千万不能把低端市场丢了。我们现在是'针尖'战略，聚焦全力往前攻，但我很担心一点，那就是'脑袋'钻进去了，'屁股'还露在外面。如果我们让别人占据了低端产品的市场，就有可能培育了潜在的竞争对手，那么我们将来的高端市场也会受到影响。华为就是从低端市场聚集了能量，才能进入高端市场的，别人怎么不能重复走我们的道路呢？"

问题二：航空行李自助托运的故事也在华为上演

蓝军部长潘少钦现身说法，讲了自己去欧洲出差的亲身经历。他在乘坐汉莎航空的飞机时，突然发现德国机场不再提供办理行李托运的人工服务了。现场除了极少的协助人员，乘机、行李托运全程是自助服务。打印登机牌并不是太难。但第一次自助托运行李还是很难让他适应，他独自拖着沉重的行李，上托运带、称重、打印等，虽然他琢磨了相当长一段时间，但对于有些地方，他还是不敢完全确定，后来工作人员过来帮忙，才让他放心。不仅是汉莎航空，联程的瑞士航空也是如此。相信越来越多的欧洲航空公司都会这样。他觉得，全程无人化、自助型的办理方式，对文化程度不高的人、行动不便的人、外语不好的人来说，是非常不友好的。

为什么越来越多的欧洲航空公司选择自助？肯定是因为公司经营压力大，人工越来越贵。由于刚性太大，公司不能不挖空心思减少人员，压缩完后台压缩中台，压缩完中台压缩前台，最后把"刀子"动到一线服务岗位上。

这样的故事在华为同样上演了。前一阶段，一个论坛热帖《不忘初心，持续构筑华为服务品牌》引起公司内部很多的共鸣，里面有如下的描述：

> 早几年的时候，客户对华为产品的信赖，更多的是源于对华为现场工程师——那些常年蹲守机房的沉默背影的信赖……当时客户领导们的心声：下班时看到华为工程师还在机房，一般就可以放心回家了；产品出了故障，客户领导冲进机房，看到华为工程师的身影，往往心底就踏实了很多。但现在，一年又一年，随着华为的一排排机架逐渐占满客户机房，华为的工程师身影却越来越少了。客户领导的感觉，已经从原先的温暖变成了焦虑："华为每年年报赚那么多钱，设备量一年年扩大，然而已经快看不见你们的人了。"
>
> 近两年，代表处开始了一股减员增效风，一线服务工程师由于处于倒金字塔的最底层，去年被裁了20%，导致一个省的

两个运营商的核心网维护人员都仅剩个位数!

　　经过再三运作和客户关系支撑,本地客户拿了近百万元维护资金,希望多见到几个高级专家。然而,客户兴冲冲地拿回合同,却迎来一盆冷水:没有专家。最终,疲惫不堪的原维护工程师,以及原来就在本地维护的一个合作方只能继续工作。我们没好意思组织开工会,实在没脸面对客户领导那询问的目光。

华为当年以"小米加步枪"打败强大的西方竞争对手的核武器就是以客户为中心,销售跑得勤、跑得多,建立普遍的客户关系,最终战胜西方公司只关注关键客户关系的做法。而在客户服务方面,华为则和客户贴在一起。由于华为态度好、能快速解决问题,有温度、有热度,因此双方产生了感情。再加上华为敢于投入产品,蚂蚁雄兵,持续进步,最终实现了全面超越。

客观地说,当前华为在销售方面变化不大,客户依然能感受到华为的温度和热度,但是华为因为内部薪酬包控制、成本控制,在网上存量快速增长的今天,一线的服务人员投入在不断减少,客户感受到的温度、热度越来越少,往往感知的都是冷冰冰的商业性来往——有多少钱办多少事,且大多数情况都是外包人员去办事。客户越来越觉得华为像过去的西方公司,这是客户的直观感受。如果华为的高效运营真的类似于汉莎航空(因为内部刚性成本导致大幅减少客户服务接触面投入),那么这是管理进步的方向吗?在很多的场景下,再好的机器、再牛的 AI 也替代不了人。

这是华为核心竞争力丧失的表现，也是对"以客户为中心"原则的背离。

问题三：越来越强的经营刚性使华为只能过春天和夏天，冬天对华为意味着什么？

一个商业公司在其生命周期内出现经营波动，部分年份面临经营困境，是很正常的。很多对手或友商都经历过这种情况（见表3–2）。

表3–2 商业公司的经营波动

公司	经营波动	经营波动造成的股价变化	2015年经营情况
爱立信	2001—2002年，亏损50亿美元	19美元→0.65美元	股价回升到7美元，年净利润为16亿美元
诺基亚	2012年，亏损31亿美元	7.2美元→1.7美元	出售终端后，收购合资公司网络业务，股价回升到6美元，年净利润为15亿美元
中兴通讯	2012年，亏损28亿元	26元→6.4元	股价回升到15元，年净利润为32亿元
IBM	1991—1992年，亏损130亿美元	34美元→10美元	股价回升到156美元，年净利润为132亿美元

蓝军提出的问题是，如果华为未来碰到类似的情况，那么华为能顺利走出泥潭吗？蓝军认为，当前华为面临的不是碰到冰雪天气能否适应的问题，而是能否适应稍微降温的秋天的问题。

确实，华为这几年人均薪酬的快速增长，使总体薪酬包的增长超过收入和利润的增长，越来越多的费用用于养人。这就意味着公司经营的刚性大幅度增长，无论收入和利润多少，在不大规模裁员和降薪的情况下，公司每年都要有巨大的刚性费用用于人力薪酬。由于存在很强的刚性，收入或毛利的放缓、下滑，会立刻对公司经营造成巨大的影响。

另外一个问题是关于华为特殊的股权安排。华为全员持股制度中的股份是虚拟受限股，并不是真正的股票，年景好的时候一切都不是问题。几乎所有员工都认为，华为股票分红（甚至大比例现金分红）是理所应当的事情。"投资有风险、入市需谨慎"似乎是不存在的，不少员工贷款买公司股票，这没有给他们带来任何心理压力。如果公司未来出现分红降低到一定阈值或者亏损的情况，那么形势怎么发展是很难想象的。可以说，华为股票分红存在相当强的底线型刚性。

我们可以把这个刚性描述为回报率25%。就是说，截至2018年12月31日，每股账面价值为7.85元，理论上，第二年的刚性回报不能低于1.96元。当然，这个1.96元是全部用于现金分红，还是部分用于分红增值，则由持股员工代表大会决定。这个25%的回报率是在2014年的财经管理部向任正非汇报后，由任正非拍板决定的。工资、奖金、利润、分红是高度关联的。工资快速上升带来的费用刚性，加上分红的刚性，共同构筑了华为极强的经营刚性。华为只能成功，不能失败；只能一路向前发展，不能原地踏步。

因此，"华为经营完全不受股东利益的影响、不受短期经营的影响""华为是一个没有股东利益的公司"的说法是不可信的。只有在年景好的时候，华为的经营才不受股东利益影响。在满足一定比例分红的情况下，股东对追求超额利润不再过度关注。但事实上，华为股东分红的刚性比上市公司更强，没有分红的华为会面临什么局面是难以想象的。虽然任正非发表了《华为的冬天》一文，但事实上，现在华为刚性的费用结构和资本架构，不仅过不了冬天，甚至要在秋天打摆子，华为只能过春天和夏天。在某种意义上，华为HR战略的成功让华为财务战略陷入某种困境。

问题四：扭曲的薪酬架构导致高层板结、基层流失，组织丧失了正常的新陈代谢的能力

华为的当前整体薪酬架构呈现出Overpay的状态。不过，在深入分析各层级员工的薪酬后，我们又能看出差异。美世咨询提供的数据显示，当前华为的工资已经达到了高科技行业的平均水平。如果再加上奖金，华为的薪酬就超出了市场P75分位，具有非常强的竞争力。13~15级的员工的薪酬和P75分位相当，18~19级的员工已经达到了P90分位，20级以上的员工就开始将市场P90水平远远甩在了后面。所以，尽管公司整体是一个Overpay的薪酬现状，但是基层员工并不一定认同这一点，他们并不认为自己的薪酬很高。所以，华为在和高科技互联网公司竞争、争夺最优秀的那批基层员工时，并不具有优势。因此，华为的高水平、优秀新员工在3~5年内的流失率相对较高。

原因何在？中国当前的人力资源市场主要还是由中基层级别的员工组成，国际化的高级别人力资源市场并不成熟。一旦华为基层员工的薪酬竞争力不足，成熟的人才市场会让华为的高水平优秀人才流失。中国的国际化大公司太少，高级别员工事实上缺乏大规模自由流动的市场，缺乏对标，也难以真正形成规模流动。猎头公司挖不动，高级别员工也不愿意走。这就形成了高层板结、基层流失的畸形流动局面，从而导致倒金字塔的人力资源模型崩塌。自我革命才是真正的革命！

问题五：由俭入奢易，由奢入俭难，部分员工心态的改变导致奋斗精神的丧失

华为的富贵气息也反映在公司内部，公司内部办公环境、海外员工生活条件均得到显著改善，很多海外代表处的食堂几乎具有当地中餐的最高水准。当然，华为也出现了一些内部浪费的问题。蓝军认为这倒不是什么大事，因为要求大家在年景好的时候节衣缩食，客观上来说是很难做到的。蓝军认为，更大的问题在于部分员工的心态和想法的改变。在公司物质激励非常充分、职级快速通货膨胀的情况下，目前部分高层失去了使命感，部分中层失去了危机感和饥饿感，公司或多或少地存在 Overpay、激励疲劳、攀比等现象，员工工作态度变得懈怠。他们不愿意外派，不愿意去艰苦地区工作，只愿意在舒适区混日子。人员的淘汰和流失也不容易，人员流不动，外面很难挖。华为的员工更不愿意挪窝，这使组织丧失了活力。部分老员工在实现财务自由后，出现了"三不现象"（不饥饿、不上进、不离开公司）。

战后的日本也经历过这种情况。日本二战后的一代人的艰苦奋斗，让日本走上了强国之路。但是日本富裕之后，年轻人普遍不愿意去海外、不愿意去艰苦地区，只愿意留在日本，整个民族缺乏活力。这也是日本产业虽然发达，但仍缺乏真正的国际化企业的一个原因。

客观来说，这种情况不完全出现在华为身上。只是受传统社会观念、国人缺乏探险精神的因素的影响，相较于华为为国内员工提供的高福利待遇，外派的额外福利缺乏足够的吸引力，进而使这种情况更加凸显。

一般来说，公司最喜欢一种类型的员工，他们一贫如洗、胸怀大志、脚踏实地、乐于奋斗。但在华为，这样的人越来越少。妻子和丈母娘是华为员工外派的最大阻力，员工的压力很大。华为的很多海外代表为此也很苦恼。怎么解决这个问题？有个代表开玩笑说："最好的方法是鼓吹房价还会快速上涨，这会让没有买房的年轻骨干尽快在中国置业。置业后，房贷的压力就会使外派福利具有吸引力，原本强烈反对外派的妻子和丈母娘瞬间成为坚定的支持方。我们要发自内心地感谢高企的房价。"

蓝军的建议

蓝军认为，华为不能假设收入永远会快速增长，利润永远会快速增长，用于激励员工的福利、工资、奖金永远会快速增长。从未来几年的情况来看，华为可能会遇到国际经济形势进一步恶化的局面，遇到运营商业务增长放缓甚至下滑的风险，遇到终端业务风险波动加大、盈利下滑的风险，遇到业务增长难以弥补业务放缓的风险。华为要正视分红的底线型刚性，总体上减缓工资总量的刚性，确保在结构上有比较充足的"弹药"，以应对未来可能的经营风险。

在控制公司经营刚性的同时，华为要确保提升优秀中基层员工的薪酬、福利的竞争力。这些优秀员工是华为的未来，是未来的商业领袖和专家群体，华为要在和一流互联网公司争夺优秀员工的战役中取得胜利。同时，基于全球一流的薪酬支付能力、薪酬架构，华为要更加开放，加快实行全球范围的精兵战略，吸引全球顶级优秀人才加盟，进一步增强引领未来的竞争力。

华为也要正视因过度激励而出现的部分中高层、老员工的懈怠与超稳态情况。华为可以用更多的钱聘用最优秀的行业人才，把钱用在真正的人才身上，但没有必要用 Overpay 的方式养一群没有使命感、危机感和饥饿感的闲人。蓝军认为，华为要加强人员在部门间的流动性，提升老员工的再学习、再提升的能力，也要建立不合格老员工的淘汰或者退出机制。对外为客户创造价值，对内激活组织活力，是企业管理永恒的主题。

"以奋斗者为本"、分享文化构筑的 HR 战略是华为成功的重要基石。但是我们也看到，华为现在的激励制度主要是建立在无线和网络产业基础上的。随着华为产业范畴的不断扩大，从系统设备、软件、IT、服务到终端，从运营商、企业到消费者市场，这些不同产业的成本结构、人力资源模型是有差异的，完全一致的工资框架、薪酬架构将导致某些业务遇到巨大的经营困难，副作用日益凸显。最坏的结果是某些业务被激励政策绑架，最后无以为继。

蓝军认为，在华为产业的广泛性、差异性不断扩大的背景下，完全一致的激励策略将使产业的组合管理机制趋于崩溃。华为在短期内要考虑为部分产品提供特殊的变通的政策支持，予以差异化管理（当然，业务本身的优化、效率的提升是前提）。从长期看，华为要考虑打破现有的一致性薪酬政策，授予部分产业符合其产业特征的薪酬政策，甚至包括长期激励政策。

HR战略、薪酬架构设计是一个公司的核心战略，也是非常复杂和专业的问题。蓝军希望华为在继续坚持"力出一孔"和"利出一孔"的战略的基础上，能够系统考虑如何在薪酬持续上升、刚性不断增强的情况下，保有一定的弹性空间，如何应对未来的风险与波动，以及如何能更好地支撑多产业的健康发展。蓝军的建议是中肯的，虽然蓝军Overpay的观点发布之后，马上有人撰文批驳，但言者无罪，闻者足戒，从后来消费者业务的授权变革来看，蓝军的部分观点至少得到了高层的认可。当然，近年来，蓝军最拉风的动作是炮轰"任正非十宗罪"。

谏言3：炮轰任正非"十宗罪"

2018年4月8日，华为思想研究院和蓝军联合撰文，历数任正非"十宗罪"。文章名为《人力资源2.0总纲研讨班对任总的批判意见》，洋洋洒洒7000余字，炮火猛烈，丝毫不留情面。

那么，蓝军炮轰了任正非的哪十宗罪呢？

第一，不尊重人力资源的专业性。

蓝军认为，任正非的人力资源哲学思想是世界级创新，但有时的指导过深、过细、过急，HR 体系执行过于机械化、僵硬化、运动化，专业力量没有得到发挥。

比如，海思的一些科学家因为比例问题，其绩效分数只能得到"C"，结果这些人离开公司，就被人家抢着聘为 CTO（首席技术官），而且还做得不错。现在的 HR 政策管得太细了，条条框框太死板了。

第二，对待新事物的态度不够开放，不让子弹飞。

任正非有时过早否定新的事物，对新事物没有抱着开放的心态，不让子弹先飞一会儿。

比如，任正非认为区块链不能搞，因为华为不能去中心化，其实华为一直在去中心化。云计算就是去中心化的，就是典型的分布式计算，华为下一步还要搞分布式路由器，这也是去中心化的。任正非想的是管理去中心化，但技术跟管理没什么关系。我们还没开始研究智能驾驶，任正非就说华为不能做，由于华为没有数据，所以华为不能做。

第三，对工资、补贴、奖金、长期激励机制等价值分配机制，没有系统梳理和思考。

比如，海思一个高等级的资深专家的待遇比不上一个一般的系统部主官。事实上，专家的职级、工资、补贴、奖金、配股，距离系统部主官差得还比较远。对一个高科技公司来说，这是不是合理？

第四，不能把中庸之道用到极致，灰度、灰度、再灰度，妥协、妥协、再妥协。

第五，干部管理在风险和效率上缺乏平衡。

　　总的看来，华为干部的矩阵管理过于复杂，干部管理未来要在风险和效率上追求平衡，需要重新梳理干部的权力分配。共产党的干部选择策略也是值得华为参考的。省级组织部的人会下到一线，和各种人聊天，多方位了解某些干部，长期综合观察。需要说明的是，这种深入考察不是为了寻找完人，而是设法将一线的真实意见带入现行的行政化干部任用体系。这个结合干部业绩的考察，是很有价值的。

　　第六，不够重视专家，专家的价值强化不够。

　　对于成熟的业务，其管理越来越成熟，管理上的压力逐渐变小，管理者的价值会逐渐下降；而对于新业务，其不确定性增大了，其对专家的需求也增大了，新业务需要通过专家队伍应对不确定性，专家的价值会越来越大。面向充满机遇和挑战的未来，华为要进一步强化专家对公司发展的价值，给专家、技术人才、业务人才赋权，也要公平合理地向管理者和专家进行价值分配。

　　第七，对海外经历适用的职务范围问题没有反思。

　　任正非过于强调"之"字形发展，强调海外经验，华为的SPDT（超级产品开发团队）经理进行了多轮循环。以华为的标准来看，雷军就不合格，因为他没有海外经验；乔布斯也有问题，因为他从未来过中国。

　　蓝军举了消费者BG CEO余承东的例子。余承东是在研发体系下完成WCDMA（宽带码分多址）之后，才去海外工作的。如果他提前去海外工作，那么他还会不会成为现在的余承东？研发人员早早去海外工作，回国后想直接成为一个优秀的产品Leader

（领袖）是很难的。当然，产品线子总裁要想发展为商业领袖，还是有必要具备一线经验、海外经验的。

第八，有时基于汇报内容、汇报好坏来肯定或否定汇报人员。

第九，很多管理思想、管理要求只适用于运营商业务，不能适用于其他业务。

第十，战略预备队本来是中央党校，但由于实际运作执行出现问题，变成了五七干校，其作用发挥不足。

这就是蓝军的作用：敢于谏言，敢于炮轰，并且是架着大炮轰。

第四部分

高管懂财经

公司为什么存在？为了回答这个问题，我们一般要定义公司的纲领，以最精炼的方式阐述公司的追求、价值观和管理哲学。愿景、使命、核心价值观就是公司纲领要回答的问题。

2018年，华为重新定义了愿景——把数字世界带给每个人、每个家庭、每个组织，构建万物互联的智能世界。在此框架下，华为财经体系的愿景是成为值得信赖的伙伴与价值整合者，以及ICT领域领先的财经实践组织。使命是提供能够支撑决策的高质量的财务信息和解决方案，促进业务长期有效增长，持续保障财务稳健。定位是成为价值整合者。目标是平衡扩张与控制、效率与效益、短期"打粮"与长期"种地"之间的关系，控风险、促经营（见图4-1）。

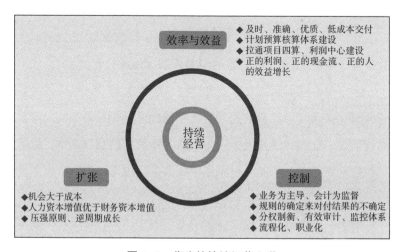

图4-1　华为的持续经营之道

作为公司最后的底线，财经要敢于讲真话。好消息，慢点讲；坏消息，快点讲。业务要导向冲锋，胆大、敢闯；财经要导向稳健，心细、能守。所以，对于好消息，我们不妨让子弹先飞一会儿，冷眼看世界；对于坏消息，我们则要冒着风险举手，及时汇报，提出应对预案，以备不测。

华为有什么关键抓手？华为具有深刻理解业务、提升"经纬线"的能力。财经为什么存在？因为财经在业务的端到端全价值链中具有独特价值。如何发挥价值？财经要理解业务、融入业务、业务 IT 化、数据结构化，实现基于数据的管控和决策支撑。事前前置，事中监控，事后复盘。

具体来说，财经应从以下 5 个方面发挥独特价值。

第一，统筹资源配置，牵引资源配置对准战略。财经最核心的职责是统筹资源配置，做好集团层面的"宏观调控"。财经应持续优化计划预算核算管理机制和资源配置效率，牵引资源配置对准战略，以保证战略落地。财经还应做好"价值评价"，选择有关战略执行与绩效的关键指标，衡量战略目标达成状况。

第二，事前前置，支撑业务更好、更快决策。财经应成为业务前沿，推动公司经营数据与财务数据的整合，提供战略、产品投资组合、合同与经营决策所需的前瞻性财务信息和观点，揭示和评估可能存在的风险。财经还应积极参与决策过程，以有效支撑并提升决策质量和效率，降低决策风险。

第三，事中监控，减少预期结果不确定性。财经应提供业务实质匹配的财务数据、报告及高质量的预测，并对业务过程和结果进行衡量和监控，同时从财务角度给出有洞察力的分析、建议。财经还应及时识别和管理风险，使长期投入回报和当期经营预期结果更具确定性；结果可以有异常，但不能有意外。

第四，事后复盘，经验网格化。财经应对项目案例进行复盘，网格化经验教训，形成可复制的能力；不断简化管理，提高效率。单点不成线，多点织成网。有"网"才能捕"鱼"。财经还应制定财经管理规则，简化内部结算和核算模式，降低内部运作成本；向下充分授权，加强内部控制，提高内部运作效率。

第五，资金保障，外部合规。财经应构建稳健的财务实力，获取融资资源，保持合理的运营效率、费效比、资本与资金安全，保证业务运营过程中的资金需求得到满足。财经还应遵从外部法律法规，合理纳税，对外合规。

总结起来，就是以下 3 点：

1. 配置资源以对准战略；
2. 提升效率以卓越运营；
3. 控制风险以守住底线。

全面预算解决"配置资源以对准战略"，管理变革解决"提升效率以卓越运营"，内控管理解决"控制风险以守住底线"。账务、核算、报告、资金、融资、税务可提供专业领域支撑。

第一章　预算管理：配置资源以对准战略

　　预算管什么？预算的目的是什么？预算不是财经组织的独角戏，而是由董事会财委会领导的，以客户为起点、自内向外看机会与自外向内看效率、各部门全方位参与的资源配置行为。

　　预算管理的目标是实现资源的高效配置，并对准战略。华为的全面预算覆盖了从战略制定到执行的全过程。

　　全面预算是经营管理的关键工具，主要解决公司的资源配置问题。全面预算是企业在一定时期内的经营计划的价值表现。它是一种系统方法，更是一种管理工作。它通过经营目标的制定、资源的配置、实际进度及滚动预测的分析，既能支撑当期经营目标的实现，也能牵引组织的长期战略的达成，进而帮助组织形成相对完善、合理、平衡的绩效评估指标。全面预算并不是为了预算而预算，而是企业在战略执行及当期经营过程中的关键工具。全面预算的有效循环可以将关键经营活动连接起来，实现当期及长期经营目标。全面预算需要实现战略执行、资源配置、动态监控、组织沟通、绩效管理等功能，否则就不"全面"。

战略执行：分解公司战略目标，全面分析市场、客户、技术等方面的变化，识别影响，做出预案，使战略目标的实现路径可预见、可把握；分解年度经营计划，使各业务单元根据年度预算目标进行自我约束、自我管理，识别差距、分析原因，明确改进方向并推动落地。

资源配置：财经的"宏观调控"功能。公司的战略目标和年度目标通过全面预算转换为财务数据，经营者根据可获取的预算额度，主动开展资源配置活动，尽可能地使有限的资源投入最有价值的经营活动中，产生最高的回报。

动态监控：通过预算制定、评审、授予、追加、调整等活动，及时了解经营活动的状况；通过同比、环比、预算偏差、预测偏差等分析方法，有效识别经营活动的不确定性，动态监控经营状况。

组织沟通：在预算制定、评审的过程中，各业务单元、各部门之间产生了大量的沟通与协调。这种沟通基于一个共同的预算蓝本和目标，将企业内部各方有效协同，建立各方的"委托代理契约"，实现内部治理的有机平衡及自我调节。

绩效管理：全面预算是各业务单元绩效评价的依据和参考。年度预算完成情况、战略预算实施情况，都可以被量化成显性数据。这些数据对各业务单元所承担的经营责任、管理责任进行定量或定性评估。这是实施激励的基础。

全面预算要围绕公司战略目标，开展资源配置和经营管理，使预算目标可预期、可执行，而不是经营计划的简单数字化。

仰望星空：预算要承接公司战略

预算的核心功能是资源配置。资源配置的目的是承接公司战略，保障战略落地。只有执行公司战略的预算管理才是有价值的。战略为预算管理指明了方向，预算管理也能够通过自身运行程序落实公司的战略诉求。

如前文所述，按照明茨伯格的说法，战略就是六个字：定位，取舍，配称。定位就是我是谁，想成为谁；取舍就是选择做什么，不做什么；配称就是配置资源，即资源配给谁、配多少、什么候配。因为资源是有限的，所以我们才会有取舍，才需要制定战略。我们要基于竞争进行战略定位。战略是长期方向和奋斗目标。战略通常是公司长期实践和管理层反复斟酌的结果，是对公司商业活动规律的高度总结，包括公司层面、各业务单元和功能部门的发展战略。就预算管理而言，我们要特别关注业务定位、战略目标、运营投入等方面的公司战略诉求，也就是比较容易表格化、量化和货币化的部分，这部分是预算落实战略的主要内容。

在预算生成机制中执行公司战略

如何生成预算？我们应以客户为起点，由外向内生成预算。以客户为起点，就是分析客户未来的投资策略，投资策略包括投资领域、投资额度、投资节奏。比如我们能从客户的投资额度中获取多少，哪些投资可形成我们的签约合同销售额，这些合同销售额能否交付并成为当年的收入，等等。预算要从物理维度来生成，包括客户、产品等。这些维度和颗粒来源于业务的自身属性，有很好的稳定性。其中，客户又是最核心的维度。客户是公司存在的理由，只有客户才能给公司带来合同、收入和利润，因此它是整个经营和预算的核心。客户是预算生成的起点，少数大客户是公司销售额和收入的主要贡献者。生成客户维度的预算尤为重要。但实际上，大多数公司的主维度并不是客户维度。因为大多数公司的客户是分散的，尤其是零售行业。这些公司以产品维度、区域维度为预算主维度。对它们来说，这是更好的选择。但销售额、收入等规模指标的预算，仍然需要洞察客户的潜在需求和购买能力。

如何评审预算？公司应运用聚焦战略评审预算。一般来说，预算都要经过几上几下：自下而上卷积，自上而下牵引，反复评审，达成共识。华为的战略是聚焦战略——聚焦管道，聚焦价值客户、价值区域和价值产品。也就是说，华为的收入和利润应来自这些聚焦业务，相关的资源投入也应集中在这些聚焦业务上，对非聚焦业务的资源投入均需要经过严格评审和要求。华为作为中国营业收入排名第一的民营企业，尚且强调聚焦，其他企业更应聚焦，主攻自己擅长的领域，实现突破。

在年度预算目标制定中执行公司战略

公司的战略目标需要分解为各个责任中心的年度 KPI，这是预算衔接战略的基本要求。战略意图不同的业务应由不同的 KPI 结构来支撑，不同的 KPI 结构包括不同的 KPI、不同的权重或不同的目标水准。以公司在某小国的 KPI 及考核权重为例（见表 4–1），公司在该国的 KPI 使公司敢于取舍和健康经营，多年来其销售毛利率高于全球平均水平，其贡献利润和人均效益也远高于平均基线，从而实现了公司对小国的战略意图。

表 4–1　公司在某小国的 KPI 及考核权重

KPI	考核权重
贡献利润	××%~××%
人均贡献毛利	××%~××%
DSO（应收账款周转天数）	××%~××%
回款	××%~××%
订货 / 收入	×%~××%

华为实行的是差异化管理经营策略。对于伊朗、印度等高风险敞口国家，其 KPI 设置聚焦在"风险敞口释放额度"上，牵引了这些国家的经营风险降低诉求。根据卡普兰的平衡记分卡原理，KPI 包含四大类：客户、财务、内部运营和员工发展。同时他特别强调："一个组织对具体 KPI 的选择一定要以战略为依据，KPI 应是非常聚焦的几个指标，而不是越多越好。"因此，预算人员要与 HR 专员合作，积极主动承担起财经类 KPI 的制定责任，通过深入理解业务战略、匹配恰当的 KPI，来驱动公司战略的执行。

很多公司的 KPI 就是预算。但二者可以不一致，因为预算是自下而上的、基于一线的市场环境和公司战略做出的资源配置，而 KPI 是自上而下的，它首先体现管理层诉求。另外，KPI 主要用于考核，预算主要用于配置资源。管理层通常会基于预算提出更具挑战性的 KPI。双方的 PK 过程是对公司战略、资源配置和经营目标达成共识的过程。

在日常资源配置中执行公司战略

预算具有严肃性和权威性。各业务单元只能按照预算配置资源，有预算才有钱花，有预算才能完成招人、采购、出差等工作。此处的预算除了年初预算外，还包括日常滚动预算和弹性预算。在操作层面上，预算通过建立与战略适配的规则，将资源配置到公司的战略业务上去。

从财务视角看，资源包括费用、资本支出、运营资产等。管理费用、营销费用是最常见的资源。我们可以通过差异化管理提高费效比，进而实现资源配置。

成熟业务需要按"率"配置，即按照销售收入变化，线性配置相关费用。这种基于规模的费用率配置，是一种扩张性资源配置方法。它能使公司实现收入增长，保持营销费用率不变，以及保持对客户界面的投入。而管理费用率的目标为每年改进 5%，提升内部运作效率。对于战略上需要压缩费用、资源包总量受限、符合公司战略但短期亏损的业务或变革项目，公司不采用按"率"配置的方法，而采用按"额"配置的方法，且需先列出项目优先级，再排序。只有那些符合公司战略的项目可以先获得预算。全面预算覆盖战略制定到执行的闭环。预算人员通过核算来验证预算的执行情况，并对存在的偏差进行分析和报告，进而推动管理层介入并纠偏。

除了上述经营预算，公司还要有战略预算，也就是长期预算。长期预算是望远镜，当期的经营预算是显微镜。长期预算是战略规划的数字化描述。没有长期预算的指引，当期的经营预算就缺乏前瞻和远见。

脚踏实地：预算要服务于作战，支撑经营目标的实现

2015 年，一篇业务投诉类文章《一次艰难的付款之旅》在华为的批判性内刊《管理优化报》登载，惊动了总裁任正非。

任正非亲笔批示："据我所知，这不是一个偶然的事件，不知从何时起，财务人员忘了自己的本职工作是为业务服务，为作战服务。他们什么时候变得如此颐指气使。皮之不存，毛将焉附？我们希望在心声社区上看到财经管理团队民主生活发言的原始记录，比如怎么理解'以客户为中心'的文化。我常感到财务人员工资低，拼力为他们呼号，难道呼号是为了形成战斗阻力吗？"

该投诉反映出一线作为赞助商，在向客户付款时遇到的审批多、流程复杂的问题。任正非的批示引发了员工的广泛讨论，短短 6 天的回复消息达 100 余条，主要观点如下：

1.一线往往找不到流程入口，不知道全流程的要求和操作规

范，因为流程指导和说明往往比流程本身更难懂、更复杂。

2. 流程建设多针对的是某个具体的业务场景，防范的是特定风险，在设计上往往防卫过当，不考虑执行成本，也不考虑面向对象的流程拉通和友好的用户界面。

3. 公司呼吁各级主官要担责，但现实的流程、制度或监管组织却不信任主官。经常听到这样的对话："我是负责 ×× 的，这个风险我愿意承担，流程能否走下去？"答："你担不起这个责任，请重新提交流程，并升级到 ×× 处理。"

华为的时任 CFO 于 2015 年 11 月 16 日召开集团财经管理团队民主生活会，开展自我批判，并在心声社区上发出会议纪要。纪要的核心内容是，一切为了前线，一切为了业务服务，一切为了胜利。美军对士兵的要求是服从，而对军官的要求是胜利，不是简单的服从。

预算作为资源配置的工具，用于作战，用于取得胜利。华为一般在每年 9 月底启动预算工作，并于 10 月初发出正式通知。11 月初，轮值董事长进行机会点到订货的首轮评审，集团 CFO 对各职能平台费用进行评审。12 月，董事会财委会对集团整体预算进行评审，并提出要求：一是对完成指标的要求，二是对编制预算的要求。比如董事会财委会对集团资产负债率、现金收入比的完成目标提出要求，并基于该目标，统筹评审公司的销售收入、净利润、回款和激励等预算事项。对于规模，董事会财委会要求各业务单元要有超过行业平均增长速度的追求，要敢于拉开与友商

的差距。对于销管费用（含营销费用），董事会财委会要求各业务
单元（含各职能平台组织）严格遵从"销管费用额增长不高于销
售收入和销售毛利额增长"的要求。未达成此约束的业务单元需
自行审视并向财委员汇报。如果业务单元有明确领域基线约束要
求的费用，就要让费用符合基线约束要求，同时也要对费用有总
额约束。如果业务单元有专项投入，那么这些费用需要专项审批。
对于营销费用，董事会财委会要求面向客户界面的营销活动，由
BG统一归口管理并编制预算；还要求面向非客户界面的产业生态
等营销活动，由产品线管理并编制预算。营销活动由公司的战略
与市场组织拉通审视。对于研发费用，董事会财委会要求在研发
费用约束总包的范围内，加大研究与创新投入，提升产品开发效
率。按任正非的要求，研究与创新的预研费用比例应从现在的研
发费用的10%~20%，逐步提升到20%~30%。对于预算的编制，董
事会财委会要求预算能够承接SP、支撑SP的落地。各业务单元
在报告年度预算时，首先要讲清楚预算与SP存在差异的原因。如
果业务发生变化，那么各业务单元需要对业务做出明确的说明。
对于风险管理，董事会财委会要求加大对超长期应收账款和存货
的清理；对于负增长的区域，董事会财委会要求落实"先减后加"
的资源配置策略，及时释放资源。

　　"男人就应该对自己狠一点"，这句广告词曾风靡大江南北。
早期的华为被贴上"狼性"标签，在市场拓展中如秋风扫落叶，
对"敌"狠。其实，深具"技术男"特质的华为对自己更狠。这
个狠主要表现在华为的对内管理上：异常严格，自我约束，自我

改进。

笔者在集团总部财经管理部（2015年年初改称"经营管理部"）期间，有机会参与高层会议，并讨论相关议题。在讨论这些议题时，董事会成员对待汇报人可不是一团和气的，而是高标准、严要求的——在实事求是的"眼前苟且"之上，总还有可望而不可即的"诗和远方"，但作为汇报人，必须做到"可望且可即"。如果汇报人做不到这一点，那么将面临干部10%的末位淘汰制。某年财委会第二轮评审预算的要求，堪称跨国巨头自我约束、自驱管理、对自己狠的典范。笔者在此摘录部分内容供大家参阅：

> 集团合并报表资产负债率预算目标为××%，现金收入比为××%、净利润率不低于××%。基于此财务目标及公司激励要求（如劳动所得与资本所得比为3∶1、每股收益率等），评审集团整体预算结果。

2014年，财经管理部在向任正非汇报的方案中确定了集团的净资产收益率的下限为××%。

盈利要求：集团TUP／奖金／税前利润率（剔除拨备等一次性影响），至少同比持平；各BG／产业制造毛利率同比不下降，贡献利润增长率不低于销售毛利额的增长率。就是说，公司对盈利的要求是跟自己比要有所提升。

资源配置要求：研发费用增长不高于销售毛利额增长，销管费用增长不高于收入与销售毛利额增长，且机关销管费用增长不高于区域销管费用增长。就是说，公司资源要向一线倾斜。

效率要求：应收账款余额增长低于收入增长，存货余额增长低于成本增长。就是说，公司要提高运营资产周转率。运营资产主要是指应收账款和存货。

建立 TUP 的约束机制：TUP 对公司财务报表冲击很大，公司要探讨建立 TUP 的约束机制，确保财务报表健康稳健，还要探讨并建立劳动所得和资本所得的分配机制。所谓资本所得，就是指分红。

销管费用预算：集团平台组织、BG 机关费用增长不高于区域费用增长。为加强销售与管理费用的过程管理，集团上半年从严授予了费用预算，集团将根据 EMT 的决议处罚超弹性授予。由于公司业务结构出现了较大变化，公司要求受领域基线约束的组织，比如财经、法务、内审，要完成领域基线的合理性回顾和审视。对于公司专项费用的评审，所有申请费用的组织需将各专项的业务计划和费用开支标准统一报财委会审议。

华为一贯重视研发费用使用效率的提升：研发费用的整体增长已高于集团销售毛利额的增长，同时由于公司的销售收入结构发生了较大变化，低销售毛利率的业务大幅增加，因此公司需要重新建立研发投入预算生成机制，它不能只跟销售收入挂钩。

管理变革一贯受华为重视，被列入了专项预算。华为要求各业务部门严格落实变革常务委员会的管理规定：空载的变革预算应体现公司的管理意志，聚焦跨流程、跨部门的公司级重大变革项目，单领域变革项目预算应由各业务部门承担。

我们可以看出，华为通过高层对预算的评审，有效地把公司的战略、高层的管理诉求嵌入预算这个资源配置管理工具，实现了"战略规划指导业务计划，业务计划驱动全面预算，全面预算保障战略落地"的闭环。

面向客户：差异化资源配置，优质资源向优质客户倾斜

预算就是为了解决资源配置的问题。通常来讲，谁对你好，你就会把资源配给谁。对公司来说，这个人就是客户。因为客户是唯一一个掏钱给公司的人。客户是公司存在的唯一理由。

如彼得·德鲁克所说："企业存在的唯一目的就是创造客户。"所以，公司要"以客户为中心"，资源要向客户倾斜，尤其是向优质客户倾斜。结论就是对准战略、面向客户、面向未来。资源配置要对准战略，聚焦主航道、主战场。优质资源要向价值客户、价值产品、价值区域倾斜。

任正非在《关于人力资源管理纲要 2.0 修订与研讨的讲话纪要》中说："我们挡不住业务的客观发展，业务在发展过程中会冒出多棵树来。但是我们要着手总结经验教训，不允许杂草丛生，不允许盲目创新。生物学认为人体的成长靠的是细胞的受控分裂，细胞分裂成新的脑细胞、红细胞等，这能让人吸收营养、获得滋养、茁壮成长；而不受控的细胞分裂就是癌症，无限分裂的细胞疯狂消耗宝贵资源，带来的是肌体必然的枯萎与死亡。公司未来的每棵树的全球市场占有率必须达到全球前三，要对不可能达到

目标的立项加以控制。内嵌式的业务改进，也许是战略；外挂式的产品研发，未必在主航道。我们坚决不在非战略机会点上消耗战略竞争力量，不仅因为我们没这么多钱，也因为我们管理不好这么多拖油瓶。面对差异化的业务与人群，我们要采用差异化的政策和管理方法，但实现差异化首先要从单一业务有效管理这一坚实的基础出发。"

聚焦主航道

华为强调聚焦主航道、优质资源向优质客户倾斜。2006 年，华为出售了 H3C（华三）全部股份，更加聚焦于核心业务，进一步巩固了基于全 IP 网络的 FMC（固定网络与移动网络融合）解决方案的领导者地位。这就是聚焦主航道。

2013 年起，华为提出对非主航道业务要"课以重税"，比如华为要求一些非核心业务保证最低利润率，否则就不能与之签约。

怎么做到优质资源向优质客户倾斜呢？答案是增加对客户界面的投入。比如，公司拿出超额利润的一定比例，回馈那些贡献利润的战略客户、TOP（最高级）客户。常见形式是华为与客户共建联合实验室，但华为负担所有费用。这样一来，客户就得到了优先于其他竞争对手的领先技术的测试，就有可能在下一波新技术的商用过程中抢占先机。当然，公司也可以直接给客户优惠券。客户可以凭这个优惠券在今后的订货中抵扣相应的金额。这个方法被很多公司，尤其是电商公司采用。

自我约束：一报一会，月度例行经营审视

除了前文提到的自我约束机制，华为还建立了一报一会制度，以加强事中监控。华为通过这个制度审视经营过程中的问题，及时发现问题，并通过任务令，闭环跟踪、管理问题，实现自我约束、自我管理、事中监控。一报，就是一份经营分析报告，有成熟、完善的模板；一会，就是经营分析例会。在一线，一报一会通常是区域的 ST 上的专题，每月进行一次。有些业务，比如针对海鲜产品的消费者业务，因其时效性较强，需要公司每周审视经营情况，每天审视销售情况。

那么，什么样的经营分析报告才算一份好报告呢？三段论＋经营分析七点＝ 80 分（不好与好的经营分析报告），沟通、宣讲及得到认同＝ 20 分。

三段论：拿出数据，点出问题，提出建议。

拿出数据：

1. 基线数据；

2. Benchmark（基准点）数据；

3. 预算数据；

4. 核算（实际）数据；

5. 目标或改进数据。

点出问题：

1. 效率、效益问题；

2. 找出问题数据背后的业务动因、业务故事。即使我们从数据上看不出问题（都达标甚至超出目标），我们也要看"健康度"。

提出建议：

1. 针对问题，提出解决建议。

2. 下达任务令。

3. 下次会议首先回顾遗留任务进展。

经营分析七点：

1. 适当聚焦，避免一份材料包含一切。

2. 给出严谨的结论。

3. 引导阅读浩瀚的数据和表格，功课做在关键处，也要注意"套路"。

4. 对标与对上眼：一定要保证能够与业务主官在一个空间、同一个频道、用共同语言去沟通，而不是鸡同鸭讲、自说自话。就是说，财经的痛点和业务的痛点要保持一致，不一致也需要尽力"求同"。

5. 如何收尾：采用问题管理的方式，提出问题并给出解决建议。预测就是管理未来，为了达成目标和实现更卓越的追求。公司要明确观点，且要明确建设性的观点。

6. 坚决避免面面俱到、重点不突出。最简单的方法是每次不超过三点或五点分析。

7. 少用副词。

"经营管理"的核心就是"比别人活得好"。首先，我们要知道自己活得怎么样；其次，我们要知道别人活得怎么样；最后，我们要做比较。这就是所谓的看竞争、看自己、看差距。

经营基石：1500人①的项目财务，激活最小经营单元

业务一把手要"两手抓"。

一手抓经营。项目、系统部、代表处、地区部、BG等经营主体单元，必须要实现盈利。没有利润的增长是要流氓，没有现金流的利润也是要流氓。战略山头项目允许亏损，但也要讲清楚对价。对价可以是定量指标，比如签约销售额、收入额、回款、利润额等；也可以是定性指标，比如客户满意度、市场占有率、品牌美誉度、商誉价值提升等。

一手抓风险管理。华为从"不敢、不能、不想"三个层面，建立覆盖点、线、面/场的立体风险防控体系。点的审计、调查形成"核威慑"，让员工"不敢"腐败；线的流程设计的KCP让员工

---

① 数据引自《却顾所来径，苍苍横翠微——2017年新年致辞》（孟晚舟）。

"不能"腐败，业务、流程、领域的一把手要解决95%的风险问题；面/场的环境营造让员工"不想"腐败。笔者将单独用一章篇幅讲风险管理。

如何抓经营？项目就是最小的经营单元。项目经营做好了，系统部的经营就做扎实了；系统部的经营做扎实了，地区部的经营就可信了，BG、集团的经营就有了坚实的基础。所以，华为非常重视项目经营，把项目经营视作经营基石。

2015年10月23日，任正非在2015年项目管理论坛上提出，华为要建立1 000人的项目财务队伍，把最小的经营单元——项目做扎实。实际上，截至2016年年底，华为大约有1 500人的项目财务队伍。当然，华为现在的项目财务水平提高了，PM（项目经理）能力也上去了，项目运作更加成熟，不再需要那么多人了，目前的项目财务队伍有500~800人。

事实上，华为一直在做端到端财务变革，提出要建设项目财务队伍。

任正非对项目CFO有什么期望和要求呢？项目CFO应该做哪些转身？他说："我们每年大概有5 000个项目，我个人认为，这些项目大概需要1 000个项目CFO。大前年，公司离职了1 700个优秀的项目CFO。那时候，公司对财务的认可度不够，钱发得太少、社会躁动比较多……各方面存在很多问题。现在，公司应多号召一些离职的优秀员工回来，走向项目CFO。为什么我们的项目不能盈利？其实是我们的项目CEO根本没好好算过账，'财大马虎'，他的目的是给客户交付，没想过自己还有一个目的，就是要盈利。我们坚持'以客户为中心'，但是我们自己的利益要从我们有效的管理中产生。现在的管理不够有效，项目 CEO 不懂财务，项目 CFO 不懂业务。所以我们曾经要求一部分优秀的项目 CFO 到小项目中去做 CEO，一部分大项目的 CEO 到小项目中去做项目 CFO。项目 CFO 要懂业务，就好比如果项目 CFO 在周末去城市附近爬铁塔、装基站，哪怕他不会调试，能把螺丝钉拧上去，那么他也会比别人懂得多一些，他就有希望比别人晋升快一些；项目 CEO 也要学学财务，比如在这一段电缆中，用工是多少、预算是多少……，项目 CEO 要能算出这次签发破格提拔了三四百人，最高有破格 3 级的提拔。"①

如何做好项目经营呢？如何从 1 500 个项目 CFO 中激活最小的经营单元——项目呢？第一，从一线实战中选拔人才。将军是打出来的。项目 CFO 应不断提高自身能力，正确理解客户需求、正确做出合同、正确录入合同、正确发货、正确交付、正确服务。2015 年，华为给每个人发了 1 000 美元的反浪费奖。这是为了提高大家的积极性，共同减少因不能正确发货、重复进入站点、没有计划性等问题而产生的巨大浪费。第二，改变考核机制，干部选拔没有年龄、资历标准，只以责任结果贡献为考核标准。金一南将军曾提到美国军队是世界上最有文化的军队，西点军校录取的是高中生的前 10 名，美国安那波利斯海军军官学校录取的是高中生的前 5 名，所以美国军官都是美国最优秀的青年。美国军队

---

① 2015 年 10 月 23 日，《任总在 2015 年项目管理论坛上的讲话》（华为总裁办电邮讲话【2015】118 号）。

的考核方法最简单，它不考核学历、能力，只考核"上没上过战场，开没开过枪，受没受过伤"，所以美国军队其实是最能作战的军队。美国军官先学会战争，再学会管理国家。华为就在学习美军的考核方法。以前华为人力资源部的考核方法太复杂，主要考核的是能力，被考核人需要填很多表格，花费很多时间，这就是在非战略机会点上消耗了战略竞争力量。现在的人力资源部已经在改革，以责任结果为考核导向。考核开始关注是不是攻下了"上甘岭"，怎么攻下的，以及还有什么不足。第三，关注在交付中的效益提升，关注项目CFO队伍的建设。项目CEO要懂财务，项目CFO要懂业务。

从以功能为中心向以项目为中心转变

公司要做好项目经营，就必须以项目为中心，做好资源优化配置。2015年起，华为推行"从以功能为中心向以项目为中心转变"，时任轮值CEO郭平任该重点工作的Sponsor。

如何真正做到"以项目为中心"呢？第一，打通LTC流程，实现"五个一""账实相符"，财务算好项目经营一本账。在打通LTC流程的同时，财务也要同步匹配，增加项目CFO，算清项目经营账，基于数据做好项目经营、动态监控。第二，给项目CEO授权：计划权、预算权、结算权。项目费用在项目CEO手里，项目CEO可以根据项目需要去购买"炮弹"。不能为客户创造价值的流程是多余的流程，不能为客户创造价值的组织是多余的组织，不能为客户创造价值的人是多余的人，不能为客户创造价值的动作是多余的动作。第三，做好案例总结、项目复盘，网格化经验教训。一颗珍珠没有价值，但如果我们用一根绳子串起一颗颗珍珠，使之变成项链，那么珍珠就价值倍增。一个项目就像一根绳子。只用绳子是抓不到鱼的。如果我们用绳子打很多个结，网格就出现了。一个结不能捕鱼，多结的网格化就能"捕鱼"。所以我们要总结案例，复盘项目，把众多项目的经验教训网格化。总结要表格化、数据化，要简单易用。

一部人类历史就是不断总结的历史。以史为鉴，可以知兴替；以人为鉴，可以明得失。

管理变革提升效率：每年改进 5%

华为一贯主张赚小钱、不赚大钱，不追求利润最大化，只追求合理的利润。

"深淘滩，低作堰"就是这一商业模式的生动写照。它通过不断深挖内部潜力，让利给客户和上游供应商。比如，对于成熟业务的管理费用率，华为的要求是每年改进 5%。对于产品线成本，华为的要求是每年下降 20%。对于孵化业务、成长业务，华为展示了其前瞻格局——保障下限额的投入，以确保不因投入不足而"胎死腹中"。这就是华为的战略远见。

对于客户界面的费用，如销售费用、营销费用，华为本着"以客户为中心"的宗旨，不仅不降低费用率，还尽力提高了费用的使用效率。在细节上，华为也不含糊。以差旅费用为例，华为规定员工出差乘坐飞机以外的其他交通工具时，可根据实际情况乘坐动车软卧、高铁一等座、轮船二等舱、火车、长途汽车等，并可据实报销。员工乘坐动车、高铁、轮船的标准，须遵从乘坐飞机商务舱的管理规定。这个商务舱的管理规定就是22级及以上的干部和高端专家才能乘坐商务舱。否则，超出标准的差旅费用需要员工自掏腰包。

同时，华为通过持续的管理变革，提升了管理效率。按华为内部的评估，得益于管理变革的提升，华为的内部运营效率每年提升3~5个百分点，每年利润贡献为30亿~50亿美元。

企业今天面临的经营环境，比以往任何时候都充满变数。变化、风险、机会、收益以交互作用的方式，冲击着我们的思维观念、行为方式与价值取向。一个企业只有充分发挥自主能动性，不断应对纷繁复杂的环境变化，才能获得发展。没有没落的行业，只有没落的企业。众多基业长青的企业都身处传统行业——大家眼里的"夕阳"行业。

企业要想不没落，就必须用创造性思维主动变革，以变求生。华为早期身处CT（通信）行业，经营业务是典型的2B业务。后来，华为寻找第二增长曲线，做了IT业务，增加了2C业务，即消费者业务，身处ICT行业。华为的运营商业务身处较低迷的产业环境，面临较大压力。这种压力主要来自与国际巨头的差距，比如与爱立信相比，华为的内部管理水平较低，运作效率不高。所以华为一直将管理变革提到关系公司生死存亡的高度，并持续变革。"五个一"就是华为对标爱立信后，进行的内部运营效率的变革。在此判断下，华为不断推进管理变革的目的是增加产出，厉行节约，提高人均效益，改变过去粗放的运作方式，改变过去各级主官不对成本负责、不对产出负责、不对人均效益负责的状况。

1999年3月，以IPD变革项目的启动为标志，华为开展了跨全流程的业务管理变革工作。任正非说过一句话："华为当前最重要的工作是管理，华为发挥潜力的关键也在于管理，管理的思想和方法都进步了，华为的能力就增强了。"的确，按照当时西方友商的规模和人均产出，华为还有几倍提高空间。管理是生产力，推进管理变革就是为了进一步提高"打粮食"的能力，进一步提高成为优先满足客户需求的公司的能力，进一步提高为客户提供"质量好、成本低、服务好"的产品和服务的能力。

通过推行IPD变革项目，华为在产品上市周期和产品质量方面有了显著改善。2002年（IPD推行4年后），从IPD测评指标上看，中等复杂度项目的周期已经从2001年的87.8周缩短到2002年的67.1周。以宽带的一个项目（2001年IPD 30%推行的一个项目）为例，其产品正式推向市场，批量供货，状态一直很稳定，对比以前同等复杂度的产品，在质量/综合目标的达成上大大提升了效率。由于持续的管理变革，华为在各个方面已经有了明显的进步，其管理开始与国际接轨。这种进步使华为在拓展海外市场的过程中，逐渐赢得海外客户的认可和尊重，并获得了大量订单。

那么，华为在管理变革中，有哪些好的思路可供中国的企业借鉴呢？华为完成了组织行为的流程化建设，以及这些流程的运作电子化。

第一，华为集中精力将系统级的流程框架打通、融合，建立相应的管理运作体系，实现公司业务层的端到端的打通。比如，实现 IPD、ISC 和财务变革项目连接，实现 IPD 与市场管理、产品生命周期管理的初步连接。

第二，华为成立跨部门的管理领导小组，赋予这个小组行政权力——拆掉不适合流程运作的部门墙，打通全流程，打破行政壁垒，解决部门配合中的矛盾问题、流程高效运作问题。这个小组要依据全流程业务绩效来考核部门的绩效，以实现组织目标的最大化和流程运作的高效率。

第三，华为建立变革推行和持续优化的机制和能力。比如，IPD 将通过融合主要功能部门的流程来增强自我吸收和优化能力，使变革更切合业务实际需要，让公司逐步减少对咨询公司的依赖。

第四，华为建立公司级 KPI 和流程衡量指标之间的联系，并把测评体系推行下去，保证公司组织变革和流程变革相一致；将变革进展指标纳入中高层干部的考核，加强中高层干部对变革工作的支持。

第五，华为培育一支由中层干部组成的战略预备队，即选拔一些对公司忠诚、能吃苦耐劳的干部，并将他们放到战略预备队和资源池中。通过艰苦的培训与锻炼，当出现新的市场机会和新的增长点时，这支战略预备队可以随时响应公司的号召，抓住机会，承担重要的岗位责任。

第六，对于积极参与变革推行工作、绩效明显的优秀员工，华为要及时给予激励；对于抵制、拒绝变革的员工，华为应采取降职、降薪甚至末位淘汰的管理方法。同时，公司应加强跨部门之间的人力调配，以保障公司的战略重点——进行适当组织整合，多一些角色、少一些部门，疏通瓶颈，提高流程运作效率。

在管理变革的过程中，领导干部要敢于担当，担负起在管理变革中的责任。

受克劳塞维茨在《战争论》中的观点的启发，任正非认为，越是在困难的时候，我们的高级干部就越要在黑暗中发出生命的微光，发挥主观能动性，鼓舞起队伍必胜的信心，引导队伍走向胜利。任正非的这个观点也适用于企业的管理变革。变革的成功来自领导干部的推动，变革的失败也一定来自领导干部的怀疑和阻力。实现管理变革的关键在于领导者的决心和意志，坚持就是胜利。变革的理念影响着企业的行为方式和员工的工作态度。而变革必然会要求企业的组织和员工走出自己以前的"舒适区"，按照流程和规范的要求提高自己的技能，改变自己的工作习惯，调整自己的管理风格，甚至是为了公司的整体利益、不顾自己短期的利益得失。企业的各级主官首先要成为变革执行的坚定拥趸，明确变革的紧迫感、使命感，树立必胜的信心，然后再用自己的表率行为感染、引导自己团队中的每个员工。领导干部不能做变革的旁观者，对变革的支持不能停留在口头上；不能仅仅要求下属，而应该从自己做起，以积极、开放的心态来支持和领导公司的各项变革，把变革的要求切实落实到自己的日常工作中。变革要从领导干部开始变起。领导干部只有从自身做起，投身变革、拥抱变革，其管理变革才会成功。在这个世界上，唯一不变的就是变化。所以，企业要坚定不移地把变革进行到底，充分激发组织活力。

一张图看懂全面预算管理变革的价值融合点

按：此文原创于 2015 年 9 月 1 日，系笔者任 IFS–PB & F（集成财经服务 – 全面预算管理）变革推行经理时，在东南亚地区部推行项目落地时所写，便于读者系统了解全面预算管理变革的主要内容及目的（见图 4–2）。此文发表于华为内网，有删改。

1.PB & F 的实质是什么？追求是什么？

任正非认为，变革的目的是多产粮食和增加土壤肥力。增加土壤肥力既是目的，也是手段，它的最终指向还是多产粮食。多产的衡量方法就是看规模和盈利，比如销售额增加了，利润率提高了，等等。

华为的追求是基于合理利润率的规模增长。所以，利润率高、利润多的时候，我们需要耗散，要敢于进行中长期投入，以保持可持续的竞争能力和长期发展能力。PB & F 作为经营管理的工具，就是为了支撑公司的追求。

2.我们谈到的经营管理经营的是什么？管理的是什么？答案是资源，是人、财、物，是时间、空间……

華为战略财务讲义

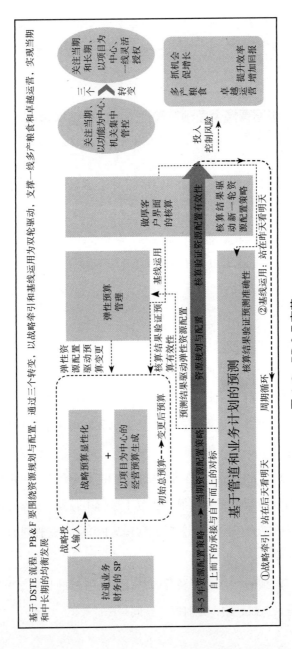

图 4-2 PB&F 变革

282

PB & F 基于 DSTE 流程，贯穿从战略制定到执行的全过程。这个过程围绕资源的规划与配置，通过"关注当期向关注当期和中长期，以功能为中心向以项目为中心，机关集中管控向一线灵活授权"三个转变，以战略牵引和基线运用为双轮驱动，支撑一线多产粮食和卓越运营，最终实现当期和中长期的均衡发展。

什么是"管理好资源的规划与配置"？答案是资源使用有效率。什么是"有效率"？答案是有效益，有效果。同样的资源投入，产出更多的粮食；同样的粮食产出，投入更少的资源。

资源规划，就是确定投入方向，由战略牵引驱动；资源配置，就是执行投入策略，以战略牵引和基线运用为双轮驱动。战略牵引是站在后天看明天。基线运用则是站在昨天看明天。战略牵引体现出了管理者的意志和追求，能够指导资源的配置。

在配置资源时，我们要先看看过去的投入策略，以及友商的投入策略、产出、Benchmark。

我们以这个标尺为投入参照，提高投入效率，提出我们对未来产出的追求。这就是基线运用。

但基线不是万能的。首先，基线是分场景的。过去的场景未必适合未来，这里的场景未必适合那里。正如唐朝以胖为美，这种场景未必适合当下；20 世纪初期的马列主义在苏联搞得风生水起，列宁用它成功创建了苏维埃，但这种场景在中央苏区并不适用，只有马列主义的适配——毛泽东思想，才能牵着蒋介石的鼻子走。其次，基线有可能是不存在的。比如在 2G 时期，没有人有3G 的各种业务基线。IBM 的创立者托马斯·沃森曾表示，全世界有 5 台电脑就足够了；比尔·盖茨则在一次演讲中称，个人用户的内存有 640K（千字节）足矣。并非沃森和盖茨愚笨，只是因为他们站在昨天看明天，很难准确预知未来。此时，我们只能靠战略牵引。这就是 SP 要回答的问题。

3. 管理资源的规划与配置。

首先，公司要解决配给谁的问题，即投入方向问题。投入方向也存在中长期和当期的问题。中长期的投入方向需要通过制定战略来确定。这就是子方案一（拉通业务财务的 SP）要回答的问题。其次，公司要解决怎么配（配置节奏）的问题，是匀速配还是加速配？是前高后低，还是前低后高（小心试探、慢慢加码）？再次，公司还要解决配多少（配置强度）的问题。今年投多少？明年投多少？再往后投多少？当期投入是中长期投入的分阶段落地和承接。基于业务计划的预算，当期投入实质上是未来一年的资源配置，也是未来 3~5 年中长期规划分阶段的落地，当然不是简单的平均关系。

4. 讲资源配置，就是讲投入。

投入的目标是在控制风险的同时，多产粮食，卓越运营。多产粮食，就是抓机会，实现增长；卓越运营，就是提升效率，增加回报。

财经也是生产力——"节流"增利 10 亿美元

企业获得利润的方式无外乎有两种：开源、节流。当宏观环境不好时，微观层面的企业极易陷入开源窘境。然而，股东、投资者的诉求不会有所降低，他们希望利润继续增长。企业该怎么办？节流——降成本、砍费用、控支出。笔者在华为时，也曾身陷这种窘境。我们看看华为是如何处理的。

2012 年，全球经济不景气，客户在通信领域的投资意愿不强，运营商 BG 收入增长乏力。企业 BG 成立不久，其渠道激活率和价值客户突破率都不高，且早期投入过快，亏损严重。消费者 BG 刚刚确立自有品牌向高端智能机进军的战略，尚处于投入期。公司连续 5 个月亏损，年度收入和净利润目标很难达成。集团财经的财经管理部是公司的"宏观调控"部门，是利润指标的主责部门。财经管理部下属的费用管理部，是"费用大管家"，是费用管理的主责部门。华为以往保持高速增长，成本费用管控较宽松，很少出现砍费用的情况。现在经营状况不好，"开源"受限，只能主动"节流"——砍费用。公司的费用主要有人工费用和物化费用。人工费用受人头及工资影响，较为刚性，很难降下来。公司只能拿物化费用开刀了。

首先，公司要砍职能平台的费用。砍费用意味着部门要紧巴巴地过日子。没有哪个部门是愿意的。砍费用的过程很痛苦，正如张学友所唱，谁都有《一千个伤心的理由》。直接的结果是，预算方案没有通过 EMT 评审。于是，费用部门针对不同平台部门的业务特性，制定了差异化的费用预算基线和模型，并且为预算规定了上限，同时受到"所在业务单元的收入与销售毛利率孰低"原则的约束。

在基线约束的基础上,华为还提出了另外一条"高压线":费用额零增长。各部门员工怨声载道,这给财经管理部带来了巨大的压力,因此,原本的集团 CFO 挂帅评审,改为了轮值 CEO 和集团 CFO 联合挂帅评审,以壮声威,弹压抗性。轮值 CEO 和集团 CFO 组织了两次专门针对机关平台的费用评审。不难想象,评审现场硝烟弥漫,短兵相接,PK 之声不绝于耳。这两次评审砍掉了上亿美元的集团平台费用预算。

其次,公司实行弹性预算制度。所谓弹性预算,就是业务发展好时,费用向上弹,自动获取预算;业务发展未达预期时,费用则向下弹。出于稳健考虑,费用授予节奏应低于时间进度。比如,如果公司上半年授予费用预算包的 40%,那么下半年的授予取决于业务的进展,一般与收入的达成率挂钩。后来,华为升级了弹性预算授予规则,根据"收入与销售毛利率孰低"的原则来弹性授予费用预算;经营计划完不成,费用预算就会减少。比如,A 业务单元年收入预测完成率为 95%,销售毛利预测完成率为 90%,则公司会按照 90% 的完成率来弹性授予费用,砍掉 10% 的费用预算。这种机制有利于提升公司的资源配置效率,使业务单元不仅追求收入达成,还要关注盈利状况。

方法好不好,不看广告看疗效。截至 2012 年年底,公司的收入 / 销售毛利预算虽未完成,但公司靠砍费用节省了 10 亿美元,最终基本达到了利润预期。

再次,除了日常经营预算,公司应单列管理战略预算,专款专用,"再穷不能穷战略"。战略预算是面向未来的投入。即便当期经营确实存在困难，华为也宁可挤压日常的费用预算，以保证预研、变革等战略投入，保持公司的可持续发展。为了保证战略投入不受到当期经营情况的影响，华为将战略投入预算与当期经营预算分离，实行显性化管理，单列战略清单，保证专款专用、独立核算。战略投入预算由集团空载，集团会定期回溯其投入节奏和强度，并对进展缓慢的部门进行曝光处理，以保障战略落地。

2019 年 10 月 8 日，任正非在日落法人力资源秘书处及 AT 运作优化工作汇报上提到，外部打压推动了华为内部的改革，华为要继续加大战略投入，让更多将军和优秀员工快速成长起来，夯实基层作战能力，简化流程、简化管理。任正非认为，华为的战略投入还不够。华为没有做好战略投入需求的洞察、规划工作。华为虽然培养了很多技术领袖，但真正的商业领袖并不多。真正的商业领袖对未来架构性描述会有很清晰的观点，对未来商业模式也会有所构想。华为现在还不能像西方公司那样，在一个产品还没做出来之前，就对其生态环境、架构性认识有所构想，往往是等这个产品做出来后，才会有生态伙伴、商业环境方面的构想。

任正非认为，华为在战略上还没有实现真正领先。虽然华为在技术上领先于其他公司两年，但因不能及时应用技术而失去了部分优势，技术还需要被转换成规模化商业。因此，华为要拿出更多的粮食包来做战略投入。

其实，早在华为于 2014 年 5 月试点推行 PB & F 变革时，笔者作为项目的方案经理兼区域推行经理，全程参与了"子方案二

（战略预算显性化）"的方案制订及落地推行工作。方案首次明确了战略预算的生成、执行、决算与评价机制：

1. 战略预算生成：区域战略要对准 BG/ 产业战略，列出战略举措清单，显性化预算假设，确认对价条件，按战略项目生成战略预算；
2. 战略预算执行：保证专款专用、季度授予，例行审视预算假设及对价目标达成，按项目独立核算；
3. 战略预算决算：按财年 / 关键里程碑验收对价。
4. 战略评价机制：对组织及干部在战略项目预算执行中的表现进行评价。

此外，客户界面与内部运营界面的费用应分开，"再省不能省客户"。费用可分为客户界面费用和内部运营界面费用两部分。为体现"以客户为中心"，华为要求大家提升运营效率，挤出内部运营界面的水分。而对于客户界面费用，大家应根据公司确定的基线和业务发展的实际需要合理配置，不片面追求费用率的改进。客户界面费用不能用于内部运营。这就是所谓的客户界面费用"节约不归己"，费用节约不能影响业务拓展和客户感知。

战略投入的预算同样"节约不归己"。把握战略控制点是做好战略投入预算的关键。

笔者在一线推行 PB ＆ F 变革时，结合代表处实践，曾专门撰文论述。

把握战略控制点是做好战略投入预算的关键

按：此文原创于 2014 年 11 月 8 日，系笔者在中东地区部 I 代表处推行 IFS-PB＆F 变革项目时所写，发表于华为内网，有删改。

全面预算管理试点推行项目总共有六个子方案，在 2015 年的全面预算中，项目将代表处的预算分为两部分：经营预算和战略预算。战略预算是首次编制。对于如何编制，从何处着手编制，覆盖哪些内容，如何加强闭环管理等问题，大家的看法可谓"仁者见仁，智者见智"。笔者浅见，从战略预算编制的业务逻辑考量，把握战略控制点是做好战略投入预算的关键。

战略预算来源于战略举措清单，战略举措清单支撑战略目标的实现。战略举措清单的输出，实际上来源于我们对业务的洞察。在做代表处的 SP 时，我们会根据本国的宏观环境、行业 / 产业的发展趋势、竞争格局、自身所处地位，洞察未来可能遇到的机会点，比如 MBB（移动宽带业务）的流量经营，FBB（固定宽带业务）的老旧固网改造等。在这众多的机会点中，根据其对未来增长的重要性，我们遴选出对未来格局有关键影响的部分，这就是战略机会点（见图 4-3）。

这些战略机会点，应该支撑代表处未来的关键增长与格局。这些支撑代表处未来关键增长的领域（产品，解决方案，客户，新商业模式等），即是未来的战略增长点。

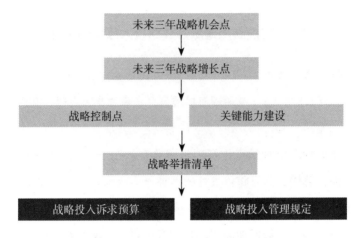

图 4-3　战略预算编制的业务逻辑图

这些战略增长点，往往也是公司的战略制高点。比如全球 ×× 个大流量城市，就是集团层面的战略制高点。这些战略制高点也是我们聚焦的主航道、主战场。主航道就是管道战略，主战场就是这些大流量城市。当然，战略制高点还涉及企业业务的阵地战国家（企业业务市场较大、需重点突破的国家）和聚焦地区（中国 + ××），终端业务的 ×× 个聚焦国家等。这是针对区域维度而言的。

面对这些战略制高点，我们最常见的选择有两个：抢地盘 + 抢流量。抢地盘，就是抢格局。如果我们没有突围这个大流量城市，或虽有突围却缺乏格局，那么我们就要抢格局。在我们突破并拥有相对优势后，我们就可能面临构筑"2+1"之类的格局问题。就是说，我们不能再扩大地盘了，否则把西方厂商都挤走后，客户就极有可能引入其他战略竞争对手。显然，这不是我们想要的结局。这意味着我们已到达抢格局的上限。比如我们在中东的某些国家已实现了绝对份额领先，不能再扩大格局了，这时我们的选择就是抢流量。

抢流量，实际上就是在维持现有格局总体均衡的前提下，搬迁我们客户的客户，使我们的客户（运营商）拥有更多的客户消费。比如一个城市有三张无线网络，有一张网络不是我们的，我们也明确不再抢了（意味着格局不变），那我们工作的重点就是跟已抢到的两张网络中的客户一起做好网络覆盖、努力提升用户体验，把客户的网络做成精品网络，使客户的用户数不断增长，客户网络的流量占比越来越高，进而把整个城市的流量吸引到我们的网络上来，这就是抢流量。所以，抢流量是一个长期的过程，是一个帮助客户成功提升用户体验的过程。在客户成功后，我们自己也就成功了。

实际上，除了公司层面圈定的 ×× 个大流量城市的战略制高点，各个地区部、各个代表处也会自己定义一些次流量的城市，这就是区域自己的战略制高点。

公司层面的战略需要区域承接才能落地，但各区域有自己的区域特点，所以，各区域在思考自身战略如何承接公司战略的同时，也要因地制宜地发掘区域内的战略增长点，进而识别战略控制点，占领战略制高点。

我们要想识别战略控制点和占领战略制高点，就要基于已经洞察到的战略机会点和战略增长点，把握机会，实现预期增长。换句话说，我们要明白客户为什么选择我们，我们有什么竞争优势。战略控制点回答的就是竞争优势的问题。

比如我们在某个国家维持、巩固"2+1"的格局，是凭借 LTE（长期演进）产品的成本领先优势（价格有竞争力），还是凭借技术领先优势？是凭借我们快速响应客户的集成优质交付能力，还是依赖我们与客户稳固牢靠的战略合作伙伴关系？

在识别出让我们维持、巩固格局，扩大流量的战略控制点之后，我们还要审视自身能力是否足以支撑这些战略控制点。所以，自身组织的产品解决方案、集成交付能力等能力建设也是我们在考虑战略举措时的重要输入。IPD、ISD（集成供应链）、LTC、IFS 等变革，都是为了提升组织内部卓越运营的能力，以及达到让客户更简单地和我们做生意并最终选择我们的目的。这些能力域的建设，也应作为我们战略投入的重要考量。以上问题被识别后，战略举措清单就呼之欲出了。但战略举措清单只是明确了战略投入的方向、领域。战略投入预算要回答的问题不限于此，还要回答投入的节奏、业务计划、预计资源（比如设备、人力、场地等）及其金额、关键动作和阶段性目标等相关问题。这才是相对完整的战略投入预算。

滚动预测："3 个 GAP，3 个 List"促业务闭环

1945 年，美国行政管理和预算局局长史密斯提出 8 条预算原则，为政府及众多跨国企业提供了很好的借鉴。

1.适度权力原则：国会负责预算批准，授权总统主导预算编

制工作，同时对有关国会的部分预算有否决权。这条原则主要解决预算责任主体与职责问题。

2. 加强行政责任原则：总统对预算执行的最终结果负责，接受预算审计与听证。这条原则主要解决预算责任与闭环问题。

3. 反映行政计划原则：年度预算编制应与中长期经济发展战略、绩效目标（至少 5 年）保持一致，并逐项评估，评估应细分到项目（包括优先级排序）。这条原则主要解决预算衔接战略、以项目为基础的问题。

4. 以预算报告为依据原则：预算一旦被批准，就具有法律效力和权威；任何与预算有关的调整和改变必须由国会通过正式的途径批准。批准的预算是拨款的基础，预算执行按进度分季拨款、按项目类别分配的制度。这条原则解决预算执行中的严肃性、权威性及预算授予问题。

5. 执行中的弹性原则：预算支出分自主支出与法定支出，自主支出应遵循国会限额和法定支出限额法则，法定支出应"量入为出"；支出应与拨款分开，任何支出不得超出其获得的国会拨款额。签订导致未来超支的合同是违法的。支出后尚有结余，同样是违法的。这条原则主要解决预算弹性的问题。

6. 适当加强行政主动性原则：预算可以驱动政府改进绩效。项目执行权力应下放到项目责任人，以结果为导向、以市场为基础，财政年度结束时，政府须提交绩效报告。这条原则主要解决预算执行与授权、考核闭环的问题。

7. 机构协调原则：政府各部门与国会协商编制战略与预算计
   划，国会应熟悉部门预算，以保证计划的合理性，以利于预
   算审议和绩效监督。这条原则主要解决预算衔接战略 / 控制
   指标、预算评审的问题。

8. 预算程序多样化原则：具有不同职能性质的行政建设、经
   济建设、公共事业建设应采取不同的预算顺序，不宜强求
   一致。这条原则主要解决预算反映业务实质、差异化管理
   的问题。

华为也提出了 6 条预算管理原则：

1. 预算反映经营责任，以绩效评价闭环。
2. 预算保障战略落地，支撑公司核心竞争力持续提升。
3. 预算以客户为源头，以项目为基础，反映业务实质。
4. 弹性获取预算，服务于作战。
5. 预算和核算规则一致，统一管控，简化管理。
6. 预算对准集团财务结果。

通常，华为的资源配置主要有两种逻辑。一是基于战略定位
配置资源：华为坚决不投资战略聚焦到主航道、不能持续投资
的项目。对于非主航道上的产品及经营单元，华为要课以"重
税"。具体而言，我们可以从战略匹配度和经济价值两个维度进
行衡量：

- 战略匹配度高，经济价值高的项目，加速投入；
- 战略匹配度低，经济价值低的项目，停止投入；
- 战略匹配度高，经济价值低的项目，保证下限投入；
- 战略匹配度低，经济价值高的项目，重点监控。

二是基于产出价值配置资源：华为实行预算授予与经营结果挂钩，费用授予与收入、利润、现金流等经营指标相关的弹性预算机制。如果经营计划完不成，费用预算就会减少。如果经营结果超预期，费用预算就会增加，这就是弹性预算。具体而言，我们可以从规模和盈利两个维度进行衡量：

- 规模大，盈利好的项目，加大授予资源；
- 规模小，盈利差的项目，缩减授予资源；
- 规模大，盈利差的项目，控制授予资源；
- 规模小，盈利好的项目，保证授予资源。

在资源配置的过程中，华为通过滚动预测实行动态监控，动态调整资源配置。在预算定稿后，华为每月在系统填报月度滚动预测，在经营分析例会上审视预算执行情况。华为的主要管理工具是"3 个 GAP（差距），3 个 List（清单）"。它通过滚动预测、预算执行分析改进闭环，实现预测前瞻管理，促进经营目标达成（见图 4-4）。

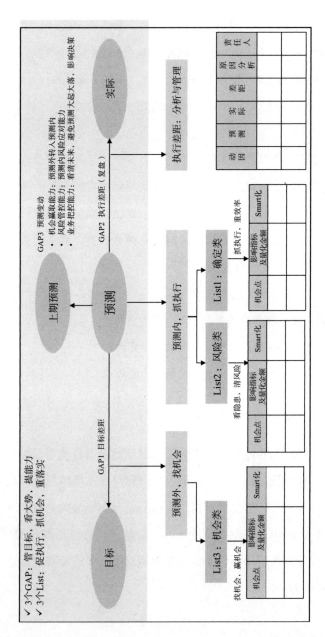

图 4-4　华为的主要管理工具

3 个 GAP：

GAP1：目标差距，即目标与预测的差距；预测内，抓执行；预测外，找机会。

GAP2：执行差距，即预测与实际的差距；加强对差距的分析与管理。

GAP3：预测变动，即本期预测与上期预测的差距；通过提升机会赢取能力，将预测外转入预测内；加强风险管控能力，即预测内风险应对能力；提升业务把控能力，看清未来，避免预测大起大落，影响决策。

3 个 List：

List1：确定类清单，抓执行，重效率。

List2：风险类清单，看隐患，清风险。

确定类清单和风险类清单，都是预测内的，主要抓执行。

List3：机会类清单，找机会，赢机会。

机会类清单是预测外的，主要找机会。

基于 3 个 GAP 的弹性管理见图 4–5。

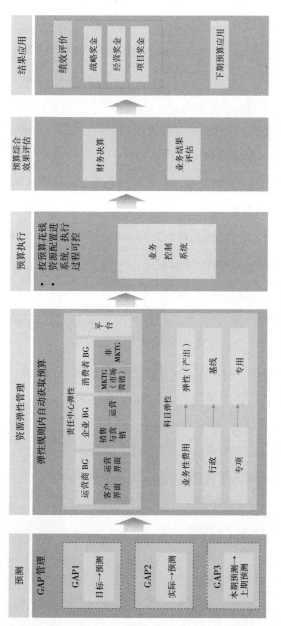

图 4-5　华为的弹性管理

构建和谐生态链：与供应商合理分享利益

2013 年年底，华为现金流充沛。而同城友商 Z 公司，继 2012 年业绩净亏 28.4 亿元之后，虽然业务稍有好转，但现金流仍然吃紧。怎么拉开与同城友商的差距？让供应商觉得华为确实是战略合作伙伴、世界级的优质客户？华为的做法是提前向供应商支付了 50 亿元。

笔者当时负责华为高管对外公开发言的内容撰写工作，通过起草轮值 CEO、集团 CFO 在 2014 年 1 月 15 日年报上预发布的材料，笔者发现现金流下降的原因竟然是提前给供应商付款，这让人惊愕不已。要知道，在中国，哪怕在全世界，企业提前给供应商付款的案例可谓闻所未闻。但华为做到了。

华为为什么这么做？按任正非的说法，这么做是因为华为要"构筑和谐健康的生态链"。当然，另一种说法是，华为要拉开自己与战略竞争对手的差距。让供应商认可华为的实力。

在当今信息化时代，数字基础设施产业高度依赖全球化的供应链，任何一个公司所提供的设备其实都是通过一个全球化的供应链来生产和制造的。未来的数字基础设施一定是多个厂家共同合作构建的。所以，构筑和谐健康的生态链就显得至关重要。2013 年年底，华为提前向供应商付款 50 亿元，就是关于这一点最好的体现。不仅是国内供应商，华为在全球供应链和业务连续性管理方面也有特殊的考虑。众所周知，现在 ICT 的产业高度依赖于全球化的供应链，华为也不例外。华为已经与全球的 1.3 万多家供应商合作，这些供应商来自日本、美国，还有中国以及其他国家和地区。2018 年，华为的采购额为 700 亿美元。华为今天的技术创新成果，一方面是凭借自身的努力而获得，另一方面是通过全球产业链和 1.3 万多家供应商的共同努力而获得。供应链的全球化程度越高，在这个产业中的脆弱性也越高。所以，华为从 10 年前就开始致力于建立一整套严密有效的 BCM（业务连续性管理系统）。[①] 这套管理系统覆盖了从研发到采购、从制造到物流及服务的多个环节。

近十年来，借助 BCM 的力量，华为成功应对了许多大范围的自然灾害和网络病毒灾害。例如，日本海啸、泰国洪水、尼泊尔地震，以及勒索病毒的攻击等灾害。同时，为了保障整个供应链的连续性，华为也在供应策略和整个设备运行的保障上进行了充分考虑。比如，供应策略是一种多元化的策略，华为实行的是多供应商的选择、多种技术方案，即在多个国家布局供应链和建立生产基地。针对现网运行产品，华为服务全球几百家运营商和大量的企业用户，根据对现网运行产品生命周期的预测来保障足够的库存。这就是华为在业务连续性方面采取的保障措施。

如何加强对供应商的管理？华为对供应商进行信用评级，采取优胜劣汰的制度。华为审查优质供应商的速度很快，且事后可以追溯。华为审查新供应商的速度慢一些。对于供应商，华为的评定标准很简单，就是看它的财务报表。如果一家园区小店经营得好，赚钱了，华为就会与其再签 10 年合同；如果另一家园区小

---

① 引自 2018 年 12 月 18 日，华为轮值董事长胡厚崑在东莞新园区的媒体圆桌会上的讲话，来自 14 家 Top 国际媒体的记者参会。

店不赚钱，并在与其他类似店的竞争中出现亏损，那么其自然会被淘汰。谁赚钱，谁留下；谁赔钱，谁被淘汰。背后的逻辑是，客户需求应是第一位的，让员工喜欢也很重要。赚钱的供应商必然符合这个标准。

2015 年 5 月 6 日，时任华为轮值 CEO 郭平在布鲁塞尔举行的欧洲商业峰会上指出，在欧洲 4.0 的战略支撑计划——工业 4.0 中，欧洲的企业应该有更多的全球协作，通过一个更大的生态链来吸收创新想法并整合资源，在一定程度上化竞争为合作，欧洲企业迫切需要开放出一系列领先的垂直行业应用，并使其走向全球。

长期以来，华为与欧洲的软件商、OT（光传输）设备商密切合作，共同培育健康的生态系统。例如，在 CeBIT（德国汉诺威消费电子信息及通信博览会）期间，华为与 Fraunhofer 研究所签署共同投入工业 4.0 场景研发的备忘录，还与 SAP 公司签署协议，在工业 4.0 领域展开合作，共同推出交通、油气、制造等行业解决方案。

总的来说，工业 4.0 是一个庞大而复杂的生态系统。它依赖于实时的信息和网络，需要生产设备制造商、ICT 制造商、制造类企业、研究机构和政府的共同投入及广泛联盟。

华为将运用领先的 ICT 技术，包括移动宽带、大数据、云计算等解决方案，与欧洲合作伙伴共同创新。华为愿意、也有信心助力工业 4.0 的发展，帮助欧洲实现双重战略：成为领先的市场和供应商。郭平发言的核心就是，华为要构建和谐健康的生态链，与供应商、客户等合作伙伴实现共赢。

管理不确定性：可以有异常，但不可以有意外

华为集团 CFO 曾要求财经团队"可以有异常，但不可以有意外"。没有惊喜就是最大的惊喜。换句话说，财经要给公司"确定性"。这就要求公司管理好"不确定性"。那么，什么是确定性？华为怎么管理不确定性？

我们先看看华为是如何定义确定性工作的。以下是任正非于 2017 年 12 月 13 日，在几内亚办事处的讲话内容。

我们的绝大多数工作都是确定性工作，在市场与解决方案、投标中，至少有 70%~80% 是确定性工作。在几内亚办事处的投标工作中，90% 以上的工作是确定性的，只有一少部分工作是不确定性的。在解决方案上，可能其他国家与地区已经有比较成功的场景了，那么对我们来说，确定性的成分就更高了。

对待确定性工作，我们要及时、准确、精细地完成。

我们常说"范弗里特弹药量"，它是未知的战略领域的一种说法，不是浪费的借口，市场上没有这个词。在明白的确定性领域中，分、毫都要计较的精细化管理，不可能形成铺张浪费。管理水平、质量与成本，是一点一点抠出来的。我们每个人都要在自己的领域精益求精，敢于承担责任，快速认真处理问题。业精于勤，荒于嬉；行成于思，毁于随。只有这样，我们才能成为一个高效的组织。

对于确定性的事，我们可以实行个人负责制，无须等到

月底开碰头会来决定。有时，好像一个人不发言就是不积极，其实没事找些事来问，才是极大的浪费。这就说明我们的考核系统有问题。我们应该看看那些埋头苦干的人的背影，我们要多关心那些踏踏实实、埋头苦干的员工，不要因为看不见他们，就让他们的机会比别人的机会少。

总之，确定性工作与不确定性工作也符合管理的二八原理——确定性工作占 80%，不确定性工作占 20%。实际上，不确定性工作的占比可能还要更少些。当然，在不同的组织中，占比可能略有差异。比如，对一线代表处的作战组织来说，不确定性工作的比例就要高一些，因为市场是变幻莫测的；而对总部机关的功能领域来说，不确定性工作的比例可能就要低一些。

- 对于确定性工作，我们应考核其效率与效益。
- 对于不确定性工作，我们应考核其对风险的把握。

2015 年，任正非在与埃森哲董事长会谈时指出，20 多年来，华为与 IBM 合作，把一盘散沙建成了平台；未来华为将再用 10 年与埃森哲合作，把屯兵组织变成精兵组织。一方面，华为要"掺沙子"，在各层组织中打造"钢筋混凝土"组织；另一方面，华为要打造"眼镜蛇"组织。"眼镜蛇"组织的前方是眼镜蛇的"蛇头"，它可以灵活地应对瞬息万变的市场环境。"蛇头"主要处理不确定性工作。后方的平台与共享组织是"蛇身"，为前方提供炮火与资源，主要处理确定性工作。

那么，什么是平台组织？平台组织有何功能？我们可以先从平台组织入手开展数字化转型工作，实现信息的透明、公开与共享，再逐步使各业务组织参与数字化转型。平台组织的数字化建设不能关起门来搞自产自销，要打开大门让业务组织加入进来；不要追求完美，要围绕作战场景和管理要点不断迭代优化，让数字化改进增强作战能力，要做到透视战场，要坚持变革的"七个反对"。平台的流程与 IT 建设一定要明确一个原则，就是平台组织是为作战服务，而不是为内部管理服务。企业对管理的监督可通过透明化的数据分析来实现。平台组织不是要成为全球领先的组织，而是要成为"围绕生产、促进生产"的最佳服务组织。①

后方平台组织的工作主要是确定性工作，需要精细化、自动化。以下是任正非于 2017 年 12 月 15 日在科特迪瓦代表处的讲话内容。

大量的工作是确定性工作。在确定性工作中，我们除了要保证质量外，对成本也必须分、毫必抠。通过归纳、做细、做精工作，我们也会培养出一代人来。为什么我们的产品没有美国产品那样的先进技术，德、日产品那样的高质量，以及其他竞争伙伴那样的低成本呢？我们公司的战略目标应该是企望每比特流量的成本极低。这都是各环节一点儿一点儿

---

① 2018 年 7 月 6 日，《任总与平台协调委员会座谈纪要》（华为总裁办电邮讲话【2018】065 号）。

去实践总结出来的。

自动化必定会带来人员精减，我们怎么保护好那些有经验的、努力工作的、认真负责的人的工作机会呢？所有努力的、有经验的、有能力的人，都是公司的宝贵财富，人力资源部门要采取措施保护好这些人。我们已开放了合同场景师、数据分析师、项目精算师、百客百店经理等岗位，以后还会加大开放的力度，希望通过内部劳动力市场完成调剂。在你们的代表处，我对一个从 GTS 转过来的项目核算师说过，他还可以工作 20 年。个人也要努力去创造机会，公司更需要个人在本职工作上得到晋升，能够适应新的工具。

华为应不断优化确定性流程，对其进行简化管理。华为的会议太多、汇报太多。汇报为什么多呢？原因是公司规模大，各部门之间存在不信任。这就衍生出了汇报文化、PPT 文化。

笔者也深受其害，在这里简单分析下原因。

第一，华为提倡主官的"之"字形成长，这就导致一个管理岗位的主官可能两三年内就会被换一次。有很多主官还是跨行、跨领域调过来的，并不熟悉新部门的业务。为了尽快掌握业务，新主官就喜欢开会和听汇报。新主官通过开会掌握新部门业务，以及跟利益相关人员一起决策。

第二，华为的绩效文化。在一定程度上，员工汇报得好，其绩效才会好。员工一年的工作做得好不好，主官和利益相关领导可能没有感知，但如果员工在一两次汇报中被认可，那么员工就无须担忧这一年的绩效了。而不会写 PPT、不会总结、不会汇报的员工，在考核时是很吃亏的。

第三，组织架构复杂。华为是矩阵式组织，这会带来汇报关系复杂、KPI 设置难等问题。矩阵管理有其优势，也自然有其劣势，避免不了矛盾的产生。华为的业务分工太细、管理太复杂，没有任何一个环节敢决策、能决策，效率自然低。当管理水平超过经营水平时，危机就会到来了。如果处罚通报中没有出现很多连带责任，那么责任划分就清晰了，决策主体也很明确了。当然，公司也要防止一个人背黑锅的情况出现。

简化管理、减少会议、减少汇报的前提是优化组织结构、建立基于信任的管理。管理应逐步流程化，流程应逐步 IT 化、简化，业务主官应把主要精力集中在管理不确定性工作上。为此，华为一直在不断优化劳动与资本的分享机制，即所谓的工资、奖金与 TUP 所得收入、ESOP 收入维持在 3∶1 的比例。拉车的人比坐车的人收入高，拉车的人在拉车的时候比不拉车的时候收入高。华为致力于建设"以客户为中心"的市场竞争体系，提供合乎客户需求的产品与服务，打造一条打不烂、拖不垮的钢铁供应链……

为了管理未来技术的不确定性，华为明确要求，研发费用预算的 10%~20% 应投入预研。华为将逐步从现有的应用科学领域延伸到基础科学领域，并且这个比例还要提高到 20%~30%。这个预研的结果可能是"歪瓜裂枣"，可能是"黑天鹅"，但重要的是，华为有可能实现自我颠覆——聚焦主航道，让黑天鹅在咖啡杯中飞。

谁摧毁了索尼？答案是 KPI 高绩效文化。我们处在一个创新的时代，在我们把很多不确定性、确定性工作都流程化后，我们就抑制了新东西的产生。

我们从日本、英国、美国三个国家来看不确定性管理。日本是一个严谨的国家，将规范的管理落实到了基层，车间的螺丝刀、零件、纸巾的摆放都有清清楚楚的规则，年轻人进车间工作后，需要严守这个规则，这导致年轻人的创造性消失了。英国也是讲究规则的国家，它给世界输出的文化就是规则。英国把流程规则做到最末端。美国脱胎于英国，美国的法律框架是规范化的，但这个框架管不了末端，所以美国吸收了英国文化，成了世界霸主。华为早期仅仅是一个小公司，所以它选择向美国 IBM 公司学习，学习基于流程管理的规范。如果华为不走流程化、高绩效考核的路，就会陷入布朗运动——每个分子都乱动，形不成动力。^①

华为走的路是先规范、后放开。所谓的放开就是授权。2018年 3 月，《人力资源管理纲要 2.0》提出，基于信任的管理就是要简化管理。

管理不确定性要求公司有开放的心态。华为提出要和全球各大高校、科研院所的教授合作，淡化工卡文化。如果公司"闭关锁国"、故步自封，那么当"黑天鹅"出现时，公司就会错失机遇，不确定性就可能变成确定性，即确定"很糟糕"。除了以上方法，为了管理不确定性，华为还在资源配置层面引入了预算假设管理和情景预算的做法，如下图所示。

---

① 2016 年 6 月 27 日，《任总与 Fellow 座谈会上的讲话》（华为总裁办电邮讲话【2016】069 号）。

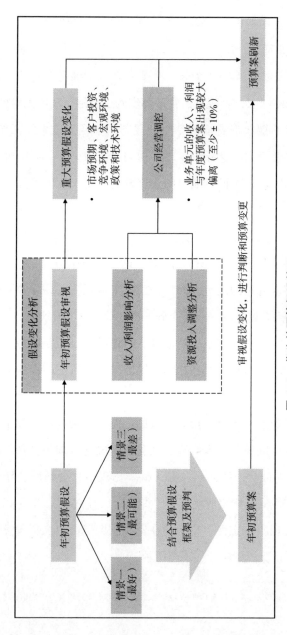

图 4-6　华为的预算假设管理

第二章 账务管理：数出一孔，数据之美

5 天出具所有报告

自 2013 年 IFS 子项目 R&A（报告与分析）推行完成上线后，华为报告的及时性、准确性得到大幅提高：财务报告、管理报告两套报告的初稿在 3 天内出具，终稿在 5 天内出具，年度报告终稿在 10 天内出具。当然，R&A 主要解决的是管理报告的问题。要知道，这可是涉及 7 212 亿元年度营业收入、19.4 万人、170 多个国家和地区的庞大业务。财务报告同时按照中国会计准则、国际会计准则、当地国家的会计准则三套会计准则出具。管理报告同时按区域、产品、客户三个维度出具。

整个报告的关键指标被做成了"仪表盘"，有权限的管理者可以动态监控公司的关键指标达成情况。这样一来，经营管理的及时性、准确性就得到了有力保障。

华为时任集团 CFO、现任董事长梁华认为，每提前一天出具财务报告、管理报告的价值是以亿元计的。笔者开始对这句话不太理解，后来看了公司财报才明白：以 2010 年 1 825 亿元的营业收入计，一年有 365 天，意味着华为每天的营业收入为 5 亿元。提早一天出具财务报告，业务主管就提早掌握了过去经营的实际数据（而不是预测数据），就有更充足的时间对接下来的工作做出更周密、细致的部署，不用习惯性等待财务结账了。这就是财务提前出具报告对业务的价值。所以说，早一天出具报告的价值是以亿元计的。按当时的营业收入，提前一天出具报告的价值为 5 亿元。2018 年，华为的营业收入为 7 212 亿元，每天创造的价值约达 19.8 亿元。

如何及时、准确、高效地出具报告，以满足不同角色、不同视角的使用者的需求呢？答案是将清业务底层逻辑，构建数据架构，搭建核算系统，智慧出具报告。财务报告的高效、准确、完整，以及管理报告对管理决策的及时支撑，离不开高度集成的全球结账管理系统和 iSee 系统。

华为的账务核算已经实现了全球 7×24 小时循环结账机制。华为利用全球 7 个账务共享中心的时差优势，在同一数据平台、同一结账规则下，通过共享中心传递结账作业，极大地缩短了结账的日历天数。24 小时系统自动滚动调度结账数据，让 170 多个系统实现了无缝衔接，每小时能处理 4 000 万行数据。共享中心"日不落"地循环结账，以最快的速度支撑着 130 多个代表处经营数据的及时获取。同时，全球 259 家子公司均要按照本地会计准则、中国会计准则、国际会计准则的要求，分别出具三种会计准则下的财务报告；还要按照产品、区域、BG、客户群等维度分别出具责任中心经营报告，这些报告都可以在 5 天之内完成高质量输出。[①]

高质量输出报告的背后，是 IFS 变革的成果。2007 年，IFS 项目群正式启动，相继启动了 13 个项目。R & A 是其中的一个项目。它解决了高质量管理报告支撑集团高层经营决策的问题。R & A 这个项目很有代表性。笔者将它从启动到上线应用的全过程提炼为以下 3 点：

1. 历时 4 年，历经 4 任项目经理；2009 年启动，2013 年上线；
2. 超强阵容：副总裁 1 人，总监级主官 7 人，资深专家 50 多人，IBM 高端顾问 10 多人；
3. 仅"责任中心"方案定稿，就经过了董事会财委会的三次讨论和 EMT 的两次表决（EMT 是华为董事会治理下的最高经营决策层）。

完成 R & A 项目后，华为有了一个"仪表盘"，它能及时、准确地反映公司经营状况。高层管理者应如何驾驭这艘超级航母，进而动态监控公司的经营状况，并及时做出关键决策？

其实早在 2003 年，财经就开发了报告分析平台。但由于缺乏

---

① 《却顾所来径，苍苍横翠微——2017 年新年致辞》（孟晚舟）。

架构规划，多年来，该平台堆叠了 2 000 多个补丁程序。一方面，无序建设导致核算效率非常低，财经人员在结账日要连夜加班，艰难收集、上报数据。各经营单元的月度经营总结会总要到次月月中甚至次月下半月才能召开，被戏称为"追悼（倒）会"。另一方面，数据的内在逻辑很难辨识出来，面对业务部门的质疑，财经人员经常自己也解释不清楚数据的由来。核算与报告已经成为财经的心头之痛。2005 年，华为财经管理团队到 IBM 总部拜访学习，其报告分析平台让现场的财经高管大开眼界。于是，财经高管决定将 R & A 作为 IFS 变革的重点项目。

核算与报告平台是开展财经业务的基石。华为决定重构财务核算与报告平台。2009 年年底，R & A 从账务、经营管理、流程 IT 等部门抽调核算方案专家，还从海外抽调了一批负责需求的识别和沟通的业务主官。最后，华为组建了超强阵容：副总裁 1 人、总监级主官 7 人，资深专家 50 多人，IBM 高端顾问 10 多人。项目历时 4 年，历经 4 任项目经理。最终，iSee 系统成功上线。其中艰辛，可谓一言难尽。随着 iSee 系统的成功上线，财经业务全面开启了财经数字化建设的新篇章。新的核算与报告平台大幅度提升了财经自身的数据核算能力（集团报告发布周期从 6 天减少为 5 天，每年新核算需求的实现周期从 5 个月缩短到 1 个月），也具备了对前端数据源质量的分析和定位能力。iSee 系统上线后，R & A 业务团队整建制保留，负责平台的持续建设。在之后的几年里，项目组不断扩充 iSee 的数据底座，不断引入新的数据分析和数据挖掘工具来强化数据应用。2015 年，华为在资金领域首次引入大数据技术，大数据技术能预测集团中长期现金流，其准确率达到 95%。

像 R & A 这样的 IFS 变革项目群，华为总共有 13 个。从 2007 年到 2014 年，变革持续了近 8 年。实际上，IFS 变革项目于 2014 年阶段性关闭后，华为便启动了 PB & F 项目。这个项目从战略规划、业务计划、全面预算、滚动预测、管理核算到绩效考核，覆盖了从战略制定到执行的端到端闭环管理的各个环节。笔者自 2014 年起全程参与了该变革项目，任该项目的方案经理，先后兼任中东地区部、东南亚地区部、俄罗斯地区部等区域的推行经理，负责方案在地区部和代表处层面的适配落地。

华为的变革分为三步：第一步是小范围试点，总结经验教训，优化方案；第二步是扩大推行范围，继续总结优化；第三步是在全球推行，IT 固化。

以笔者亲身参与的 PB & F 项目为例，该项目最初在中东地区部和南太地区部两个地区部管辖的 15 个代表处试点；2015 年起，该项目在东南亚地区部、俄罗斯地区部等 6 个地区部及下辖代表处推行；2016 年，该项目覆盖全球剩余地区部的所有代表处；2017 年，该项目继续巩固成果。

2018 年，在 PB & F 已有变革成果的基础上，华为启动 IBF（集成预算预测）变革项目。华为不断自我批判，促进项目迭代优化，不断激活组织，从未放弃苦练内功、提升能力。

日不落结账：7 个账务共享中心循环结账

1998 年，华为启动财务"四统一"变革，即统一编码、统一流程、统一制度、统一监控。2005 年，华为在全球建立了 5 个财务共享中心。华为的全球集中支付中心也在深圳落成，它提升了账务的运作效率与监控质量，保障了海外业务在迅速扩张中获得核算支撑。

截至 2019 年 12 月，华为在全球有 7 个账务共享中心：

1. 成都共享中心，负责中国地区部和北美地区部的账务核算；
2. 深圳共享中心，负责中东地区部和独联体国家的账务核算；
3. 马来西亚共享中心，负责南太地区部和日本代表处（含韩国）的账务核算；
4. 罗马尼亚共享中心，负责西欧地区部和东北欧地区部的账务核算；
5. 毛里求斯共享中心，负责南部非洲地区部和北部非洲地区部的账务核算；
6. 阿根廷共享中心，负责美洲地区的账务核算；
7. 巴西共享中心，负责巴西代表处的账务核算。

由于这些共享中心分布在全球不同时区，因此，它们可以不受时差影响，实现"日不落"循环结账。华为 CFO 孟晚舟在《却顾所来径，苍苍横翠微——2017 年新年致辞》中提到，华为的账务核算已经实现了全球 7×24 小时循环结账机制，充分利用了共享中心的时差优势。在同一数据平台、同一结账规则下，共享中心接力传递结账作业，这极大地缩短了结账的日历天数。24 小时系统自动滚动调度结账数据，让 170 多个系统实现了无缝衔接，每小时能处理 4 000 万行数据。共享中心"日不落"地循环结账，以最快的速度支撑着 130 多个代表处经营数据的及时获取。

华为要求全球 259 家子公司均要按照本地会计准则、中国会计准则、国际会计准则的要求，分别出具三种会计准则下的财务报告；子公司还要按产品、区域、BG、客户群等维度，出具责任中心经营报告。两套报告都要在 5 天之内高质量输出。

对标最严格的监管标准，做最真实的财报：财报内控

华为账务有句口号：不为客户负责，不为业务负责，不为领导负责，只为真实性负责。

华为是 2019 年《财富》世界 500 强里唯一没有上市的跨国企业。作为一家有 96 768 名员工持有公司虚拟受限股股份的公众公司（截至 2018 年 12 月 31 日），华为致力于树立公开透明的市场形象，实现严格的内部管理制度。安然事件后，财报合规问题也作为华为的内部要求被提上日程。

2013 年年初，为了提升财报质量、内外合规，华为决定建设财报内控体系，实现账实相符，以规则的确定来应对结果的不确定。项目由账务管理部和内控与企业风险管理部主导。

财报内控，顾名思义，是提升财报数据质量的内部控制机制。

315

财报内控的流程责任制度使各流程 Owner（责任人）承担起了相应的责任。华为将严惩出现严重财报数据质量问题的流程 Owner。

财报内控是手段，账实相符是目标。华为确立了清晰、有效的财报责任机制，明确了各级管理者的财报内控责任，清晰定义了各级 CEO 的责任，确保了财报内控的质量。

作为财务报告和财务数据的 Owner，财经组织承担了财报内控的责任，并负责建设机制、流程、制度，为各级业务主管提供赋能和管理工具。

事实上，自 2000 年起，毕马威作为华为的独立外部审计师，连续 19 年都对华为财报的审计报告持"标准无保留意见"的态度。这表明，华为的财报是公允可靠的。

但这并非是水到渠成的结果。每到结账日，上千名会计通宵达旦地连轴转。华为有 200 多家子公司，每个子公司有 30~50 个会计监控点，一个月约有 4 万单合同；到季度、年底业务冲刺期，会计几乎需要每天检查监控点；对于因业务操作不规范而造成的数据异常，会计更需要与业务人员反复沟通、调整；有时一笔存在异常数据的调账，需要会计手工匹配几万行的明细信息，这甚至会让电脑死机。这样"人拉肩扛"式的工作方式，显然难以负荷华为越来越大的体量。在海量调整的背后，也隐藏着业务操作不规范，甚至由业务造假导致的"账实不符"的问题。

2014 年，华为要求员工在 12 月 31 日前进行虚假收入自我申报，并规定在限期内自我申报的人员可免责。对于未申报而在随后的稽查或审计中被发现有虚假收入的人员，华为直接按违反

BCG（商业行为准则）对其进行严肃处理，严重者直接除名或追究刑事责任。结果，各地区部总裁申报的虚假收入达 × × 亿美元。在高压态势下，2015 年的数据降至 × × 万美元。

财报内控如何让财报真实、自然地反映业务？为了摸清现状，华为聘请毕马威顾问做了一次严格的财报内控评估。评估工作刚开始不久，项目顾问反馈："我们的 10 个专家在两周时间内阅读了几千份流程文档，还是很难看懂华为财报的数据流向。"这是大多数公司的问题：财经与业务之间未完全拉通，存在断点，缺乏完整的逻辑和统一语言，缺乏既定的对话及融合机制；从交易开始到最终核算的全过程，无法通过基础数据清晰呈现。华为要想解决这些问题，必须让财经和业务真正握手，统一语言和逻辑，实现"1+1 > 2"，这意味着华为的财报内控必须要走财经与业务深度融合的道路。业务数据的客观、完整、准确，直接决定了财务报告的质量。因为财务并不直接产生数据，财务只是大数据的搬运工。财务通过确定的规则（如国际会计准则），将业务数据转换成国际通用的报表数据。

所有的财务数据都来源于业务部门。问渠哪得清如许，为有源头活水来。唯有前端流下来的水是干净的，后端的财报才能准确。因此华为要保证财务报告的质量，就必须从业务数据的质量管理做起，这就是财报内控。

账务共享中心收到的投诉大多都是与收入相关的投诉。有人抱怨道："还有多少收入需要反冲？因为合同文档不合格、回款没拿到而要被反冲的收入，我们总是最后一天才知道，而这其中的一些合同触发都快一年了。财务作为监管部门，总要提前预警下吧。"

事实上，这样的质问，笔者在一线也碰到过。虽然笔者当时并不负责核算，但在业务主管眼里，出现收入反冲肯定是财经的问题。在业务人员看来，财务数据质量是财经的责任，业务只负责签合同、打粮食，但他们却没有意识到，只有业务人员输出正确的业务数据、管理好相应的文档，财经才能产生正确的财务数据。

2014 年 7 月，集团 CFO 签发《财务报告内控管理制度》，在公司层面正式明确了各级 CEO、CFO、流程 Owner 的财报内控责任，财报内控机制确保了结果的可持续性。

2014 年 8 月，董事会财委会签发《对虚假确认销售收入行为处理的决议》，规定"给予收入造假行为相应的纪律处分"，旗帜鲜明地表达了对收入造假的"零容忍"。

2014 年 9 月，集团 CFO 签发《关于启动财报内控责任函签署的通知》，290 名 CEO 及 CFO、41 名流程 Owner 及 1 032 名业务主官在财报内控责任承诺函上签字。

2014 年 10 月，EMT 通过《关于对业务造假行为处理原则的决议》，明确"如果因业务造假而导致财报不真实，那么集团将给予直接责任人解除劳动关系的处分"。

除了明确业务需承担财报责任之外，项目组如何建立一套可量化、可衡量、可管理的财报内控评估机制？答案是确定关键性指标，新旧结合。"旧"是指在财报内控工作开展之前，账务有很多监控业务合规性的指标，项目组需要对这些零星指标进行体系化整理。"新"是指新识别出来的问题。最终确定的关键性指标将被嵌入业务流程中度量。经过半年多的摸索和优化，项目组建立了一套财报内控评估机制。

测评的开展，也带来了业务管理的改进。以前的评估不够系统，评估与后续的改进脱节。现在的评估点面结合，重点突出，全球基于同一把尺子统一语言和标准，形成了合力，成为全面牵引改进的利器。IBM 顾问赞叹，有了这个管理工具，华为的财报内控管理已经比很多已上市的跨国公司更先进了。2014 年年底，项目组对全球各区域和各部门的财报内控进行摸底测评，并首次公开晾晒结果。其中，两个地区部的测评结果为"很不满意"，地区部总裁当场责成下属改进。同时，P 国的收入造假事件也被公开通报，代表处 CEO 及相关业务主官随即被弹劾。

财报内控首次公开晾晒便初露锋芒，这让业务人员感受到了巨大的压力，于是，各个业务部门迅速开始整改。压力传递到一线后，财报内控的影响力空前提高。通过这种"短平快"式的改进，财报内控的部分 TOP 问题得到了快速改善。

笔者自 2016 年 4 月起常驻海外，此前在印尼雅加达、阿联酋迪拜均工作过。笔者每周都要过财报内控问题，哪怕是 1 分钱，BC（业务主官）和 PC（流程主官）也会揪住你不放，直到你处理完为止。这个过程是非常痛苦的。当然，痛苦的过程带来了清爽的结果：数据和报告的清洁。

变革者在推行变革的过程中，难免会听到反对的声音。面对这些声音，财经管理团队应抱有坚定的意志。项目组成员也需要深入一线，加强实地考察和调研，充分听取一线的意见并思考如何进行系统性改进。

2016 年 8 月，内部审计部对集团销售收入进行了风险管控评级，首次给出"满意"的结论，跨年风险收入比例明显下降，达到华为史上最佳水平。2016 年年底，华为集团整体财报内控测评达到了"基本满意"的标准。如前所述，2014 年，业务主官申报的虚假收入高达 ×× 亿美元。2015 年，该数据降至 ×× 万美元。2016 年，虚假收入基本被杜绝。在此期间，会计调账率下降了 ××%，付款合规性大幅提升，支付准确率的部分指标达到了业界最佳水平。外部审计师指出，华为的会计处理和内部控制得到了持续改善，报表质量逐年提升，审计识别的差异及调账事项持续下降，尤其是收入成本得到了明显改善，调整率低至 ××%。按照推行 5 年的目标，这个项目已经阶段性关闭。从华为不断挑战自我、永不满足的企业文化来看，财报内控项目虽已结束，但华为对财报质量的追求不会停止。

华为财经现在约有 8 000 人，其中账务管理部的员工数量占全部员工数量的 1/3，也就是 2 000 多人。账务管理部是集团财经体系里人数最多的部门。账务是基石。清晰的核算是开展一切经营活动的前提。但要做到、做好这项工作，并不是一件容易的事。

核算是战争指挥权

对准最严格的监管标准、做最真实的财报的前提是有一个清晰的核算。而公司应基于一系列的外部规则（比如国际会计准则）和内部管理诉求（比如战略牵引、管理意图），制定内部核算政策。核算政策应有利于公司出具及时、真实的报告，应反映业务实质、支撑业务决策。对于核算的作用，任正非有一个论断：核算是战争指挥权。如何理解这个论断？

2015年1月15日，笔者在中东地区部I代表处试点推行PB＆F变革项目时，专门写了一篇文章——《一张图看懂"核算是战争指挥权"》（见图4-7）。

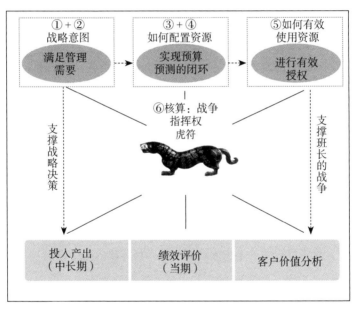

图4-7　"核算是战争指挥权"图解

注：①②③④⑤⑥分别是全面预算管理变革项目的6个子方案，①拉通业务财务的SP，②战略预算显性化，③项目预算与责任中心预算衔接，④基于管道和业务计划的预测，⑤弹性预算管理，⑥做厚客户界面的核算。

做厚客户界面的核算，就是要让核算真正成为战争指挥权。

本图/文的思路：以"核算是战争指挥权"为中心，来审视全面预算管理试点推行项目各方案之间的逻辑关系。

战争指挥权有 3 个特征：

1. 满足管理需要；

2. 实现预算预测的闭环；

3. 进行有效授权。

首先，核算必须满足管理需要。就是说，核算的目的是承载管理的诉求。未来公司的投入方向在哪里？投入什么产业？投入哪些区域？投入哪些客户？这些问题的答案就是公司的战略意图，它们来源于公司的战略规划。当这些战略意图转化成具体的投资行为时，核算方案必须清晰呈现投入产出结果。这样，公司通过对投入产出进行核算，满足了管理需要。

其次，核算必须实现预算预测的闭环。战略意图明确后，公司就要考虑投资行为了。投资行为的实质是如何配置资源。举个例子，战略意图明确了投入产业，那么具体投入哪个产品/产品组合，投入多少，如何控制投入节奏，就是预算要回答的问题。资源的配置策略确定后，公司要通过及时的预测来动态调整策略，并通过核算的财务结果来验证策略的有效性。这样，核算就成为绩效评价的工具，并同时实现了预算预测的闭环。

再次，公司必须进行有效授权。如何有效地使用资源？如何让听得见炮声的人来呼唤炮火并进行决策？答案是对一线进行有效授权，以支持班长的战争。对代表处而言，面对客户界面的系统部就是前沿阵地，系统部主任就是班长。对系统部主任的人、财、事的有效授权，使其权责对等，就是支撑了班长的战争。授权之后，一线就掌握了班长的行权。行权的结果是资源的消耗和经济利益的回收。比如收入的增加，货款的回收，等等。公司应基于历史贡献的客户价值分析、未来可能贡献的潜在客户价值分析，形成最终的客户价值分析，进而验证授权的效果。这是核算的终点，同时又是新的一轮对战略意图重新审视的起点。接下来又是如何配置资源、如何有效使用资源的又一轮业务循环。

笔者认为，核算作为战争指挥权，不仅要具备三个特征，即满足管理需要、实现预算预测的闭环、进行有效授权，更要把握 8 个字——应有尽有，应无尽无。尤其是应无尽无。就是说，公司除了在客户界面的应收尽收、投入产出、价值分析这些核算方面做到应有尽有、没有重大遗漏之外，还要考虑成本效益和简化管理的原则，做到应无尽无。比如一些对客户界面不重要的分摊费用，公司不应对其进行核算。而难点在于识别什么是"应有"，什么是"应无"。这又是一个把握灰度、动态平衡的痛苦过程。核算质量决定报告质量，报告质量决定决策支持质量。财务报告不是财务一个部门的作品，而是所有人共同的作品。

为了提升核算质量，2005 年起，华为陆续规划了一系列的变革项目：新四统一项目，即搭建全球统一的会计政策、核算流程和 COA（会计科目表）体系；海外 ERP（企业资源计划）实施项目，统一海外核算系统；共享海外的核算组织，7 个账务共享中心相继成立，等等。

变革是一个很苦很累的过程，因为变革不像销售，它不会产生立竿见影的效果。况且，变革是对固有思维、现有状态的改变，甚至颠覆，其难度可想而知。只有经历过的人才知其中的艰辛。比如巴西 ERP 先后经过了四次变革才最终得以实施。巴西 ERP 于 2005 年首次启动，在业务、IT、财经和账务的共同努力下，直到 2011 年 4 月才成功上线，历时 6 年多。好在华为聘请了 IBM 顾问，有老师手把手、不厌其烦地教授。7 个账务共享中心就是这样建设起来的。

每个公司都可能面临这样的问题：规模持续增长，新业务、新领域、新商业模式层出不穷，如何准确反映业务，高效支撑业务成功？如何确保规模增长下的财报稳健？如何坚持原则，融监控于服务，支撑业务成功？

答案是高质量的核算与报告。它能更好地助力经营，支撑业务决策。

从"外蒙估"到"内蒙估"

华为早期的财经常被任正非批评为"非常落后"，后来变成了"比较落后"，直到 2018 年 1 月 16 日，任正非在财经部座谈会上正式宣称："财经在经线管理上已是世界一流，要加强纬线的管理优化。"

早期财经之所以老被批评为"非常落后"，主要因为它们总是算不清楚账，缺乏系统、结构化数据。用任正非的话说就是"外蒙估"："当年你们是连账都看不懂的'草莽英雄'，冲上战场，蒙一蒙、估一估就定了，后来你们变成'内蒙估'，现在你们变成优秀的职业经理人，甚至是将领。"所谓"连账都看不懂"，并不是谦虚的说法，而是账没算清楚或者确实看不懂。账算清楚了，有没有利润，有没有贡献，就一目了然了，不用"蒙""估"了。

2018 年 11 月 16 日，任正非在干部管理研讨会上表示，要重视质量建设，这个"质量"不是指交付，而是指以财务为中心，重视财务指标，重视财务贡献。现在每个地区的口号有很多，但财务指标不能光看总体贡献量，更要看人均贡献量。华为致力于提升业务主官的经营意识，从"外蒙估"变成"内蒙估"。

走向公开：轮值 CEO/CFO 面向全球公开披露财报

2011 年，华为正式成立企业 BG 和消费者 BG。在此之前，华为主要的业务是运营商业务，即 2B 业务；客户是电信运营商，全球也不过 1 000 家左右，而为华为贡献 80% 以上收入的只有 TOP 50 客户。华为内部称之为"大 T"系统部。华为在片区联席会议管理团队的客户群业务部下，成立了 20 个这样的大 T 系统部组织，即直接面向客户、服务客户的组织，如中国移动系统部、中国联通系统部、Vodafone（沃达丰）系统部。① 也就是说，华为只要"以 TOP 50 客户为中心"，基本就能获得 80% 以上的运营商

① 公司每年根据客户对华为的战略价值和经济价值的贡献而动态调整部门成员。为维护客户关系和体现"以客户为中心"，大 T 系统部的成员结构一般比较稳定。

收入。因为 2B 的业务特点，华为在 2011 年之前的公共关系奉行的是低调的"鸵鸟"政策：不见媒体、不做广告、不接受采访，闷声发大财。

2011 年后，因为拓展了两个新业务——企业 BG 和消费者 BG，华为开始从 2B 业务转型到了 2C 业务。华为先是成立了公共及政府事务部，这个部门专门负责面向全球的公司画像定位与宣传。然后，华为定期召开全球媒体会议，公开发布年报。笔者自 2013 年年底参与这项工作，是华为高管公开发言支撑团队成员之一，直至 2016 年 4 月开始常驻海外。

事实上，早在 2000 年，华为已开始例行发布年报。但直到 2013 年 4 月 8 日，华为才在深圳正式发布 2012 年年度报告。这是公司高层第一次面向全球主要媒体，正式发布审计后的公司年报。这展现了华为进一步的开放和透明。来自新华社、中国新闻社、道琼斯通讯社、路透社、彭博社、《福布斯》、法新社、《金融时报》、《第一财经日报》、《经济观察报》的全球和中国的媒体记者参加了发布会。华为副董事长、轮值 CEO 郭平和集团 CFO 出席了发布会，就华为 2012 年的经营结果、华为对行业的观察、华为未来 5 年的整体战略展望，向各个媒体记者进行了通报，并回答了媒体记者的提问。

郭平说："在即将发布的年报里，我们对公司的治理情况，对董事会、各委员会和各 BG 的运作情况，进行了更多披露。华为虽然还不是上市公司，但我们决定不断提升自己的透明度。2012 年，华为高管和董事会成员都在更多的公共场合发出了自己的声音，华为创始人任正非也在欧洲竞争论坛和圣彼得堡国际经济论坛上做了主题演讲。"

自那之后，华为每年由轮值 CEO 和集团 CFO 面向全球媒体发布经审计的年度报告。笔者也有幸参加了 2014—2016 年财经领域的支撑工作，直到 2016 年 4 月被派驻印尼雅加达。2014 年 3 月 31 日，华为轮值 CEO 徐直军和集团 CFO 发布经审计的 2013 年年度报告。2015 年 3 月 31 日，华为副董事长兼轮值 CEO 胡厚崑和集团 CFO 发布经审计的 2014 年年度报告。2016 年 4 月 1 日，华为副董事长兼轮值 CEO 郭平和集团 CFO 发布经审计的 2015 年年度报告。2017 年 3 月 31 日，华为副董事长兼轮值 CEO 徐直军和集团 CFO 发布经审计的 2016 年年度报告。2018 年 3 月 30 日，华为轮值董事长胡厚崑发布经审计的 2017 年年度报告。2019 年 3 月 29 日，华为轮值董事长郭平发布经审计的 2018 年年度报告。

除了例行发布年报，华为也越来越公开、透明、开放。2018 年 9 月 20 日，任正非在公共关系战略纲要汇报会上指出："未来公共关系的价值观与战略纲领是'合作共赢'，需要一个开放的思想架构。你们就是一把'伞'，可能与业务部门有冲突；各唱各的调，也没有什么不好；他们做他们的'矛'，没有必要步调一致。合作共赢是公司的大思想，实现它的过程是困难的，我们要允许部门不听话，慢慢会转过来的，这就是华为……公共关系以前主要是对外的一块盾牌，以后不仅是对外的盾牌，也是对内思想转变的催化剂。因此，对内、对外都需要公共关系。我们应学打太极拳，少接触少林寺，不应咄咄逼人，可以自黑，不可以自夸。

在《远方的家》中，一个师傅轻轻柔柔的太极舞动让脚下的沙土出现一对浅坑，可见其内功之大。华为员工要多练内功，内功的强大才是真正的强大，抗住外部压力要靠内功。公共关系与心声社区应多推动大家练内功，思想的修炼不是一天能完成的。现在的社会过分夸大了华为的成绩，这是有害的，别让我们的年轻人以为公司真的成功了，然后开始自我麻痹。"

在公共及政府事务部 2015 年工作汇报会上，任正非要求公共关系做"和事佬"："公共关系部不是一个强势的部门，而应扮演一个和事佬的角色。如果有人希望公共关系部成为一个进攻型的组织，帮助公司解决问题，那么我认为这种观点反而是错的。"

2010 年，任正非首次提出"开放、妥协、灰度"，要求公司全体员工更加开放，公司更加透明。自此，华为开始打造"身份的证明"，即公司画像。华为聚焦主航道，系统制定传播主体框架，以碎片化宣传的方式，在 CSR（企业社会责任）系列活动、高管公开发言、身份证明广告、高访接待、媒体参观和采访、区域和BG 公关活动等活动中渗透"身份的证明"。同时，华为还充分借助了网络媒体、微博、微信大 V 的影响力。

难能可贵的是，任正非拥有开放的心态，允许正面评价（60%~70%）和负面评价（30%~40%）同时存在，"水多了加面，面多了加水"。舆论不必千篇一律唱赞歌。"身份的证明"传播主题框架的核心是，负责任的稳健经营者、创新的信息社会使能者、合作共赢的产业贡献者。

这些策略使华为越来越公开、透明、开放。

第三章　运营效率和影响力管理

华为一直倡导简化管理，不断提升运营效率。但作为一个拥有19.4万人（截至2019年10月底）的庞大组织，华为一直被内部员工吐槽流程复杂、效率低下。

如何简化管理、提升运营效率？

2018年3月12日，任正非在《关于人力资源管理纲要2.0修订与研讨的讲话纪要》中指出，未来华为的管理要从过去的不信任管理体系，向信任体系转变：

华为应思考如何从过去的不信任管理体系向信任体系转变。华为应在内、外合规的情况下，多产粮食，减少不必要的汇报，让管理层级缩小，让作战的力量多用在产粮食上。

首先，华为要厘清在"天"与"地"管控下，历史上"一棵树"的管理是如何夯实的，有什么经验教训。我们要先强调30年来公司的单一业务是怎么管好的，然后再横向拓展到多棵树的管理设想，针对差异化的"多棵树"管理进行探讨。"一棵树"的管理经验是基础，我们应好好总结过去的管理经验和现存问题，再纵向明确下一步管理该如何扬弃、优化。

为什么公司一直强调要聚焦主航道呢？因为每增加一个业务就给管理系统增加了几千个管理点，这对管理进步的牵制很大。目前，我们"一棵树"的管理尚不优秀，"多棵树"管理会不会冲乱了管理体系？我们要从有效管理的角度先解剖和改进"一棵树"的管理。比如延标、拆单等就是"一棵树"上的现存问题，现在机关随便说"NO"的文件有7 000个，流程一到，这里就被卡住，那里又被卡住，处理速度很慢。流程改革究竟有多难？只有用的人才知道，欲哭无泪。运营商业务这一棵树上的管理问题依然如此复杂，多棵树我们会不会乱成一团麻呀！我们目前的管理还有很大的优化空间。我们要研究八爪鱼的控制系统，它的2/3神经元在爪尖上，所以它的几根爪不会打架。爪尖的小脑与中央大脑如何协同？这也使我们明确天地之间多棵树，树与树之间管理原则上不要有相关联的思考。树之间的关联主要是通过天、地相关联的。

2014年以来，华为推行"以功能为中心，向以项目为中心转变"，一线"由屯兵组织向精兵组织转变"，目的是将能力中心变成大部门，简化管理。

"5个1"项目：经营视角驱动业务目标达成

2014年，为了提升运营效率，支撑业务目标达成，华为启动了为期5年的"5个1"项目。

"5个1"目标：合同/PO前处理1天，从订单到发货准备成品1天/站点设备1周，从订单确认到客户指定站点1个月，软件从客户订单到下载准备1分钟，站点交付验收1个月。这些目标主要是业务目标。

华为推行"5个1"项目的背景，是通过持续的管理变革建立起IPD、ISC、IFS、LTC等流程。但各个流程主要提升的是本领域的业务运作效率，对流程之间的集成打通关注不够，缺乏从经营组织的视角，驱动流程集成以支撑业务目标的达成。

"5个1"是泛网络中直销业务下的运营效率改进目标，华为计划在3~5年内实现。各代表处、各地区部、各功能部门及各流程Owner，都要围绕此目标找差距、找根本原因，协同改进，按照计划推进目标的达成。

华为面向经营对象，尤其是代表处的流程集成与贯通、数据一致、IT集成，支撑一线业务实现"5个1"目标。相关流程GPO是"5个1"推进工作领导组成员。各领域抽调专职人员组成"5个1"目标推进总体组，负责目标解码、方案协同、进展监控。"5个1"目标的改进被固化到流程中，"5个1"目标是流程化运作效率与质量的评判标准。"5个1"是业务目标，但若这些业务目标达成了，那么财务目标也必有改进，运营资产效率必然提升。

  "5 个 1"的提出，源于对标爱立信。虽然华为 2012 年度的营业收入规模已超过爱立信，位居通信设备供应商全球第一，但其内部运营效率一直未达到爱立信的水平。根据 2013 年 4 月 8 日华为公布的 2012 年年报，华为的全球销售收入为 2 202 亿元，净利润为 153.8 亿元。此前爱立信已公布 2012 年年报，营业收入为 2 278 亿瑞典克朗，同比微增 0.4%，净利润为 59 亿瑞典克朗，同比下降 53%。这意味着，世界上最大的通信设备供应商在 2012 年年底正式易主。

  1876 年，爱立信在瑞典首都斯德哥尔摩成立。作为一家运营了 140 余年的老牌跨国电信巨头，爱立信的内部运营效率做到了业界最佳，也实现了"5 个 1"。实现的关键并不在于供应链环节，以及让经营单元承担成本的规定，而是爱立信从业务和产品交付本身的规律出发，端到端考虑方案，特别是产品标准化和服务标准化。爱立信的产品标准化率达到 80%，服务标准化率也非常高。爱立信对产品配置包、服务新建、扩容、软件、硬件进行规范化管理，其报价语言、供应交付语言、服务交付语言也完全拉通。从报价环节开始，爱立信就引导客户购买标准化产品（低于定制产品价格 30% 以上）。只有标准化的产品生产和服务交付，才能形成全流程的高效。如果 80% 的产品和服务都标准化了，那么综合效率必然大幅度提高。

  如何做到"5 个 1"呢？重点是围绕仓库做好管理，第一次就把事情做对。2014 年 7 月 7 日，任正非在全球仓库大会上提出，华为应加强全球的仓库管理，要有学习爱立信管理的决心，5 年后

（即 2019 年）要赶上爱立信 2014 年的水平。"管理要进步"，就是实现"5 个 1""账实相符"。他认为，这些年的"管理要进步"已经逐渐开始清晰，这是向爱立信学习后得来的。如果不是前几年追求改变，那么今天华为不会有这么好的效益。"管理好"的目的是多产粮食。为了摸清仓库管理的情况，任正非还让工程稽查部提前去区域暗地调查，发现问题。

2019 年 10 月 8 日，任正非在日落法人力资源秘书处及 AT 运作优化工作汇报上提出，华为内部的改革已初见成效。从 2019 年 9 月的财务报表来看，华为的利润有显著增加，这不乏管理改进、流程改进的贡献。

清淤，挖土豆

作为通信设备供应商，华为的资产负债表中有很多应收账款、物料存货等运营资产。这些资产若管理不善，就会抬高资金占用成本，侵蚀经营单元的贡献利润。而财经部门作为运营资产的行业管理部门，对此负有管理之责。因此，财经主导的"清淤工程""挖土豆工程"应运而生。

所谓清淤，就是清除历史遗留问题，如超长期应收账款、呆死物料等，主要是降低内部运作成本。所谓挖土豆，就是发掘细分市场、细分领域，寻找增长机会，在现有的存量市场中挖掘机会点。

例如，2016 年，某代表处为了清淤，提出差异化考核方案，牵引队伍胜利：考核方案对准公司战略，针对代表处的特殊场景，采用差异化考核，将传统经营类 KPI 权重下调到只有 ××%，而将战略竞争项目目标和历史清淤（主要是超长期存货和应收账款）的权重调整到 ××%。

　　笔者曾常驻的 Y 代表处，在华为全球 100 多个代表处中，一直是综合排名第一的大代表处，但也是经营压力最大的代表处。201× 年，该代表处的财报内控只得了 ×× 分，排名全球倒数，被列为公司"内控长期改进不明显"的 24 个代表处之一。201× 年，Y 代表处成立了"清淤，挖土豆"项目组，联合账务、业务、机关、区域多个领域，对财报内控涉及的历史问题进行挖掘清理，比如站点存货因各种挪窜货打包报价而账实不符，收入成本确认不合规，异常超长期开票未回款等。经过一个多月的评审决策、实际操作，Y 代表处最终如期完成了 H 系统部 2 000 多万美元的超长期存货清理，解决了地区部 TOP 1 的账实相符问题。

　　这样的"清淤，挖土豆"专项小组还有很多，分散在不同领域、不同区域，是直接创造价值、挖掘内部经营潜力的主要力量。它们使华为的经营质量不断提升，财务结果越来越好，运行越来越安全、越健康。

洗盐碱地：功成不必在我

　　为了防止短视行为，鼓励长期行为，华为通常会对战略目标进行管理。各 BG 的战略规划部通常需承担这一职责。譬如，ICT

区域战略规划部会例行运作月度沟通会，促进战略目标管理的持续优化和改进；同时，搭建内网社区沟通平台，请机关和区域提出建议和意见。

很多企业在实践中都会面临"盐碱地"困境：当期无收益。但企业现在不做，将来后悔。如何评价长期的战略贡献？不重视今天的"盐碱地"，明天就会陷入"成功的魔咒"——成功之后衰败，创新之后懈怠。如何管理"盐碱地"绩效、激发员工、换取未来的持续胜利？笔者在经营管理部时，经常面临以下场景：

1. A市场开拓团队，持续多年没有破局，几任项目经理，若干客户经理，人员的职级、奖金等比其他市场低。如何评价A市场开拓团队的贡献？

2. B市场屡败屡战，但201×年10月，B市场进入首都价值区域，规模搬迁现网设备，一举扭转了格局，公司重金奖励项目组，多位项目关键成员晋升1~2级。一将功成万骨枯。如何评价历史上前任团队的贡献？

3. 正常市场追求结果导向，它关注收入、利润、现金流。C总在洗盐碱地时，没有收入、利润、现金流。这让C总在评议的关键时刻，丝毫不占有优势。

华为通过引入战略目标管理，解决这些面向未来的"盐碱地"考核问题。

首先，在战略层面上，高管圈"盐碱地"，明确战略目标。一篇《绩效主义毁了索尼》的文章，让不少主官和员工认为绩效管理会导致短期化，让公司急功近利、不关注"盐碱地"，进而让公司丧失未来。绩效管理是指识别、衡量以及开发个人绩效和团队绩效，并且使这些绩效与组织的战略目标保持一致的一个持续过程。它有两个关键点：

1. 战略目标分解落地，上下对齐，力往一处使；
2. 持续识别、衡量和开发绩效的持续管理。

绩效管理是让公司执行战略的工具和方法，它无法让公司做出战略选择。如果公司在战略层面就关注短期，没有明确具体的长期目标（SMART 化），那么强考核的绩效管理所具有的放大效应只会让基层更加关注短期。管理者期望基层员工拿着卖白菜的钱，操着卖白粉的心，关注长期，这是"耍流氓"。在公司不知道目的地的情况下，绩效管理只会助纣为虐，放大公司的失误。所以，公司要确定长期战略目标。

其次，投入、考核、激励等指标必须在组织层面单列。"盐碱地"不会对今年的产出产生影响，但今年不洗盐碱地，明年就会后悔。对一线而言，当期绩效搞不定，马上"被下课"。大量的紧急事件让公司搁置长期绩效，挤压洗盐碱地的团队。优先搞定当期绩效的做法，让本来就人力紧张的"盐碱地"团队雪上加霜。按照《勇于创新——组织的改造与重生》《创新的窘境》的总结，绝大多数团队都是由承担当期绩效的主官掌握资源。当期绩效好度量，有直接数据，主官的压力和思维惯性自然就偏向了当期绩效。所以，投入、考核、激励等指标必须在组织层面单列。譬如，公司应做关于战略规划考核激励牵引新业务增长的专题，从投入、考核和激励三个维度分析新产业的情况。从分析结果看，奖金被归到某一级水平，并被同级比较，新业务水平整体不低于平均水平。组织机制保证整体不吃亏，组织承担部分失败风险，降低"盐碱地"团队的后顾之忧。

再次，公司应基于各阶段的关键里程碑和 PBC 目标 / 战略目标细化考核。公司应避免将结果导向与销售额挂钩。绩效不仅仅是指销售额，而是员工在本岗位的有效产出和结果。同时，公司应采取谨慎的原则。对盐碱地的评价指标，不一定是签单，组织建设、客户关系、营销活动、进入短名单、降低竞争对手商务报价也应成为评价指标。一些定性指标也可以作为战略目标。例如，行销活动达成了什么效果，而不仅仅是开展了几场营销活动。

最后，成功突破"盐碱地"的人可获高额回报。正是硅谷的创新机制——充分竞争、产权保护、成功后的高额回报，让"盐碱地"上结出了累累硕果。他山之石可以攻玉，对于"盐碱地"项目，公司要敢于奖励，比如突破后的破格提拔。实现高额回报需要好的奖励机制，不管是坚持下来的人，还是后来的成功者，一旦成功就能获得高额回报，建立稳定的预期是导向冲锋的关键。任何公司都有自己的"盐碱地"。华为的经验被总结为 4 个关键点：

1. 在战略层面上，高管圈"盐碱地"，明确战略目标；

2. 投入、考核、激励等指标必须在组织层面单列；

3. 公司应基于各阶段的关键里程碑和 PBC 目标 / 战略目标细化
   考核；

4. 成功突破"盐碱地"的人可获高额回报。

公司可以通过战略目标管理，让大家默默耕耘，为大家树立
"功成不必在我"的意识——既能冲锋打粮食，又能洗盐碱地，增
加土壤肥力。

KPI 管理：平衡短期多产粮食与长期增加土壤肥力

前些年，一篇《绩效主义毁了索尼》的文章让 KPI 成为众矢
之的。华为强调结果导向，考核、晋升、任命等都基于责任和贡
献，是强 KPI 考核及应用的公司。但强 KPI 考核的负面影响也越
来越大。2014 年起，华为开始强调作战重心前移，简化 KPI 管理，
从成功实践中选拔干部，加强组织激活，贯彻物质文明与精神文
明双驱动激励。比如对于一线地区部总裁的考核，原来的 KPI 将
近 20 个，每个职能部门都要设一个考核指标，以提升其影响力，
加强管控。按任正非的说法，这样的考核是为了刷存在感。后来，
一线向公司战略规划部反馈 KPI 太多、不聚焦，时任轮值 CEO 徐
直军要求把对一线地区部总裁的考核指标控制在 10 个以内。

公司也意识到了 KPI 考核中的问题。2015 年 8 月 26 日，总裁
办绩效测评部和人力资源部就华为 KPI 工作进行小结。时任董事

长孙亚芳针对KPI工作开展中的一些问题，强调了几个重点注意事项。

第一，KPI体系的建设要有系统性和全局观念。长江防洪抢险指挥工作就是一个系统性和全局观念非常突出的实例。长江中下游地区有七八个省、市，如果每个省、市只从自身利益出发，维护和强调本地区利益的重要性，那么这将给整个国家造成巨大损失。因此从全局角度出发，为了使整体利益损失最小，有些地方就要炸堤泄洪，牺牲局部利益。这个例子说明公司对KPI的绩效测评，不能只强调本部门、岗位、个人KPI的完成，必须要有系统性和全局观念。作为公司KPI工作开展的归口管理部门，绩效测评部的KPI工作应以有利于公司整体目标的实现为着眼点。一是KPI工作要体现部门以公司关键成功因素为核心，要在"责任"前提下确定好本部门的"K"因素；二是业务流程指标要反映出不同部门在业务过程中的内在联系，使业务流程对部门KPI起到支持作用。如果不从公司战略目标这个全局出发，而是一味地追求部门、岗位的KPI的完成，那么这会导致部门KPI完成了，而公司整体绩效却下降了。

第二，公司应同时考虑"收成"指标和"松土"指标，正向引导业务部门的绩效管理。绩效测评部与人力资源部应该充分沟通、共同推进KPI工作。KPI不仅是事后的考评与检查的目标，它还是正向导引公司各部门、各岗位绩效改进的方向和目标。以市场部的KPI为例，绩效测评部汇总的KPI并不能客观地反映市场部目标，这些指标更多地在为销售、市场服务。有些部门在建

KPI 体系时只看到"打了多少粮食"这一表面的结果性指标,而没有看到松土、施肥、杀虫这些隐含的过程性关键指标,这种建体系的方法是片面的。因此,公司在建 KPI 体系时,要同时考虑"收成"指标和"松土"指标。这就是短期多产粮食与长期增加土壤肥力的平衡。

第三,KPI 的设立应同时考虑定量与定性。KPI 的设立应该在可量化的同时,考虑那些不能量化的却对整体绩效起着支撑作用的因素。"市场"指标中有可量化的、看得见的数据,如"销售额""综合回款率""销售利润率"。但有些指标如"市场关系""用户满意度"就很难量化,公司只能对其进行定性评估。这些指标同样重要。如果公司只强调开发人员应对产品开发的时间负责,就会误导开发人员在编写软件时,单纯追求时间,而隐藏在软件中的各种问题就会被集中在一个系统产品上,这时,再优秀的质量鉴定人员也难以发现问题,这样的产品怎么能实现规模销售?KPI 反映的是劳动过程(定性的、隐含的)和劳动结果(定量的、表面的)的统一。

第四,KPI 的分解不能仅因统计而设指标。KPI 的前期工作是在围绕统计的目的做文章。不是所有的数据统计管理体系都需要从 KPI 中去设定,公司不要把统计管理体系与 KPI 的要求强拉在一起,以免产生误导。考虑到这些要求,华为逐渐优化了组织KPI 设定方案,简化管理、聚焦关键经营结果。华为用灵活机动的战略、战术简化 KPI 考核,针对不同的团队采取不同的考核方式,在操作岗位等领域引入绝对考核,实行"全营一杆枪",充分发掘团队潜力。在内、外合规边界内的责任结果导向，可以减少过程行为的考核。比如华为内部的空耗系数，就是用来促进内部合作、解决相互扯皮的问题的。办公区的走廊、洗手间里的水怎么分摊，都涉及行政费用。行政每年空耗 80 多亿美元，就是为了减少内部扯皮，让公司多产粮食，增加土壤肥力。公司应针对不同的人群实行差异化的考核方式。部分领域应引入绝对考核，充分发挥团队的潜力。

华为现在的 A/B+/B/C/D 的考核是从西点军校学来的，主要适用于主官，目的是通过合理的挤压产生领袖。华为每年要淘汰 10% 的主官。淘汰并不是让员工离职，员工可以转去别的岗位——通过训战后可以去新岗位。对于专家和职员的考核，华为以是否胜任岗位为主要评价依据，保证优秀人员可以合理、快速晋升，低绩效人员可以积极寻找适合自己的岗位。比如，对于消费者 BG 的 CEO 的考核，华为在 2019 年 4 月后，简化到 8 个指标（见表 4–2）。消费者 BG 的组织绩效目标更加聚焦：多产粮食、增加土壤肥力和风险管理。多产粮食是当期经营结果，有 3 个指标，权重为 70%。增加土壤肥力是中长期指标，有 3 个指标，权重为 30%。风险管理是扣分项，有 2 个指标，即内外合规、存货风险控制。因为手机等消费品是"海鲜产品"，库存风险大，因此公司必须快速周转。

财经的 KPI 则采用了平衡计分卡的模型，从财务、客户、内部运营、学习与成长 4 个维度来设置，即围绕财经自身的专业能力来设置（见图 4–8）。

表 4-2　华为于 2019 年 4 月启用的消费者 BG 的 CEO 的考核项

维度	权重	考核项
多产粮食 （当期经营结果）	70%	增长：销售收入
		盈利：贡献利润率
		现金流
增加土壤肥力	30%	质量与用户体验
		消费者市场品牌
		组织能力
风险管理	扣分项	内规按成熟度和重大负向事件考核， 外规按重大负向事件考核
		存货风险控制

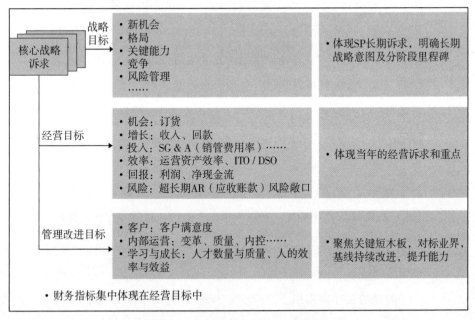

图 4-8　组织绩效 KPI 与战略的关系

精确到天的高层日历管理：MC 会议、AT 会议、ST

截至 2019 年 10 月底，华为全球有 19.4 万个员工。如何让华为这架业务覆盖 170 多个国家和地区、营业收入超过千亿美元、员工人数近 20 万的庞大机器高效运作？高效的治理架构，良好的会议运作体系起了重要作用。

在华为内部员工诟病最多的事中，开会应该能进前三。白天忙开会，晚上处理邮件，这是大多数华为员工的日常状态。巴西代表处被誉为"夜总会"，这里是"夜里总开会"之意。因为巴西和深圳有 11 个小时时差，深圳是白天 10 点，巴西就是前一天晚上 11 点。华为的各级会议数量不断增加，议题不断增多，参加人数不断增多，会议时间不断延长，会议效率普遍不高，这严重影响华为的运营效率。为了扭转这一局面，华为内部曾发文，明确要求聚焦价值创造，减少会议，减少 PPT，并对各级会议的有效召开、高效运作提出基本要求。

一是明确会议内容和决策机制。具体有四类：AT 会议、ST、MC（各级委员会）会议和内部大中型会议。AT 会议是管理干部的会议，ST 是管理部门日常事务的会议，MC 会议则是管理跨领域重大事务的会议。华为的内部大中型会议主要有战略务虚研讨会、市场大会、地区部总裁季度会等，它们大多是专项会议。MC 是华为管理体系的重要组成部分。它帮助公司明确发展战略和宏观政策，制定业务方向与路线，基于流程开展业务决策，实现流程各环节端到端协同，保证治理理念的落实和经营目标的达成。

委员会的决策机制是会前酝酿、会上讨论、全体成员集体表决、少数服从多数。"勿以独见而违众"，勿以辩解为自然。决议需要2/3以上的核心成员（含授权代表）参与表决。决议获得半数以上的赞成票，方可通过；无法参会且没有委派授权代表参会的成员，须书面表达意见。

AT是各级实体组织的行政管理团队，它能保证各级实体组织下的各级干部任用评议、员工激励等重要人员管理工作的客观和规范，提高决策质量。它主要在干部任用评议、员工激励等方面发挥作用。AT决议须获得2/3以上成员赞同。对于无法形成结论的决议事项，AT应延后再议，或根据需要报上级AT裁决。

2019年10月8日，任正非在日落法人力资源秘书处及AT运作优化工作汇报上提出，AT运作要优化。首先，公司可以通过两头挤压中间，一方面以开放的心态来鉴定AT的落后，给予改进鞭策；另一方面评估、发现优秀种子，给予其机会，牵引AT履责担当。三级以上AT的学习心得（100字）须实名发布在心声社区，直接面对群众。公司要对群众意见大的项目进行整改。整改验收后，公司应考虑群众反馈，并进一步改组群众反馈不好且干部人才管理责任结果不好的AT，通过公开评估方式倒逼AT的改进。

华为正在深化AT改组工作。首先，这项工作由总干部部协助轮值董事长徐直军推动实施。华为计划至少将3~5个有代表性的研发、职能、区域AT做成样板，让它们发挥示范作用。AT改进的核心是AT主任。AT主任要事先规划议题、做好组织准备，真正建立组织内干部导向、激励导向和传承价值观的团队。其次，人力资源部部长也是关键。在华为，人力资源部部长是 AT 执行秘书，他的角色很重要，承担着策划议题、开展实施的工作。最后，华为应做好上下层 AT 的衔接。上层 AT 一般是下层 AT 的主任。

华为要求总干部部评估出一些优秀 AT，将秘书处工作组的建议与 AT 调研结果相结合，形成 AT 运作的指导文件。比如 AT 主任在评价干部时必须最后一个发言，AT 的编制要限制在5~7人（AT 的实际规模一般在 10 人左右，视部门不一），团队规模不需要太大。因为 AT 就是选拔与激励人员的团队，它不需要通过业务办公会议，从团队中选出领袖，它需要承担干部与人才选拔、激励和价值观传承等组织责任。

华为建立了关于公司文件和任正非讲话的例行学习讨论机制，让广大干部、员工自上而下地理解公司的战略、政策、管理意图与诉求。学习讨论的人员范围不仅仅局限在 AT 成员，ST 成员及骨干也可以参与学习讨论。对于公开的材料，公司甚至可以把员工召集起来共同讨论。对于一些重要的文件或讲话，公司可以有针对性地准备一些解读材料，以帮助各级干部与员工深入理解。

除了 MC 会议、AT 会议，华为还有 ST。ST 是各实体组织的办公会议，是实体组织进行日常业务决策与运营管理的平台。为保证日常业务的高效运营，ST 采用部门主管负责制，同时通过集思广益，避免或弥补主管个人管理的风险。ST 采用集体议事下的部门主管负责制，在集思广益的基础上，办公会议主任拥有对决策事项的最终通过权及否决权，并报上级组织备案。此外，内部大中型会议一般是专项会议，通常需要事先申请。

对于各类会议，华为从会前准备、会中控制、会后跟踪三个阶段规范会议运作。凡是会议，必有准备。会前，会务秘书要把审核通过的会议材料提前发给与会人员，与会人员要提前阅读材料并进行思考。执行秘书负责会前准备度检查，没有准备好的会议或议题必须取消。

凡是会议，必有主题。会议必须有明确的会议目标，与会人员须事先了解会议目标。议题 PPT 的前 3 页，必须说明汇报主题和目的。

凡是会议，必有议程。会议必须提前输出明确的会议议程，包括会议主题、议题、时间、与会人员等，每一个议题必须在规定时间内完成。会务秘书要在会前将确认的议程通知与会人员，保证与会人员有充分的时间做好与会准备。执行秘书应协助召集人做好议题规划。各议题提案人必须在会前识别利益相关者及与会人员，保证强相关人员与会，提高决策效率。其他人员无须与会。例行会议应输出会议成员清单，明确角色和职责。提案人要做好汇报材料的预审工作，精简材料，使决策点变清晰。

凡是会议，必有聚焦。会议要准时开始、准时结束。讨论要聚焦重点问题，不发散。会议主席有权打断那些偏离会议主题的冗长的发言。各议题应遵从既定时间限制，会务秘书做好时间提醒。如果一个议题无法得出结论，那么责任人可暂放一下，避免影响其他议题。如果一个议题一定要有结论，那么责任人应事先通知与会人员，使其做好准备。

凡是会议，必有结论。会议要有准确完整的会议记录。会议应正式发布会议纪要或决议。会议的各跟踪事项一定要明确责任人及完成期限，如果项目需要多方资源配合完成，那么责任人一定要在决议中明确说明，避免会后出现互相推诿的现象，影响落地。

凡是会议，必有纪律。会议主席兼任纪律检查官，在会议前宣布会议纪律。比如对于迟到的人，公司要处罚；对于会议上不按流程进行的人，公司要提醒；对于发言带情绪的人，公司要提醒；对于开小会私下讨论的人，公司要提醒；对于在会上发恶劣脾气和攻击他人的人，公司要处罚。

凡是会议，必有追踪。散会不追踪，开会一场空。公司要加强稽核检查——执行秘书定期跟踪会议指定责任人对决策事项的落实情况。在决议执行过程中，如发现原决议有不符合实际情况之处，或决议执行环境已发生变化，责任人应按程序重新申请上会审议，确保各项会议决议都能完成。

华为提出 3 个简单实用的公式：

1. 开会 + 不落实 = 零
2. 布置工作 + 不检查 = 零
3. 抓住不落实的事 + 追究不落实的人 = 落实

基于规范的会议管理，华为通常在年底对第二年的重大会议做统一安排，并在内网公开发布具体内容。这就是精确到下一年度每一天的高层日历。各部门根据此高层日历，可以安排本部门的 AT 会议、ST，以及其他重大会议，如年度述职会、战略规划会等。

重点工作管理

在公司层面，对于如何管理年度重点工作，华为已有明确规定。而各 BG、各体系，如财经体系，也会例行管理自己的重点工作。

对重点工作加以管理，主要是为了确保公司重点工作得到合理规划和有效落实。华为建立起三类管理角色：

1. Owner：某项重点工作的最终责任人，对方向、关键举措和进度进行把关，定期召开工作会议，审视、监控重点工作进展，以保证执行结果。

2. 项目经理：由各 Owner 根据重点工作内容进行指定。项目经理以项目或项目群方式开展工作，负责 Charter（项目任务书）制定和项目执行，并在公司重点工作审视会议上汇报进展。

3. 质量运营部：负责集团重点工作的运作监控。如集团财经的质量运营部负责财经体系重点工作的运作监控。

如何制定公司的重点工作？

1. 通常在年度集团战略规划得到批准后，轮值董事长组织公司重点工作审视会议。会议讨论输出公司年度重点工作决议，并明确各重点工作 Owner。

2. 新的年度重点工作制定及刷新，不应影响正在执行的重点工作项目。但在必要时，公司可以对相关项目进行变更。

如何让公司重点工作执行落地？

1. Charter 评审：所有重点工作按照项目方式运作，各 Owner 和项目经理按照重点工作 Charter 模板制定目标、策略和关键子任务，再由项目经理向公司重点工作审视会议进行汇报，会议在评审后形成基线，基线作为过程监控和总结评估的依据。

2. 季度审视：Charter 批准完成后，由项目经理于每个季度向公司重点工作审视会议进行汇报，明确进展，提出问题，获得公司层面的帮助和指导。

3. 结题、年度总结：各重点工作完成整体目标或年度目标后，项目经理在公司重点工作审视会议上进行总结汇报，会议决策各重点工作是否能结题或进入下一年度公司重点工作管理。

如何变更公司的重点工作？

1. 如果公司重点工作的目标、范围出现变化，那么 Owner 和项目经理就必须明确业务影响、变更后的目标、范围及关键子项目 / 子任务，并由项目经理在公司重点工作审视会议上汇报审批。

2. 轮值董事长于每个季度召集常务董事参与公司重点工作审视会议，该会议在地区部总裁会议期间举办，要求地区部总裁列席。

公司对重点工作 Charter 有什么要求？

1. 清晰定义目标，目标满足业务诉求，目标要 SMART 化。
2. 工作策略明确，找到根本原因并制定有效对策，策略可落地实施，对策与目标对齐。
3. 识别出完整子任务并明确项目组织，子任务和项目组织须有效支撑本 Top 工作目标的达成。
4. 清晰定义关键里程碑和进度表，明确关键输出的交付件和时间点。

在此框架下，集团财经每年都会明确体系自身的重点工作。比如在 IFS 变革项目尚未关闭的 2011 年，集团财经将 IFS 变革、计划预算核算、财务与 LTC 及 IPD 的融合（业财融合）、现金流及运营资产、销售融资、成本及费用、风险及内控、财经组织及能力等 8 项工作列为重点工作。

财经问题投诉管理

只有强者才会自我批判。也只有自我批判的人，才能成为强者。

华为对"敌人"（战略竞争对手）狠，对自己更狠——不断自我批判，永不满足、永不懈怠、永葆激情。

早在 2000 年，任正非就指出："华为还是一个年轻的公司，尽管充满了活力和激情，但也充塞着幼稚和自傲，我们的管理还不规范。只有不断自我批判，才能使我们尽快成熟起来。我们不是为批判而批判，不是为全面否定而批判，而是为优化和建设而批判，总的目标是要导向公司整体核心竞争力的提升。"为此，华为在集团财经设立了秘书处，专门接受各领域的投诉意见。财经秘书处的主要职责，就是充分听取各方面对财经内部管理的批评与需求，努力建设好能力基座，服务好业务。任正非说："秘书处是财经管理部的不管部。"其功能有点儿像早期的质量运营部。

财经秘书处承接公司各个组织或个人对财经问题的投诉。对于财经作业范围内的投诉，秘书处采用首问负责制，CFO 办公室对问题的解决及落地进行闭环管理；对于财经作业范围外的投诉，秘书处转交相应的责任部门处理，并将转交信息知会投诉人。秘书处组织相关部门对投诉问题进行专业讨论，给出解决方案或改进建议，但决策路径不变。秘书处的价值在于"以点带面"推动改进。投诉闭环并不是最终目标，只是一个解决问题的过程。这个过程帮助公司识别同类事件在系统建设上的不足，从而推动作业方式、作业流程，甚至是授权、政策指令的改进。

2019 年 10 月 8 日，任正非在日落法人力资源秘书处及 AT 运作优化工作汇报上明确提出，秘书处是一个临时的调研机构，除调研外，没有其他权利。秘书处最主要的职责是自下而上地发现流程、制度、规则等方面存在的机制问题，然后推动机制的逐步改良。它只能调查研究，而不能操刀变革。秘书处要严格控制职责边界，在不失位的同时不要越权太多。在改良推动过程中若遇阻力，秘书处就可提交上级受理。秘书处旨在培养一批有调查能力的员工。

秘书处要带着基层痛点和业务经验，以一线使用者或者受众的角度，做好问题"接线员"；通过深入调研，暴露流程和管理上复杂、冗余或者不适应业务变化的问题；坚持通过调研，发现问题的成因与解决办法，推动基层管理团队解决自身问题；通过正确的方式影响更多的人和组织，构建管理体系自我批判、持续改进的氛围。对于调研发现的一些影响面较大或者跨领域的问题，秘书处可以直接提交当值的轮值董事长推动改进。

一杯咖啡吸收宇宙能量

2010 年，任正非首次以"开放、妥协、灰度"为主题，系统阐述了开放的重要性。开放带来熵减，带来鲶鱼效应，可以在方向大致正确的前提下，激活组织活力。

华为推崇开放，与全世界的大学、研究机构都有合作，并为它们提供研究经费。比如，5G 的 Massive MIMO 技术早期是由瑞典林雪平大学的教授首先提出来的，而华为是第一个做出来的。任正非认为，华为只有与全世界合作后，才能明白自己的落后，才会去努力争取。

2014 年 4 月 23 日，任正非在上研专家座谈会上首次以《一杯咖啡吸收宇宙能量》为题，系统阐述了华为走出去、广交朋友、不做"黑寡妇"的原因。

> ……华为公司的圈子还太小，你们这些 fellow（华为的"院士"）都不出去喝咖啡，只在土围子里面守碉堡是守不住的。你们这些科学家受打卡的影响被锁死了，怎么在上研所这个堡垒里航海？怎么开放？怎么在航海时打卡？怎么在发现新大陆时打卡？怎么在沉到海底时打卡？从欧洲通向亚洲的海底有 350 万艘沉船，那些沉到海底的人怎么打卡？所以，我们的管理要采用开放模式。
>
> ……资本主义就是因为开放走向成功，中国以前闭关自守没有成功，所以我们也要走向开放。现在很多人希望关上国门，说这会让中国强大。错了！中国关门的时间已经很长了，这从未让中国强大。美国是最开放的国家，所以美国如今仍然最强大。不要看美国出现的暂时的落后，毕竟美国有火山喷发式的创新，一会儿冒出一个苹果公司，一会儿冒出一个脸书，只要美国持续开放，谁能阻挡美国前进的步伐？

华为认为，科学的道路上没有失败这个名词。吸取失败的教训，避免其他项目失败，就是成功。这些失败的人比成功的人还要宝贵。按照这个思路，从中国到日本，再到俄罗斯、英国、加拿大、美国、以色列，华为建立了强大的能力中心，和各大高校、科研院所合作。用任正非的话说，华为将加大与全球高校和科研院所的合作，在用一杯咖啡吸收宇宙能量的同时，还会用一桶糨糊粘连世界智慧。

2017 年 12 月 11 日，任正非在喀麦隆代表处考察时说道：

　　一杯咖啡之所以能吸收宇宙能量，并不是因为咖啡因有什么神奇作用，而是我利用西方的一些习惯，表述开放、沟通与交流。投标前的预案讨论、交付后的复盘、饭厅的交头接耳，都是在交流，在吸收外界的能量，在优化自己。形式不重要，重要的是精神的交流。咖啡厅也只是一个交流场所，无论何时、何地，它都创造了交流的机会。

　　法国的花神咖啡馆是几百年来文人作家的交流场所。摩洛哥的里克咖啡馆是二战期间各国间谍的交流场所，不是有《北非谍影》吗？老舍茶馆、成都的宽窄巷是用品味吸引人们去交流，你约不到人，咖啡馆就为你创造了被动获得邂逅的机会，不仅仅是学术。

　　公司要开放，因为见识比知识还重要，交流常常会使你获得一些启发。你们年纪轻轻就走出国门，到了艰苦地区，不要自闭于代表处，自闭于首都，要大胆融入当地社会，更重要的是要融入当地的上层社会，市场中的机会、格局的形成，都掌控在上层社会的人们手中。西方人喜欢运动，你们固守在"闺房"中，如何交朋友？打球、滑雪、水上运动等运动都是接近客户的机会。没咖啡，胜似咖啡。

集团财经如何践行"一杯咖啡吸收宇宙能量"呢？答案是打造 ICT 领域的金融盛会——华为 ICT 金融论坛！

打造财经的世界级影响力：华为 ICT 金融论坛

为了打造华为财经的世界级影响力，践行"一杯咖啡吸收宇宙能量"，开眼看世界，自 2012 年起，华为连续召开 ICT 金融论坛，打造蜚声中外的高端财经品牌。2012 年年底，任正非在与销售融资部座谈时提出："我们的融资资源要多元化，欧洲银行、日本银行也应该成为我们的主要合作对象。……多元化的融资结构及资源，也是公司持续稳定经营的保障。"所以"走出去"、提升华为财经影响力、拓展全球融资资源，成为当时集团财经销售融资部工作的重中之重。

为了让更多的海外金融机构近距离了解华为，树立华为在金融领域的品牌，集团财经体系决定在新加坡举办"华为（亚太）电信金融论坛"。这就是 2012 年于新加坡成功举办的首届华为 ICT 金融论坛。这个论坛由销售融资部、公共及政府事务部主导。

有了第一届新加坡论坛的成功举办经验，2013 年 5 月，华为在迪拜组织了一场聚焦中东非洲的"The Huawei MEA Day"活动。因前两次论坛已被逐步认可，高层指示，华为要举办面向全球的金融论坛，把金融论坛打造成公司级的财经品牌。要提高金融论坛的品牌定位，华为必须向金融领域的一流玩家学习，进一步提高论坛的专业性，而议题的策划、演讲嘉宾的选取都是论坛专业性的重要体现。伦敦作为全球金融中心，汇聚了全球顶尖的金融人才和顶级的资源。作为金融资源聚集地，伦敦是最好不过的论坛举办地。2013 年，第三届华为 ICT 金融论坛首次在伦敦召开。

随着定位的提高，如何进一步开拓论坛眼界，更加直接地与世界主流经济观点对话成为论坛议题组面临的新挑战。考虑到 2008 年开始的次贷危机风波未平，2010 年欧债危机又扑面而来，这给全球经济金融带来了巨大的影响和不确定性，筹备组在筹备 2014 年纽约 ICT 金融论坛时，与合作伙伴进行沟通和讨论，最终形成了新的思路：请一位世界级的业界泰斗、行业顶尖专家来分享真知灼见，为大家拨云散雾，启发大家对未来经济金融方向展开深入讨论。

选择哪一位"大神"最合适？如何挖掘并联系到这样的顶级资源？鉴于这届论坛的举办地在全球金融中心纽约，组委会邀请了一位本土著名的经济学家"坐镇"。结合论坛讨论的话题以及对当前经济形势的影响力，与美联储有关系的经济学家成了重点考量对象。最后，在筹备组的不懈努力下，筹备组终于请来了一位"大神"——格林斯潘。

2014 年，第四届华为 ICT 金融论坛在纽约成功举办。会议当天，年近八旬的格林斯潘教授，在华为 CFO 的陪同下，缓缓走下螺旋扶梯。看到大名鼎鼎的格林斯潘来到了现场，纷杂的大厅渐渐安静了下来，随着他越走越近，台下又响起一阵热烈的掌声。

格林斯潘的演讲精彩纷呈。他着重指出，一个开放、合作以及具备创新精神的企业更能在全球化经济中获得成功，而全球化经济相较于国民经济，更能提高全球的生产力以及人民的福祉；华为作为一个服务于全球 1/3 人口的通信解决方案供应商，为人类的沟通和世界的连接做出了巨大的贡献。他的话让与会的来宾看到了全球化经济带来的和谐商业环境和巨大发展机遇，感受到了沉甸甸的社会责任。

借助格林斯潘强大的号召力，纽约 ICT 金融论坛吸引了全球 80 多家机构的 100 多名客户、46 家金融机构的 147 名金融高管与会，与会人数创历史新高。借助论坛的平台，公司的会计和税务专家也向客户和银行展现了华为在会计和税务领域的领先理念和实践，得到了与会者的共鸣。

2015 年 6 月 17—19 日，第五届华为 ICT 金融论坛在瑞士日内瓦成功举办，吸引了 500 多名嘉宾参加。欧盟中央银行前行长、法国中央银行荣誉行长特里谢出席。他对欧元的坚挺充满信心。德意志银行副主席、卢森堡财政部前部长吕克·弗里登分析了欧洲的经济形势。汇丰集团首席经济学家斯蒂芬·金分享了"新超现实主义"观点，提出当今全球经济之六大奇葩现象。《大数据时代》的作者、大数据商业应用第一人维克托·迈尔·舍恩伯格认为，数据即洞察，数据即价值，重复利用数据可让数据发声。华为财经和技术高管也在论坛上，从财经和技术角度分享了华为对未来的洞察。

论坛还包括三场精彩的专题讨论，热点、视点、观点交织碰撞。这些讨论带领观众从更为广阔的国际视野窥视全球风云变化之下复杂的国际金融环境。企业跨国运营应当如何应对这些变化，规避不必要的风险，从而更为合理地开展金融活动？

论坛邀请了来自全球金融界、ICT 行业和咨询机构的知名专家，他们围绕"资本效率及流动性、资产负债表的优化""全球 ICT 并购""税务变化对未来商业模式的冲击和影响"等话题，进行了深入而富有启发性的讨论，为 ICT 金融提出了相应的可行性建议。

2016 年 6 月 15—17 日，第六届华为 ICT 金融论坛在墨西哥坎昆召开。美联储前主席伯南克应邀出席，发表主旨演讲。从格林斯潘到欧洲央行前行长特里谢、美联储前主席伯南克，再到美国财政部前部长、哈佛大学前校长萨默斯，从银行到评级机构，从 ICT 客户到主流媒体，从咨询公司到世界知名大学，ICT 金融论坛就像是一个浓缩世界，华为在尽情展示自己风采的同时，也和客户一起努力地吸收来自金融领域最高层的"养分"，一刻不停地走在"追求卓越"的路上。更重要的是，借助这个平台，华为财经也成功"走出去"，与世界共舞。

第四章　风险内控管理：从灭火到消防

.

内控可以帮助公司防止腐败、控制风险、助力经营。

其实，有效的内控还有一项功能：提升作业质量。因为有效的内控，必然设置了关键控制点。而关键控制点能抓住业务各环节的牛鼻子。这是高质量产品与解决方案的必要条件。而高质量产品与解决方案是高科技企业的核心竞争力。

质量管理大师菲利普·克劳士比认为，质量的定义就是符合要求。任何业务都是要追求质量的，质量要求必须跟随业务流构筑在流程中。为了让每个环节的交付能够刚刚好地满足下游的要求，公司就需要定义每个作业环节的输入与输出交付件及其质量要求，并基于质量管理的方法，确保每个作业环节达成质量要求。

无论是质量要求，还是质量标准，都要构筑在流程中。过程质量因有要求和标准而得到保证。过程质量有保证，才能确保结果质量。基于过程质量的管理能带来结果质量，追求结果质量能倒逼源头来管控过程质量。这个过程的本质，就是内控。

监管工作基于风险，对准价值创造

华为内控管理的目标是合理确保公司的资金资产的安全、财务报告的真实可靠、法律法规的遵从，有效控制运营风险，提高业务运作效率和效益，从而帮助公司实现既定的目标。

华为的内控也实行差异化管理。对于消费者 BG，华为授予其更大的自主权。2019 年 4 月，消费者 BG 启动军团式作战变革方案，明确消费者 BG 的内部合规管理以财报内控、流程内控为基础展开，外部合规管理在 BG 层面和区域层面分别展开。在 BG 层面，消费者 BG 监管副总裁统筹稽查、法务以及各级合规组织，基于消费者 BG 业务场景，识别和管理全球性的合规风险，在消费者 BG 各级合规组织贯彻合规目标、要求与策略，在 BG 内部开展日常监管和合规指导，对外部合规结果负责。在区域层面，基于"一国一平台"合规管理模式，消费者 BG 区域组织合规工作被纳入区域子公司董事会进行统一管理。以代表处 CFO 协调会议为平台，公司承接并落实子公司董事会的统一性合规管理目标，并基于消费者 BG 业务管理的不同场景实施分类管理，采取相应的合规管理措施。

监管的理念

早期华为管理给人的印象是充满了狼性，缺乏人性化管理。近年来，随着 80 后、90 后逐步加入华为，华为对内部管理方式、狼性文化进行了检讨，要求干部改变原来"一嘘二凶三骂"的简单粗暴的工作作风，管理日趋人性化。但华为仍然追求结果导向。在此背景下，华为监管的理念是人性化的。

华为提出，监管的根本目的是让千军万马上战场，支撑业务有效运作和商业成功。监管的目的是要让业务更好地跑起来。监管是手段，商业成功才是目的。监管融于业务，控制基于流程，企业在业务中实现监管。而最主要的监管还是在流程中。流程本身就是防线，完善的流程可以帮助企业建立良好的防范系统。授权管理体系的理顺、行权系统的监管，要按全流程去理解和建立，而不是按部门分工去各自独立地进行，以免以后流程与职责不连续，成为监管的漏洞。责任与结果之间要实现闭环，从而在不断运行的流程中得到优化。各流程通过相互制约的功能、职位设置，在日常运作中形成各业务环节相互监控的闭环。流程是对业务最佳实践的总结，规范的内部管理流程制度是监管体系的基础和最重要的平台，闭环不是指监管的人从头管到尾，而是指业务流程运作中的各个环节形成了相互制约的关系。

流程首先要合理，要简洁，因为这才是"端到端"。最好的"端到端"，就是直接到达目的地，或者可以拐小弯（但不能拐大弯），有利于监控。改革的最终目的是要轻装打仗，而不是背上沉重的壳去打仗。

按任正非的要求，每个环节的责任都要落实到个人，每个人都要有述职报告，公司制度要一层一层落实到底。随着全流程业务的打通，公司必须明确在打通的流程环节中有哪些监控点，这些监控点需要向谁报告，如何实现权力的相互制约，这些是企业需要在监控设计阶段考虑的问题。

基于这些理念，华为将业务主官和流程 Owner 定义为监管的第一责任人，负责解决 95% 的问题。因为业务主官和流程 Owner 是具体的业务设计和执行者，所以只有他们担责，公司才能将监管融于业务，及时、准确地提供服务。最重要的监管责任在业务主官 / 流程 Owner 身上，这就是岗位责任制。95% 的问题是业务主官 / 流程 Owner 可以解决的问题，解决剩余 5% 的问题才是监管岗位的责任。

公司应与人为善，从关爱的角度实现监管。华为内部有一个基本假设：绝大多数人，绝大多数事是好的；个别违规的事情，并不是由动机引起的，更多是由无知或无意引起的，只有少数人在主观动机上有违规的想法。基于这个原则，任正非认为，公司要从关爱的角度去实现监管。公司应坚持实事求是，重事实、重证据，多站在对方的角度思考问题，不要主观臆断。公司应坚持坦白从宽的处理原则。当事人改过以后，公司要既往不咎，要给对方一条出路，让人的主观能动性中好的一面释放出来。这些核心理念紧密相连，相辅相成，贯穿于监管的整个过程。

中纪委来华为取经：华为已大规模消灭腐败

内控既是外部合规、法律遵从需要，也是内部要求。内控的目的是防止腐败、控制风险。近几年，华为要求内控、内审等部门"助力经营"。就是说，尽管组织的 CT（流程遵从性测试）、SACA（半年控制评估）做得再好，但经营指标没有上升，我们也不能称其为好。各个组织不能关起门来搞建设，只管自己的一亩三分地，而不管业务的死活。华为最早开展内控工作的时候，其内控和流程是分离的。内控在这边风生水起，流程在那边热火朝天。后来，华为发现这种方式存在问题，就把两者合并了。为此，华为还专门成立了流程内控组织。

内控就是控风险、防腐败。其本质有两点：一是职责分离，目的是防腐败和财务风险；二是 KCP，KCP 有控制要素和控制程序。

内控也必须构筑在流程中。在流程外的内控是不可行的。

华为原来支撑流程建设的是流程部，支撑内控建设的是内控部，两个部门各行其是。后来，华为发现流程与内控不可隔离，于是把流程部和内控部合并了。至于 CT、SACA，就跟质量管理一样，看流程执行到职责分离和 KCP 的阶段是否遵从流程内控要求。

2015 年，任正非在内部讲话中正式宣布，华为已经消除了大规模的腐败。应该说，这是非常不容易的。正因为这样，中纪委曾到华为调研，考察这么大体量的公司是如何做到大规模消灭腐败的。

不懂监管的代表不是好总裁：监管纲要，高管都来学

2015 年前，华为 18 级以上的高管都需要参加高级管理研讨班，学习三门管理纲要：业务管理纲要、财经管理纲要、人力资源管

理纲要。2015 年起，华为增加了一门纲要：监管纲要。

为什么要学习监管纲要？因为监管是公司治理的重要内容，做好监管能防腐败、促经营，确保公司长治久安和高质量快速发展。

在 2014 年中的子公司董事赋能研讨会上，任正非要大家去读安然的案例。坐拥千亿资产的安然公司因做假账而间接导致破产，其 CEO 被判刑 24 年。华为之所以花这么大代价让自己走向合规，是为了避免将来发展壮大的时候，因存在软肋而被击垮。如果任由腐败发生，不在制度上做更多改进和强化教育，公司就会走向灭亡。任何不合规的事件都可能对公司的声誉和在全球的持续、稳定发展造成重大影响，甚至致命伤害。华为所处的通信行业非常成熟，仅存的设备供应商有三四家。它们相互间的较量像是上演一场谍战大片儿。拉拢、腐蚀的竞争手段，对哪家公司来说都不意外。这也是华为强调对核心资产及投标过程中的商务及解决方案信息进行管理的原因。

另外，在华为的年度市场大会上，所有组织董事会 /EMT 成员均需要宣誓——从最高层到所有骨干层的全部收入，只能来源于工资、奖励、分红，不能来源于其他不被认可的形式的收入。这从组织上、制度上，堵住了从最高层到执行层的谋私利的通道，有效禁止了通过关联交易掏空集体利益的行为。华为 30 多年来的"利出一孔"，形成了全体员工团结奋斗的精神。华为通过科学的人力资源政策，让员工的干劲越来越大。

监管的根本目的并不是监管，也不是把队伍变成一个无比纯洁的队伍，而是威慑员工，帮助公司沿着既定的政策方针和流程正确前行，避免因为个别人的贪婪而葬送整个公司。

按华为的标准，审计、监管做得好不好，就看这个地方有没有多产粮食。董事会合规监督是为了让大家不违法、不违规地多产粮食，这是长远目标，公司要围绕长远目标来经营。但如果公司实现合规后，经营指标下降了，那么这种合规也是不合格的，是虚假的。

同时，任正非要求监控体系要在发展中解决问题，而不是停下来把问题解决后再发展。公司不能因为腐败而不发展，也不能因为发展而不反腐。公司建立监管体系的目的就是保障公司的长远发展。

三层防线：构筑华为内控的点、线、面／场

华为财经通过构建四个"三"运作机制，加强对风险的有效管理。

三类风险：战略风险、运营风险、财务风险。（见前文"第三部分：高管懂战略"中战略制定的"风险管理"）。

三层防线：建立覆盖点、线、面／场的三层立体监管防线。

三角联动：伦敦、纽约、东京风险控制中心三角联动。

三层审结：资金、账务、CFO 组织三层审结。

内控的关键是持续优化三层防线，建设覆盖点、线、面／场的立体监管目标责任体系（见图 4-9）。

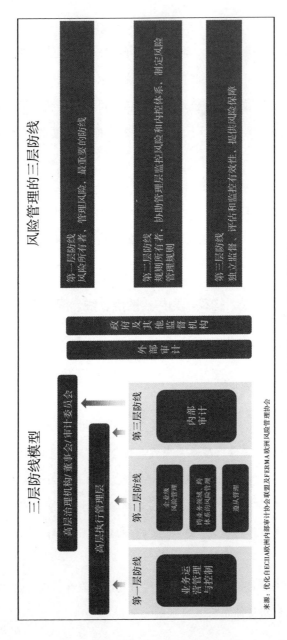

三层防线模型

高层治理机构/董事会/审计委员会

高层执行管理层

第三层防线

内部
审计

第二层防线

企业级
风险管理

跨业务领域、跨
体系的风险管理

遵从管理

第一层防线

业务运
营管理
与控制

外
部
审
计

政
府
及
其
他
监
督
机
构

风险管理的三层防线

第一层防线
风险所有者，管理风险，最重要的防线

第二层防线
规则所有者，协助管理层监控风险和内控体系，制定风险
管理规则

第三层防线
独立监督，评估和监控有效性，提供风险保障

图 4-9 风险管理的三层防线模型

来源：优化自 EC/IIA欧洲内部审计协会联盟及 FERMA 欧洲风险管理协会

独立的内部审计关注的是"点"的问题，通过对个案的处理形成威慑力量。监控无处不在，它关注的是"线"的问题，与业务一同端到端地管理，揭示并减少端到端的风险。道德遵从委员会关注的是"面"的问题，它可以持续建立良好的道德遵从环境，进而建立一个"场"的监管。华为要让广大干部和员工不敢、不能、不想腐败。"点"解决不敢的问题，"线"解决"不能"的问题，"面／场"解决不想的问题。

华为设置了内控的三层防线：

第一层防线：最重要的防线，在业务运作中控制风险。任正非认为，华为要用 90% 以上的精力把第一层防线建好。这层防线既要有规范性，又要有灵活性。没有灵活性就不能响应不同的客户服务需求。

第二层防线：针对跨流程、跨领域进行高风险拉通管理，内控及风险监管的行业部门要担负起方法论的推广，大量干部在接受内控赋能后需走向一线。这层防线为第一层防线提供方法论，大量补充、循环培养干部。

第三层防线：通过审计调查，对风险和管控结果进行独立评估和冷威慑。

第一层防线要把绝大部分工作做完，解决 95% 的风险问题，但可能有疏漏。第三层防线通过检查疏漏来建立威慑、修补漏洞。第三层防线还可以请外部机构来检修堤坝，它永远不会消失。

三层防线责任主体的责任：

第一层防线的责任主体是行政长官，业务主官／流程 Owner 是内控的第一责任人。在流程中建立内控意识和能力，不仅要做到流程的环节遵从，还要做到流程的实质遵从。流程的实质遵从，就是行权质量。按任正非的要求，业务主官必须具备两个能力：一个能力是创造价值，一个能力是做好内控。

第二层防线的责任主体是内控及风险监管的行业部门。它们针对跨流程、跨领域的高风险事项进行拉通管理，既要负责方法论的建设与推广，又要做好各个层级的赋能。稽查体系聚焦事中，是业务主官的帮手，它可以帮助业务主官管理好自己的业务，发现问题，推动问题改进，有效闭环问题。稽查和内控的作用是在帮助业务完成流程化作业的同时实现监管。内控的主要责任不在内控部门和稽查部门，仍然在业务主官。

第三层防线的责任主体是内部审计部，它是司法部队。它通过独立评估和事后调查建立冷威慑，让大家不敢做坏事。审计组织向公司独立汇报，通过不规则、不定期地对"点"的核查，形成对"线"和"面"的威慑（见图 4-10）。

三层防线在监事会、董事会审计委员会的统筹管理下良性运作。集团财经作为风险管理的行业管理部门，沿着每个业务活动建设三层防线。

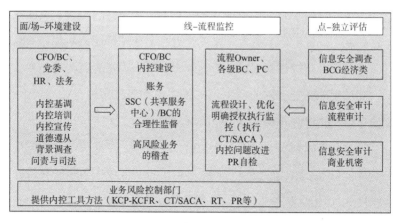

图 4-10　华为内控的点、线、面/场

三角联动：伦敦、纽约、东京

随着公司规模越来越大，运营风险、财务风险的防控越来越重要。华为通过设置伦敦、纽约、东京三个蓝军团队，独立作业、挑战红军，三角联动、控制风险。

伦敦金融城作为全球金融中心，可谓藏龙卧虎。为了在全球资源聚集地布局能力，2013 年，华为在伦敦设立了 FRCC（财务风险控制中心）。FRCC 网罗了一众高端金融财经专家，这些专家分布在资金、税务、账务等领域。他们每天在五星级的办公楼里上演着一场场看不见硝烟的战争，他们以自己的专业能力为公司创造价值。

按照公司的最初定位，FRCC 是财经的第三只眼，在财经体系中充当蓝军角色：发现风险、揭示风险，提出解决建议。

华为集团财经在伦敦设立 FRCC 的原因是，华为认为英国人崇尚规则制定。从金融领域来看，财务更需要英国人的保守的品质，而不是积极创新精神。华为致力于引入大量有英国文化背景的高端财经人士，对自身的财务策略与财经架构进行独立评估，建立确定的规则，即便有不确定的事情也能有法可依。

拥有英国 FCA（金融行为监管局）资格、牛津大学硕士学位的彼得·多诺霍，在德勤工作 24 年（1990—2013），其中担任审计合伙人 12 年，并于 2014 年 10 月加入华为 FRCC，任资深财务专家。他的职责是搭建起一套具有完整的方法论和工具的体系。这套体系可以帮助业务人员看懂财务的"三张表"（资产负债表、利润表、现金流量表），以平衡计分卡的方式看懂风险，以及读懂、规避税务方面的风险。

作为英国特许会计师的本是账务会计政策中心的资深会计专家。他于 2014 年 5 月加入华为伦敦会计政策中心，他的职责是审视财务报表，确保财务报表符合会计准则，以遵从的方式对外披露必须披露的信息，而且保证内外的合规。在加入华为之前，本在巴克莱银行工作了 10 年，担任会计政策部主管。在此之前，本曾在普华永道工作。

毕业于哈佛大学法学院，拥有律师执照的亨德里克于 2013 年 2 月加入华为，担任问题资产管理部主官。加入华为前，他任 ING（荷兰国际银行）投行部全球 TMT（科技、媒体及通信）主管。

他的职责是收回问题资产，催缴客户的超长期欠款。据统计，截至 2013 年，华为的问题资产累计有 ×× 亿美元。其中，超长

期欠款数额已达 ×× 亿美元。他每年可以解决 ×× 亿美元的问题资产。截至 2016 年年底，超长期欠款已少于 ×× 亿美元。

　　曾先后在普华永道、沃达丰工作 17 年的理查德于 2014 年 9 月加入 FRCC 税务风险监控部，并出任部长。他负责税务风险管理、税务遵从、税务审计等工作，有丰富的跨国集团的公司税管理经验。

　　2016 年 8 月底，欧盟提出将向苹果公司征收 130 亿欧元的税款。2003 年，苹果在爱尔兰的所得税税率仅为 1%，而 2014 年又降至 0.005%。欧盟认为，2003—2014 年，苹果在欧盟各国获取巨额利润，但是缴税却严重不足，因此苹果需要向爱尔兰补缴 130 亿欧元（约合 140 亿美元）的税款。欧盟指出这已对苹果手下留情，如果从 1991 年开始追溯的话，那么苹果需要补缴的税款可能达到 200 亿美元。

　　理查德认为，苹果并不知道自己的业务模式存在风险，因为过去十多年来，苹果一直遵纪守法，没有发生任何问题，因此苹果也就想当然地以为真的没有问题。他认为，华为需要以此为戒，建立税务风险全景图，识别、分析、量化税务风险，避免走苹果的路。

　　理查德建立了一个识别潜在高风险国家的模型，模型要素包括员工数量、销售收入、利润，以及国家及其税务机关的态度是否强硬、公司在该国的立场是否坚定、公司在该国商业模式的复杂程度等。例如，如果公司在一个国家的业务种类繁多，包含研发、管理、服务等业务，那么公司在该国的业务风险就会明显高于在业务模式单一（如总代理商业务）的国家的业务风险。这个模型可以帮助公司设置优先级，确定先从哪个国家着手进行分析。在此基础上，模型还可以帮助公司建立税务风险全景图，识别各个国家存在的共同风险，即集群风险。

除了伦敦的FRCC，华为还在纽约建立了宏观风险控制中心，在东京建立了项目风险控制中心。

因为纽约的全球地位、格局及视野，华为对其定位是宏观经济上的风险"视界"，即从宏观层面审视华为可能面临的外部环境风险。以石油为例，华为有一个纽约团队专门研究石油油价，观察石油输出国组织成员国家的汇率变动趋势、外汇储备，以预判其货币汇率走向、预判其是不是外汇管制国家。可以说，华为是站在明天看今天如何改进的。

日本素以工匠精神著称，日本人素以严谨闻名。因此华为在东京建立了项目层面的风险控制中心，从微观的项目层面，审视作为最小经营细胞单元的项目风险。东京的风险控制中心是面向华为的所有合同、所有项目的。它需要审视每个合同、每个项目、全项目周期（一般为3年）的经营管理是否合理、是否有循环嵌套、是否违规。它通过独立报告告诉相关人员（如财务人员、项目工程师、项目经理），未来需要在什么地方加以改进。

伦敦、纽约、东京三地的风险控制中心形成了立体的三角联动防控体系，互为支撑。

三层审结：资金、账务、CFO 组织

随着华为逐步建立基于信任的管理制度，它对一线作战组织的授权越来越大。那么，什么权力应该留在"中央"？这个问题很重要。华为也有自己的答案——审计、资金、账务权力留在"中央"，其他权力委托一线代为执行。华为的审计是独立的，直接向创始人任正非、CEO 汇报。资金、账务都隶属于集团财经，直接向集团 CFO 汇报。

为此，华为集团财经建立了三层审结的特殊机制。即华为给各个地区部、各个代表处、各个 BG、各个部门（如人力资源部、行政采购部、华为大学）都配置了一个 CFO。这些 CFO 构成了华为的 CFO 体系。其职责是既要保持独立性，守底线、控风险，又要助力业务商业成功，成为业务伙伴。

第一层审结：资金每日完成银行对账，确保每笔资金流动源于账务处理。

第二层审结：在账务核算中，确保流程合规、行权规范，以及每笔账务处理都源于真实业务。

第三层审结：通过独立的 CFO 体系，对业务形成现场制衡。

天堂向左，中兴通讯向右

2018 年 4 月 16 日晚，美国商务部发布公告称，美国政府在未

来 7 年内禁止中兴通讯向美国企业购买敏感产品。2018 年 4 月 19 日，针对中兴通讯被美国"封杀"的问题，中国商务部表示，中方密切关注进展，随时准备采取必要措施，维护中国企业合法权益。2018 年 4 月 20 日，中兴通讯发布关于美国商务部激活拒绝令的声明，称在相关调查尚未结束之前，美国商务部工业与安全局执意对公司施以最严厉的制裁，做法有失公允，"不能接受！"2018 年 5 月，中兴通讯发布公告称，受拒绝令影响，公司主要经营活动已无法进行。5 月 22 日，美方称将取消中兴通讯销售禁令，根据讨论的协议维持其业务。

2018 年 6 月 7 日，美国商务部部长罗斯在接受采访时表示，美国政府与中兴通讯已达成协议，中兴通讯只要再次缴纳 10 亿美元罚金，并改组董事会，美国就可解除相关禁令。6 月 19 日，美国参议院以 85∶10 的投票结果通过恢复中兴通讯销售禁令法案。

2018 年 7 月 2 日，美国商务部发布公告，暂时、部分解除对中兴通讯的出口禁售令。7 月 12 日，美国商务部表示美国已经与中兴通讯签署协议，取消近三个月来禁止美国供应商与中兴通讯进行商业往来的禁令，中兴通讯将恢复运营，且禁令将在中兴通讯向美国支付 4 亿美元保证金之后解除。7 月 14 日，中兴通讯总部的 LED 大屏幕上挂出了"解禁了！痛定思痛！再踏征程！"的标语。虽然中兴通讯恢复了运营，但它付出了改组董事会的惨痛代价。这背后是跨国公司的合规建设问题。

在全球做生意，尤其是在伊朗、朝鲜、利比亚、叙利亚等国家做生意，合规建设是公司发展的重中之重。

华为非常重视合规建设，很早就设立了首席合规官。即便这样，美国依然不依不饶，在全球范围内围剿华为。华为的合规建设涉及贸易、金融、反商业贿赂、知识产权与商业秘密保护等多个领域，合规要求已融入公司各类政策与业务流程之中。

第一，合规运营。恪守商业道德、遵守国际公约和业务所在国所有适用的法律法规，是华为全球化合规运营的基石，也是华为管理层一直秉持的核心理念。

华为要求一线在业务活动中严格遵从所在国家和地区的法律法规，并遵从其他适用的法律法规。华为通过十余年组织与资源的持续投入，逐步建立起符合业界最佳实践的合规体系。

华为任命首席合规官统一管理公司对外合规，首席合规官直接向董事会汇报工作。华为在各业务部门、全球各子公司设置合规官并成立合规组织，让合规官负责本领域的合规工作；针对贸易合规、网络安全与用户隐私保护、反商业贿赂等关键领域，华为还分别成立了专项合规管理组织，实行跨区域、跨业务领域的体系化管理。

华为将合规管控端到端地融入业务流程中，实现对各个业务环节运作的合规管理与监督；结合外部法律法规变化及自身业务场景，全面识别和评估风险，制定相应管控策略，并落实到流程制度中。

华为重视并持续提升员工的合规意识，通过培训、宣传、考核、问责等方式，使员工充分了解公司和个人在合规遵从方面的责任和义务，确保合规遵从融入每一位员工的思想意识与行为习惯。这为公司的合规遵从提供了有效保障。

华为与各国政府主管机构、客户及合作伙伴展开积极、开放的交流与合作，主动引入外部顾问，使其对重点合规领域进行审视；与利益相关方沟通合规理念，持续增强理解与互信。

第二，贸易合规。经过十多年的持续投入和建设，华为已经建立起全面完善的符合业界实践的贸易合规内部遵从体系。华为遵守业务所在国的所有适用法律法规，包括联合国、美国和欧盟适用的出口管制和制裁法律法规。

华为是中国最早建立全面完整贸易合规体系的公司之一。公司对标业界最佳实践，成立了跨集团职能部门、贯穿区域业务的综合贸易合规管理组织；在全球配置专职与兼职的专业团队，进行外部法律变化跟踪；将贸易合规嵌入公司制度与流程，实现对采购、研发、销售、供应、服务等各个业务环节的贸易合规管理与监督。

华为是中国最早聘请权威美国顾问进行贸易合规系统设计和外部审计评估的公司之一。聘请独立的第三方顾问公司进行指导和外部审视，是确保合规体系合法、有效的重要手段。早在2007年，华为就邀请美国权威顾问指导贸易合规建设，每两到三年聘请美国独立的第三方机构对华为贸易合规内部遵从体系进行评估。华为根据评估意见持续完善和提升贸易合规内部遵从体系。

华为将审计报告提供给相关政府机构和合作伙伴，持续增强彼此的理解与信任。华为持续提升员工的贸易合规意识。华为每年为管理层和员工提供的各种形式的贸易合规培训达上百场，使员工充分了解公司和个人在出口管制方面的责任和义务。华为员工每年必须签署《商业行为准则》，承诺遵守相关出口管制法律法规等。

第三，金融合规。作为一家从事 ICT 行业的非金融机构，为履行自身的社会责任和法律义务，并协助合作金融机构履行其义务，华为非常重视对金融制裁、反洗钱、反恐怖主义融资等合规风险的管理。

华为基于国家风险、客户风险、交易类型等因素综合评估风险，采取与风险相匹配的管理手段，并在采购流程、销售流程、资金流程中嵌入金融合规的 KCP，实现对各业务领域的金融合规风险的有效管理。比如笔者在常驻阿联酋迪拜时，要核查每笔收款的付款方是不是合同签署方，同时要对付款方做反洗钱合规调查。

反商业贿赂领域也要合规。华为对腐败和贿赂行为持"零容忍"态度，采取发布反腐败声明、举办面向员工及合作伙伴的合规培训、对违规行为进行处罚、执行合规管理体系运行状况评估等措施，从合规文化、治理监督、防范—发现—应对、持续运营等方面强化反腐败和反商业贿赂管理体系建设。

第四，知识产权与商业秘密保护。尊重和保护知识产权：华为遵守和运用国际知识产权通行规则，依照国际惯例处理知识产权事务，积极真诚地通过交叉许可、商业合作等多种途径解决知识产权问题；长期投入研究与开发，不断丰富自身的知识产权积累，是全球最大的专利持有企业之一。尊重和保护他人商业秘密：

华为严格遵从相关法律法规，将商业秘密合规要求嵌入公司的政策、指导与流程；主动建立全球商业秘密立法跟踪机制，主动和司法机关、团体及律所等咨询机构沟通、研讨，从而建立起完整的商业秘密保护体系，坚决杜绝侵犯他人商业秘密的行为。

同时，华为积极开展区域合规监管体系建设。华为在全球130多个子公司逐步培训、选拔和任命合规官，设立子公司监督型董事会，对各子公司的合规运营进行管理和监督。海外子公司监督型董事会每年听取和审议超过150场各子公司合规工作专题汇报，确保子公司合规管理得到切实有效的执行。华为将合规考核要素纳入各子公司KPI，并设立年度合规管理奖惩机制。各子公司对所在国家和地区的法律法规及其他适用的行业规定的梳理，形成了相应的合规指南，以确保合规管理符合当地要求。各子公司编制并发布合规白皮书。合规白皮书对子公司的合规管理目标、组织、运作以及事项管理进行了定义和阐述，为子公司合规运营提供制度保障。

除了合规，华为还非常重视BCM。BCM可以帮助公司识别潜在威胁，分析这些威胁对业务的影响，提前建立应对威胁的方案，保持业务的连续性。

第五章 流程架构和签约授权管理

公司要实现"全营一杆枪"、实现"力出一孔"和"利出一孔",就必须有适配业务、高效运营的流程架构。流程架构用于描述公司的业务和价值创造过程,是流程型组织建设的基础,也是避免流程重复建设的保证。

华为的业务流程架构是在面向未来的管理体系、对标业界流程架构最佳实践、考虑公司相关业务诉求的基础上制定的。华为向 IBM 学习,制定管理体系,其流程架构主要参考 IBM 实践来优化,强调流程跨功能集成。

面向业务,贯通"纵横"

流程的实质是对业务成功实践的总结。好的流程是针对不同领域、不同场景、不同类型、不同问题、不同目的的集成与归一化,精炼易用。更为重要的是,好的流程具有人性化和客户化的特点。

架构要同战略适配，架构聚焦业务，流程服务于业务，组织和能力同流程对齐。架构的设计过程，往往是战略的深化和纠偏的过程。只有先期的架构高阶方案清晰了，公司才能有后续的流程丰富和业务纵深。

华为把业务流程管理架构分为3类：

1. 运营类业务流程：客户价值创造流程，端到端地定义为完成对客户的价值交付所需的业务活动，并向其他流程提出需求。

2. 使能类业务流程：响应运营类业务流程的需求，用以支撑运营类业务流程的价值实现。

3. 支撑类业务流程：公司的基础性流程，为整个公司持续高效、低风险运作而存在。

华为根据IBM提供的流程架构及自身的业务需要，设计了16个L1（一级）流程。其中，运营类业务流程有5个：

1.0 IPD：负责把产品制造出来。

2.0 MTL：负责把产品推向市场，寻找销售"线索"。

3.0 LTC：负责把产品销售出去，并回款。

4.0 ITR：负责产品销售后的问题解决、售后服务。

16.0 Retail：负责消费者BG的产品零售管理。（它是新增流程，所以排序是 16.0。）

使能类业务流程有 7 个：

5.0 DSTE：负责战略制定到执行的端到端闭环管理。

6.0 MCR：负责普遍客户关系的管理。

7.0 SD：负责产品与解决方案的交付与服务。

8.0 SC：负责供应链管理。

9.0 Procurement：负责供应商的准入、认证、采购管理。

14.0 MPAR：负责企业业务的伙伴与渠道管理。它是 2012 年新增的流程，是企业业务的主要流程，由于企业业务实行"被集成"战略，所以企业业务需要大量的渠道集成面向客户的产品与解决方案。

15.0 MCI：负责资本运作管理。

支撑类业务流程有 4 个：

10.0 MHR：负责人力资源管理。

11.0 MFIN：负责集团财经管理。

12.0 MBT & IT：负责流程、IT、变革管理。

13.0 MBS：负责基建、行政、法务、信息安全、政府公共关系等管理。

2009 年，华为的财经流程架构 V1.0 发布。2011 年 11 月 17
日，集团 CFO 以管理财经 GPO 的身份，正式签发了财经流程架构
V 2.0。它包括 12 个 L2（二级）流程、68 个 L3（三级）流程和 95
个 L4（四级）财经流程，覆盖了目前所有的财经业务。这个版本
的流程沿用至今，但每年都会迭代升级。

财经流程架构围绕"业务、专业、支撑"三个层次，交付财
务结果。

业务（横联、纬线）：面向作战单元、功能部门、资本、
产品、销售、交付等业务，从端到端视角支撑客户和业务，
体现财经与业务的伙伴关系。涉及的流程组有计划预算预测、
资本运作财经、产品线财经、客户及销售财经、合同交付
财经。

专业（纵深、经线）：面向公司视角开展工作，体现了财
经的专业性。涉及的流程组有经营管理、销售融资、资金、税
务、核算与报告。

支撑：为"面向业务＋专业能力"提供支撑。涉及的流
程组有风险与内控、财经运作。

当然，这是大致的分类。实际上，它们并不适合如此严格的
划分。比如风险与内控既属于业务层次，也属于专业层次，它只
有同时面向业务、面向一线，才能发挥更大的价值。

财经流程架构的核心是"面向业务"，而这必须以"专业能

力"做支撑。未来，华为拟根据业务的直销、渠道、零售三种模式，建立三个 L1 流程，供各 BG 调用；将与 MPR（管理伙伴关系）和渠道销售有关的流程整合为渠道销售流程，支撑渠道销售业务，其定位为运营类业务流程，MAR（管理联盟关系）被归入 MBS。

权力下沉，流程集成

2015 年起，应任正非邀请，国防大学教授金一南给华为的干部专门开设了三门课："队伍的灵魂与血性"、"将军是怎样产生的"和"领袖是怎样炼成的"，并做了三次主题演讲。金一南在演讲中多次提到了美军。事实上，华为"以功能为中心向以项目为中心转变"的"班长的战争"变革，就是在学习美军。

美军有三个典型的作战特点：目标导向、灵活应对、快速制胜。"目标导向"是指对准结果，"灵活应对"是指策略和方法，"快速制胜"是指目标达成。其背后反映的是一套符合现代战争特点的管理体系和组织运作机制。

这套机制构建了"军政"（养兵）、"军令"（用兵）两大流程，打造了"军种主建，战区主战"的格局，明确了各流程的范围、定位、职责、边界、关联协同机制，形成了根据战争规模和战场形势有效组合、配置一线集成作战的多专多能团队——"班长"，为"班长"提供了应对不同作战场景的平台和武器装备，使其依据战场形势及时向后方呼唤炮火和资源，支撑其现场作战、自我决策、在战争中获胜。这是流程型组织的特质：让业务高速通过。

任正非在《谁来呼唤炮火，如何及时提供炮火支援》的讲话中提出，华为应通过全球流程集成，把后方变成系统的支持力量，沿着流程授权、行权、监管，以实现权力的下放，摆脱中央集权的效率低下、机构臃肿，实现客户需求驱动的流程化组织建设目标。

华为从以技术为中心向以客户为中心转变，从中央集权式的管理逐步迈向让听得见炮火的人来呼唤炮火，从以功能为中心向以项目为中心转变，从屯兵组织转为精兵组织、实现"班长的战争"。这些都是对流程型组织管理思想的进一步探索和实践，是在践行"以客户为中心"的核心文化价值观，也是实现多产粮食、增加土壤肥力、迈向卓越企业的必经之路。

华为从三个方面构建保障。一是机制保障，设计"客户需求驱动"的授权体系、流程架构及管理体系。华为从客户视角、业务实质出发，构建面向客户、端到端的主价值链流程，明确各流程的使命和价值定位、承接的权力框架和职责边界、目标和交付结果，以及流程间的联系和协同机制，使流程中的各组织职责清晰、有效衔接、高效运作，避免断点式流程带来的运作低效；设计例外弹出机制，管理与政策和流程要求不符或暂无政策流程支撑的业务事项，使紧急、临时性业务也能得到高效处理，实现快速决策，真正做到以规则的确定来应对结果的不确定。

二是人才保障，识别流程的关键岗位和关键角色——"班长"，明确其应具备的素质、能力，使其多专多能。在处理常规型、确定性的业务时，华为根据作战场景和规定动作快速应对和解决问题；而在处理突发型、不确定性的业务时，华为运用其权力、资源和支撑平台准确定位，实现自我决策。这种多专多能的人才培养、流动和循环使各流程能够分合有度、你中有我、我中有你，"班长"成为一个作战力极强的联合体和流程集成的落脚点，在没有中间消耗的情况下，一线也能及时呼唤到炮火。

三是平台保障，构建"班长的战争"的作战平台，实现责任、权力、组织、资源、能力、流程和 IT 系统几方面的系统整合、高度集成。机关需要明确政策方向、流程框架、集团管控授权和保留权力，作为重装旅和能力中心，负责能力建设、资源储备；将作战指挥权充分授予一线，供一线随时调用资源，但要结算成本，并协助一线面向作战角色和场景集成流程，支撑"班长"实现"任务式指挥"，使其能够根据形势运用权力、调配资源，有效实现上级指挥官的意图，最终取得胜利。

财经在流程型组织的建设中，正是围绕这三个方面不断思考、探索和实践。2009 年以来，财经流程架构从"照搬 IBM 实践"，到基于华为实践形成"既面向业务、也面向财经的纵横结合的流程框架"，再到"基于国别的差异化本地流程建设"，从 L1 到 L6（六级流程），完成了从无到有、从零散到有序基础版本的体系化建设。

与此同时，华为发布了流程责任人运作机制，明确各级流程责任人在流程规划、建设和运营方面的职责、权力以及问责机制，例行化 BPO（业务流程责任人）述职，率先在账务试点流程型组织的实体化运作，并持续流程授权。每一步都是在黑暗中摸索，在曲折中前行。

然而，管理改进无止境。没有最好，只有更好。在"大平台支撑精兵作战变革"的战略诉求和千亿美元规模的目标驱动下，面对一线的承接业务目标重、变革项目多、各个行管分管齐下"九龙治水"的困局，拉通和集成变得更加迫切；财经解决方案在整合九要素的基础上，需要转变为基于项目 CFO 的集成综合能力的解决方案。财经内、外的流程断点则通过财报内控进行集成和优化。华为需要以更高的视角和层面去做顶层设计，并完成这些诉求。以往的管理体系需要进一步演进并适应新的形势。

在这个过程中，财经以自我纠偏、自我批判的精神再次起航，针对一线提出的流程冗长、付款艰难的现状，主动担责。2015 年11 月，集团财经 ST 成员召开民主生活会，进行自我批判，并确立八项整改要点：

1. 服务向前迈一步；

2. "争议"升级机制；

3. "例外"弹出机制；

4. 权力下沉；

5. 投诉反馈；

6. 流程整合；

7. 三点闭环；

8. 时间优先机制。

这八项整改要点竖起了"硫磺岛上的那面旗帜"。

公司对流程型组织的建设和推进将永无止境。华为目前主要从"权力下沉""流程整合""三点闭环"几个方面开展工作。"权力下沉""三点闭环"就是将作战权力全部授予一线，在流程中实现权力的"提单人、审核人、审批人"三点闭环。这是财经流程在"从管控走向服务"的道路上迈出的飞跃性一步，也在公司内率先迈出了实质性一步。

国家CFO正是承接权力下沉的"班长"。在拥抱权力的同时，"班长"要思考如何提升综合能力、有效行权。国家CFO应以代表处作战团队为单元，从一线作战视角出发，将面向客户、业务作战角色和支撑作战场景的本地财经流程建设提上日程。因为流程是武器、权力，不再是以往的"适配、对标和背书"，因此国家CFO要在承接权力的同时成长为流程的主人，和CEO一起应对一线纷繁复杂的作战环境，构建基于自身经营、合规运营的集成作战流程，提升整个作战团队的效率和效益。这就实现了"流程集成"。

财务权签，向下授权

华为非常重视风险管理。华为通过授权矩阵、明确管理责任主体、管理原则规则、监管与问责，做到了授权与监督并重，又实现了交易安全与效率的平衡。

财务权签是签约授权最重要的一环。其核心是简化管理、向下授权。华为的财务权签与预算挂钩，比如拉通费用报销类权签和审批类 PR（采购请求）权签。PR 权签是预算的控制点，有预算才能有 PR。

本着"谁生成预算谁权签""落地权签""限额、限期授权"的原则，财务权签来源于预算，即谁拥有预算，谁就有预算范围内的财务权签。集团经营管理部每年对费用预算和财务权签执行的匹配性进行检查，针对严重超预算的情况，建立相应的处理机制。当双方或多方都承担费用预算时，遵循"落地权签"原则，即谁离费用最近谁权签。同时，财务权签实行分层单笔最高限额及授权有效期等约束管理制度。

谁拥有权签？华为规定，二层组织的正职或主持工作的副职及以上层级，依据公司任命自动获取财务权签，其他层级需上层财务权签人授权。各责任中心可以根据各层组织的人员规模和深度向下授权，但财务权签只能向下授予到有预算的单元。无论是否向下授权，财务权签人都需要对本预算单元的预算负责。

在遵循预算生成和落地原则的基础上，费用权签的路径要与费用预算的生成、费用授予和费用报销的路径保持一致。区域各BG/ 职能平台的财务权签落地在区域，由区域组织进行授权和管理；地区部各 BG/ 职能平台主官的费用由地区部总裁审核，代表处各 BG/ 职能平台主官的费用由代表处代表审核。

财经一度想取消费用的主官审核角色，尝试只让权签人审批。但后来在实际执行的过程中，主官审核角色依然存在。财经实行"三点闭环"：报销人发起，主官审核，权签人审批。若权签人同时也是主官，那么审核自动通过，实行"两点闭环"。这大大提高了费用报销的效率。

权签人本人的费用及预算，纳入上级权签人所在预算单元。所有财务权签设置单笔上限金额，同时设置限期，默认期限为3年。当发生岗位变动或人员调整时，公司应及时刷新限额及限期，并实行年度例行审视制度。

公司对权签人有资质要求，费用报销／审核遵从性等级须为B级及以上。在总分为100分的情况下，B级为71~90分，A级为91~100分。权签人必须通过考试，且分数在80分以上。这是为了确保权签人了解公司费用报销的相关政策。

项目权签来源于项目预算。在正式通过项目基准预算到项目关闭前，项目权签人才能行使财务权签权力。项目关闭后，财务权签权力自动失效。管理项目费用的花费比例应与项目进度保持一致，项目经理、流程与IT主官负责监控项目进度。

对于涉及多个部门的公共开支，行政服务部门主官为该类付款的财务权签人。主官先将费用计入该行政服务部门，再按比例分摊。

第六章 财经组织架构

2003 年，华为建立了全球统一的财务组织，并进行了组织架构、财务流程、财务制度、IT 平台的标准化和统一化建设。2007 年，华为启动 IFS 变革项目，该项目持续了 8 年。2008 年，EMT 批准区域财经组织方案。同时，华为从当时在电信行业排名 TOP 3 的友商阿尔卡特朗讯，引进一位财务副总裁，对标学习，重新设立了集团财经组织架构。2011 年，企业 BG 和消费者 BG 从运营商 BG 中脱离出来，相继独立。两个 BG 相应设立财经 BP（业务伙伴）组织。

为了构建与业务相匹配的财经组织，集团财经相应调整了组织架构。总体可以概括为三大支柱模型：COE、BP 与 SSC。

2013 年 3 月 20 日，常务董事会明确要求财经组织必须保持独立性，思考如何建设三大支柱模型，明确财经组织的发展方向、职责划分、人员结构、能力布局等。对于财经体系的钢筋混凝土建设，常务董事会要求有清晰的规则，不同的岗位需求应有不同比例的混凝土模型。比如对于中国大陆以外的业务中心的布局，华为一直将重心放在荷兰。2013 年后，荷兰承载的欧洲业务逐步分布欧洲不同国家，其他区域的业务逐步转移至中国香港。以此要求为契机，集团财经经过对标和不懈探索，形成了比较完善的组织架构，有力支撑了公司近 5 年的高速成长，成为业务可信赖的伙伴。

面向未来："非常落后"到"世界一流"的"经线"

长期以来，华为财经饱受压力。

华为的价值创造来源于"以客户需求和技术创新双轮驱动"、做强"基础平台"、打造"应用平台"和"业务平台"、灵活满足各种场景。"全营一杆枪"就是指华为要构筑自己的万里长城。

这就为华为带来了内部的压力和外部的挑战。华为内部的压力来自两方面。

一是销售、研发和交付等直接作战部门的压力。华为奉行"以客户为中心""业务为主导，财经为监督"，销售直接面向客户，带来客户需求；研发从产品端解决客户需求，管理全生命周期；交付则要把合格的产品发给客户，调试安装产品至可使用状态，再完成 Turnkey（交钥匙）步骤，让客户"拎包入住"，直接使用产品。

华为的要求是，产品可适配各种场景，客户需求可规划产品，把简单留给客户，把复杂留给自己。华为要将基础平台打造成应用平台的强大支持力量，使其吸收人类文明成果，做世界上最适合种"庄稼"的黑土地。

华为致力于研究各种场景化需求，用技术来适配场景。场景既是客户场景，也是作战场景，适配场景要求公司用技术去处理现实的问题。比如珠穆朗玛峰的基站并不需要那么宽的带宽，因为通常登峰的团队只有 10 人左右。基站使用的非连续性要求产品模块化，可拆卸、可组装，以最大化降低成本。这么做可能牺牲了一部分功能，却获得了另一部分效率。把简单留给客户，把复杂留给自己。场景化就是指公司用人工智能、电子技术、算法来完成复杂的内部问题，把方便留给客户。再比如在低端产品上，公司要领先友商，实现可生产、易交付、免维护、低成本，以规模化采购的低成本和合理的商业模式取胜；而在高端产品上，公司要快速创新，与产业界比技术，比谁跑得更快。

研发、销售到交付这条业务主价值链，基于一线的各种客户需求场景，对财经组织提出了面对不同客户场景的集成财经解决方案需求。

二是改进内部管理的压力。华为一向对员工要求严格，坚持"深淘滩，低作堰"的商业模式。华为坚持跟自己比、跟标杆比，不断挖掘内部潜力，降低运作成本，提升运营效率。比如华为的管理费用率，每年可实现 5% 的改进，每年可降低 20% 的研发成本，这都是刚性指标。这就对财经的预算约束、成本费用、宏观调控等管理能力提出了很高的要求。

华为也面临很多外部的挑战。华为在全球 170 多个国家和地区开展业务，包括经济发达地区，如西欧；经济落后地区，如非洲西部；介于二者之间者，如东欧、南美；外汇管制国家，如委内瑞拉；汇困国家，如缅甸；战乱国家，如叙利亚……各个国家和地区的环境可谓千差万别。几乎有人的地方，就有华为的业务。此外，没人的地方，也有华为的业务，如北极。有业务的地方，就有财经支撑的需求。这些遍布全球的错综复杂的外部环境，为华为财经带来了巨大的挑战。

内部的压力，外部的挑战，对标全球巨头、百年竞争对手后的世界级高标准，让财经始终处于追赶与适配中——追赶标杆、适配业务。

财经建设非一朝一夕可成，不能像销售等作战组织为公司带来的效果一样立竿见影，所以财经被业务主官骂是常态。这一骂，持续了将近 20 年。这一骂，就是任正非说的"非常落后""账都算不清楚"。

财经知耻而后勇，进行了近 20 年的变革：1998 年的四个统一，2005 年的账务共享中心建设，2007 年的 IFS 变革，2014 年的 PB & F 变革、ITC（集成税务遵从）变革，2018 年的 IBF 变革，等等。财经从"非常落后"到"比较落后"，从"比较落后"到"比较先进"，最终到"世界一流"。

2018 年 1 月 16 日，任正非在与财务部分员工座谈会上的讲话中，首次宣布财经已是"世界一流"。

财经在经线管理上已是世界一流，要加强纬线的管理优化。同时，财经应努力夯实底座，让优秀的管理者继续往下沉，到现场去解决问题，在作战中赋能。

　　财经管理部下一步的变革目标，不是追求世界第一、世界第二的高水平，而是培养对业务作战最实用的财务能力，扎扎实实地打好基础。有了基座，万丈高楼平地起。

　　财经的经线主要是指纵深的专业能力。财经的专业性体现在以公司视角开展工作。其定位是董事会沟通与决策支撑，提供政策、流程、方法论的中央平台，高阶投资组合管理，等等。其涉及的流程和业务有经营管理、销售融资、资金、税务、核算与报告。设立的对应组织有经营管理部、销售融资管理部、资金管理部、税务管理部、账务管理部。

　　经营管理部主要围绕销售收入、净利润、SG＆A（销售和管理）费用率、滚动预测数据质量、L5（五级流程）/L6建设完成率等关键指标，提升经营管理的宏观调控能力。2015年之前，经营管理部被称为"财经管理部"。其定位是公司的驱动器、发动机。主要职责是主导公司三张报表的平衡，通过计划预算核算机制及公司的业务绩效报告和分析，揭示经营风险、问题，促进公司经营指标的达成，支撑并牵引公司实现长期有效增长。经营管理部对年度预算负责，不对具体的财务结果负责。预算要建立基线。基线建设以国家为维度，责任人为国家CFO。预算实行红线管理、弹性管理。预算的核心是配置资源。预算要区分战略资源和战术资源。战略资源是自上而下主动配置的资源，项目层面无须承担相应费用。战术资源是自下而上呼唤的炮火，要对资源进行定价和建立买卖机制。谁呼唤谁承担。经营管理部要"宏观调控"，使劳动创造与资本创造的比例为 3∶1。比如，让拉车的人比坐车的人收入高，让拉车人在拉车时比不拉车时收入高。

销售融资管理部主要围绕融资销售、融资提款、客户信用（新增超长期应收账款占收入比）、内控成熟度、L5/L6 建设完成率等关键指标，提升公司的融资能力。同时，它要管理银行资源，从集团整体利益去管理和平衡银行资源；利用良好财务状况的机会窗，建立起银行关系管理的主动权。主要职责是通过构建长期稳定的金融资源关系，培育公司的融资能力；积极管理客户风险，促进业务有效增长。

资金管理部主要围绕经营性净现金流、资产负债率、财务成本率、汇困能力、汇兑损失、数据质量综合水平、内控成熟度、内控优化度、L5/L6 建设完成率等关键指标，提升资金统筹、计划、运营能力。主要职责是发挥管理职能，管理集团资产负债表及现金流量表；匹配公司战略，通过合理规划资产结构和安全高效的运作，保障资金供给；支撑业务发展，提升资产运营的效率，规避财务风险。

税务管理部主要围绕集团 ETR（有效税赋比率）、滚动预测偏差率、全球利润分布目标偏差率、账税拉通覆盖率、海外税务与子公司人员配置、数据质量等关键指标，建立税务能力。主要职责是洞察公司运营中的税务机会和价值，提供有竞争力的税务解决方案；确保子公司税务安全与合规运营，对公司盈利能力及税务现金流做出贡献。

账务管理部主要围绕收入成本核算成熟度、存货核算成熟度、财报优化项目问题解决率、账税拉通覆盖率、内控成熟度等关键指标，提升核算与报告分析能力。主要职责是支撑公司产业运作，提供端到端账务核算与报告；拉通账务各流程，强化税务核算与外部遵从的职能，支撑公司合规运营；建立共享中心监控组织，发挥账务监控大坝的作用，突破财报优化、财报内控、账税拉通三个重点、难点。同时，账务管理部要实事求是，对国家账务处理的核算方案进行决策，不允许将本地报表做外包处理。如今，账务管理部已将年度报告终稿提前至 1 月 10 日完成。

"经线"组织作为公司专业领域的行管组织，负有制定全集团政策、发布文件和制度的责任，要让集团高层的管理思想、理念在本领域内形成可执行、可落地的政策、文件、制度，做化"云"为"雨"的催化剂，使公司的"云""雨""沟"形成完整的生态逻辑。

"经线"组织要做化"云"为"雨"的催化剂

按：此文原创于 2015 年 1 月 6 日，系笔者应邀撰写财经管理部（2015 年初改名为经营管理部）作为"经线"组织、集团的发动机、驱动器，所担负的组织价值与责任。文章发表于华为内网，有删改。

财经管理部发起的"我眼中的财经管理部"讨论，让大家进一步了解了财经管理部的组织价值和对个人成长的价值。结合集团 CFO 在 2013 年财经战略研讨会上提到的"云、雨、河沟"图，我觉得财经管理部就像是化"云"为"雨"的催化剂；同时，它也是一个统筹全局的大平台，可培养参与者的视野和全局观。而这对个人综合素养的锻造是非常有益的。

"云"除了指公司的管理思想、理念，还指变化。比如合同类型和数量的变化、商业模式的变化、客户选择的变化、谈判对手的变化、终端销售渠道的变化、互联网世界的变化、长期业务策略实现方式的变化等。"云"有时是虚无的、缥缈的，但更多时候是实实在在的。

"雨"除了指政策、文件、制度，还指业务活动和财务活动。比如战略投入、抢地盘、回报优质客户、资源向一线倾斜、资源定价、积极授权等。"雨"更多时候是实实在在的，是可滋润大地、灌溉良田的。"雨"水需要"河沟"疏通。

"河沟"则是我们的流程体系，以及支撑流程体系有效运转的授权、IT 系统等。"河沟"必须是畅通无阻的，否则"雨"水就会泛滥成灾。

在此基础上，我把财经管理部的组织价值延伸一下——化"云"为"雨"，把公司的战略转化成可支撑其达成的具体政策、规则；把战略这片"云"转化成落到地面的"雨"，使"雨"通过流程这一条条"河沟"流向大海。

众所周知，地球表面积为 5.1 亿平方公里，70% 以上的面积为海洋面积，陆地面积仅占 29%，约 1.5 亿平方公里，相当于 15 个中国的面积。也就是说，地球表面主要由水域覆盖。这些水受到太阳光的照射后，就变成了水蒸气。水蒸气在高空遇到冷空气便凝聚成小水滴。这些小水滴都很小，直径通常是 0.01~0.02 毫米，最大也只有 0.2 毫米。它们又小又轻，被空气中的上升气流托在空中。这些小水滴在空中聚成了云。

这些"云"朵，就像我们公司的愿景、战略，在正式落地之前，可能是若隐若现、遥不可及的。那么，"云"朵如何落地变成"雨"水？这些小水滴要想变成雨滴，体积大约要增大 100 多万倍。这些小水滴是怎样使自己的体积增大 100 多万倍的？它主要依靠两个手段，一是凝结和凝华增大，二是依靠云滴的碰撞增大。总之，小水滴要增大体积，提升自我的"重量"。这就如我们在酝酿、制定政策规则的过程中，也要提升自身能力，增加自己综合素质的"含金量"。

如何增大？在雨滴形成的初期，云滴主要依靠不断吸收云体四周的水蒸气来使自己凝结和凝华。如果云体内的水蒸气能源源不断得到供应和补充，使云滴表面经常处于过饱和状态，那么，这种凝结过程将会继续下去，使云滴不断增大，成为雨滴。但有时云体内的水蒸气有限，在同一块云里，水蒸气往往供不应求，这样就不可能使每个云滴都增大为较大的雨滴，有些较小的云滴只好归并到较大的云滴中去。这就是自然界的兼并，商界也是如此。

如果云内出现水滴和冰晶共存的情况，那么这种凝结和凝华增大的过程将大大加快。当云中的云滴增大到一定程度时，由于大云滴的体积和重量不断增加，它们在下降过程中不仅能赶上那些下降速度较慢的小云滴，而且还会"吞并"更多的小云滴，使自己壮大起来。当大云滴越长越大，最后大到空气再也无力承托时，便从云中直落到地面，成为我们常见的雨水。这就是自然界中的云变成雨的过程。

财经管理部就像催化剂，通过不断听取一线的声音，把这些来自一线的"小雨滴"，凝结、凝华成"大雨滴"，以及"更大的雨滴"；通过发酵、战略对标，形成"雨"——财经政策、规则等，再落地到流程这一条条"河沟"里。

比如，公司提出聚焦管道后，我们应如何落实？有什么财经解决方案？对策之一是资源配置对准战略。如何对准？如何规划？如何在主航道与非主航道上配置资源？如何配置区域资源？如何考虑预算？这些问题需要公司在编制预算白皮书、拟定资源配置规则时，统一拉通考虑。

再比如，公司提出简化管理。这就要解决加大授权的问题。如何授权？如何考虑财务权签？如何让一线责任单元弹性获取资源、简化审批？这些都是财经管理部要解决的问题。在了解公司的战略、政策出台的前因后果、公司重点工作的精髓方面，拟定这些政策、规则是大有裨益的。从这个意义上说，财经管理部的责任重大，需要有一线经验的同事加入。一线这些偏微观、偏执行层面的经验，再辅以偏宏观、偏控制层面的经验，对培养个人点、线、面的全局观和视野是非常有益的。

小米创始人雷军有句名言：只要站在风口，猪也能飞起来。

就是说，平台很重要。有一个经典段子，说的是腾讯有一个老员工，每月收入在扣除基本开销外，剩余收入全部买了公司股票，不看涨跌，坚持了 7 年；他生活简朴，只有一辆夏利车，但目前他的资产已过亿。中国远洋也有一个老员工，每月收入在扣除基本开销外，剩余收入也全部买了公司股票，不看涨跌，坚持了 6 年；他生活简朴，但最终结果是宝马换成了自行车。这就是平台的力量。事实上，能不能飞起来，更多时候不取决于你是什么，而取决于平台是什么。

不论你是什么，如果你站在风口上，那么总有飞起来的可能。财经管理部就是这么一个对追求成长的人，尤其是对有一线经验的同事非常有益的"风口"。

面向客户：支撑作战的"纬线"

华为要求，业务人员要懂财务，财务人员要懂业务，形成坚固的钢筋混凝土体系。

2010 年前后，集团财经在任命一线地区部 CFO 时，从业务部门抽调了一批干部，让他们转型做 CFO。但这么做的实际效果并不是特别理想。因为财经是易入门但难精通的专业。地区部总裁常抱怨："论业务，你这个 CFO 没有我懂；论财务，你又不专业。要你这样的 CFO 何用？"所以，地区部和代表处的 CFO 最终还是以财经背景的干部为主。当然，多年下来，也有一些从业务部门过来的 CFO 成功转型，在财经体系干得如鱼得水，但这部分人的比例比较低。

华为在干部任用的态度上，还是比较开放的。业务与财务的混搭，形成了很多具有钢筋混凝土结构的团队。任正非说："一线用服工程师懂配置、工程等很多方面，也曾与我们一同爬冰卧雪，为什么不让他们中的一部分人转岗去做项目核算经理呢？如果他们从优秀的核算经理做到预算经理，再做到计划管理，那么最终就是项目 CEO。即使他们仅做核算经理，也可以再工作 20 年。当然，财务人员也可以担任此责。这批有实践经验的人员走向财务，财务专业出身的 PFC（项目 CFO）要螺旋上来，要在有财务经验的基础上，丰富自己的业务经验。"业务螺旋到财务，财务螺旋到业务，机关螺旋下去，基层螺旋上来，这样的螺旋运动，便形成了一个非常坚固的钢筋混凝土体系。这就是华为倡导的干部"之"字形成长。

任正非认为，华为的经线已经是世界一流，华为要加强财经纬线的能力建设，率先培养出一批财务场景师。场景师不应仅存在于销售领域、技术领域，财务领域也可以有。一个组织的良好运转，既需要"全科医生"，也需要"专科医生"。"专科医生"能帮助组织建设各个财务专业领域，继续沿着原来的方向补齐能力和队伍，这是经度，在垂直方向上打通；"全科医生"是为作战组织提供支撑的 BP 财务，这是纬度，在平行方向上实现合纵。财经在各个纬度上的能力积累不足，要着重提升这方面能力。

任正非认为，过去 30 年，财经做出了很大的成绩。财经是公司的底座。这个财经不仅仅是指财务，"经"是指除了技术方向外的全部经济活动，包括供应链、行政、后勤、物流、基建、研发等。财经体系让华为从财务管理走向名副其实的财经管理：融入项目、融入业务，夯实基础、横纵打通。

所以，华为财经的纬线被定义为面向客户、面向业务、支撑作战的BP。其定位是业务伙伴与价值整合者。主要职责是以作战需求为中心，提供集成解决方案；融控制于业务之中，守住风险底线，发现风险要举手；支撑作战的同时，保持独立性；面向客户需求，构筑从机会到变现的端到端全流程解决方案能力，助力商业成功。

财经的纬线主要是BG和区域。重点是区域。区域是一线的一线。所以，区域财经的专业能力建设格外重要。华为讲的一线经验，主要是指区域经验，尤其是海外经验。在华为，没在海外工作3年以上的人，就是没有一线经验的人（最少2年，通常3年），其晋升会受到刚性约束。按任正非的判断，财经的各个专业组织的能力已经很强了，就是"经线做到了世界一流"，但各层业务CFO仍需提升综合财经能力。他们是直接面向一线作战的人，最需要提升财经综合作战的能力，就是"纬线"能力。

提升的主要方式为赋能及实战，即所谓的"训战"。面向区域财经人员的赋能，通常是基于场景化的解决方案。他们不需要知道太多的财经知识点，而是要知道如何将财经的知识点聚合成支撑作战的综合能力。他们是"全科医生"。财经的赋能一般会邀请业务人员参与。财务要懂业务，业务也要懂财务。业务的赋能，也邀请财经人员一起参与。赋能要考试，以考促学。既要懂财务，也要懂业务，是华为对主官的期望，也是对主官的要求。只有将财务技能与业务知识相融合，业务和财务的主官们才能更加有效地行权。

自2018年起，华为每年将有技术背景的学生全部分配给研发，让他们先进行半年的交付、制造实习，再做三年的研发，有成功经验后，再将他们分流去各个业务口。他们中的一些人甚至会进入集团财经做项目财务（最小经营单元的CFO）。

其实，笔者常驻雅加达时，身边就有不少项目财务是由研发转型的。这些有技术、业务背景的年轻人持续学习，是完全有可能成为合格的CFO的。

财经的"纬线"涉及的流程和业务有计划预算预测、资本运作财经、产品线财经、客户及销售财经、合同交付财经。财经应面向客户、面向业务，以端到端视角支撑业务作战。同时，财经应设立对应的组织：××BG财经管理部（含作战的主BG和服务BG）、区域财经管理部。

区域财经管理部是"纬线"主力。2017年，集团取消了区域财经管理部，但一线各地区部、代表处的财经力量仍然非常强大。区域财经组织作为片联/BG/系统部的业务伙伴与价值整合者，应确保达成面向客户的经营目标，实现持续有效增长和安全稳健运营。区域财经围绕区域贡献利润率、区域经营性净现金流、运营资产占用率、销管费用率、滚动预测偏差率、内控成熟度、L5/L6建设完成率、关键人员到位率等关键指标，提升区域财经的综合作战能力。由于项目位于区域，因此区域财经作为项目经营的行业管理部门，应承担项目端到端的财务管理责任。其他财经领域的业务由区域财经管理部承担平台责任，由 COE 组织（经线组织）承担赋能责任。

自 2014 年起，集团财经建立了良性、适度的问责机制，促进地区部 CFO、代表处 CFO 行权决策。这也倒逼了财经"纬线"能力的提升。BG/SBG 财经管理组织作为 BG/SBG 的业务伙伴，协助 BG/SBG 的 CEO 完成业务经营效益和绩效管理，与业务主官共同负责经营目标的达成。

全球布局的共享中心

基于任正非的著名论断"核算是战争指挥权"，华为的账务与资金、审计是实行中央集权管理制度的。所谓集权管理，就是集中做账、垂直管理、保持独立性。

怎么才是"保持独立性"？"不为客户负责，不为业务负责，不为领导负责，只为真实性负责"就是答案，它也是账务的口号。

华为希望账务担起"大坝"的责任，对业务行为发挥应有的监督和制衡作用。账务不仅有服务功能，还有监控责任，能做到监控重于服务、监控融于服务。账务应保证数据真实、可靠，跟所有业务管理组织脱钩；坚定不移地推行流程管理，坚持在流程中实行全面监控，敢于揭露问题并推动改进。

继 1998 年毕马威助华为实施了"四统一"项目之后，2005 年，华为在全球建立了 5 个共享中心。其中，全球集中支付中心在深圳落成，提升了账务的运作效率与监控质量，保障了海外业务在迅速扩张中获得核算支撑。

截至 2019 年 10 月，华为在全球有 7 个账务共享中心：成都共享中心，负责中国地区部和北美地区的账务核算；深圳共享中心，负责中东地区部和独联体国家的账务核算；马来西亚共享中心，负责南太地区部和日本代表处（含韩国）的账务核算；罗马尼亚共享中心，负责西欧地区部和东北欧地区部的账务核算；毛里求斯共享中心，负责南部非洲地区部和北部非洲地区部的账务核算；阿根廷共享中心，负责美洲地区的账务核算；还有一个巴西共享中心，负责巴西代表处的账务核算。华为建设这些账务共享中心并不是为了降低成本，而是为了保持独立性，实现监控重于服务、垂直管理。

账务共享中心实现了全球垂直管理，有标准化制度、流程、系统，能提供及时、准确、高效、专业的账务核算，也能真实、完整地反映财务状况和经营成果，最终支撑决策。此外，账务共享中心还负责外部审计，确保法律遵从。账务共享中心就像一道坚固的大坝，把相似的业务放到一个地方高效处理，既可以起到监督、控制的作用，又能节约成本，提供更好的服务。从制度设计来说，账务共享中心直接受机关管理，没有自己的"屁股"，这也是它能够保持独立、呈现相对真实数据的原因。

事实上，华为不仅建立了账务共享中心，还建立了人力资源共享中心。除了前面提到的经线、纬线，集团财经还有人力资源部和质量运营部等支撑部门。集团财经人力资源部是集团财经 AT

会议的组织部门，对财经体系的干部、人员队伍、能力建设进行统筹考虑；围绕核心人才离职率、核心干部配备率等指标，发挥人才的专业价值；对 COE 组织的员工展开无记名调查，发现组织氛围中存在的问题，并在 HR SP 中进行讨论。作为集团财经的业务战略伙伴，人力资源部应准确理解业务战略需求，从业务战略出发诊断现状和识别问题，形成业务导向的 HR 综合解决方案；遵循公司 HR 领域既定的政策与制度要求，运行相应 HR 流程，落实减人增效、达成组织的高绩效，支撑集团财经业务的成功。

集团财经质量运营部是集团财经 ST 的组织部门，是支撑集团财经的管事机构。它通过支撑集团财经战略规划、业务计划和变革规划的制定和实施，以及日常的业务运营管理，来确保集团财经战略实施和业务目标的达成。

第七章　财经团队管理：打造铁血财经队伍

当业务扩张时，财务要适时点刹；当业务勇往直前时，财务要稳健。财经团队如何帮助公司在全球范围内开展稳健、真实、低风险的财经活动？如何做到内外合规、多产粮食，保驾护航赢未来？答案是打造一个钢筋混凝土式组织，打造一支铁血财经队伍（尤其是能打硬仗的干部队伍）。

财经的干部队伍要敢担当、有冲劲。2015年起，金一南将军应邀给华为中高层干部做了三次主题演讲，解析了美国军队改革的方法论及队伍的血性和灵魂。华为内部借鉴了美军的价值评价体系和组织建设体系。

美国西点军校是美军军官的摇篮。西点军校的定位较高，入校要求非常严格，大多数学生的学习成绩优秀（成绩在高中班级排名前十），擅长体育、演讲。西点军校围绕长期目标培养学生。目标是培养优秀的高级军官，而不是基层军官。美国军官随时奔赴一线、投入战斗，一切都是围绕战斗进行。对于军队的战斗力不强的问题，军官负主要责任，因为士兵的职责是服从和执行。

美国军校的优秀学生会优先选择在一线工作。晋升机会向一线倾斜，向作战部队倾斜，向负伤人员倾斜。费用也向一线倾斜。晋升的评价标准：有没有上过战场，有没有开过枪，有没有受过伤。想晋升将军的美国人，必须读 60 本书，因此美国军官的阅读量比较大。美军认为，战胜敌人的机会有两次：一次是在内心里，一次是在现实中。

2018 年 1 月 16 日，任正非在与财务部分员工的座谈会上提出，财经要加强经线和纬线管理，打造一支钢筋混凝土式的铁血财经队伍，真正助力业务成功。

截至 2018 年年底，财经组织已覆盖全球 14 个地区部，100 多个代表处，170 多个国家；基本做到了哪里有业务，哪里就有财经。华为的业财融合比较紧密。

炸开人才金字塔：我们要的是哈佛、牛津大才！

华为为什么能三十余年如一日，激励大家持续奋斗？因为价值分配做得好、敢砸钱。用任正非的话说，钱给多了，不是人才也成了人才。

具体来说，就是华为愿意把股份分给大家。不过，华为分配的是虚拟股权——ESOP，而现在每股的价格太高了（7.85 元），15 级以下的员工收入低，他们买不起 ESOP。

为了解决这个问题，TUP 适时诞生。2014 年年底，华为推出

TUP 方案，并于 2015 年开始实施。TUP 与工资、奖金、专项奖、ESOP，共同构成了华为的短期、中期、长期物质激励计划。华为要求所有员工的收入，只能来自上述几项。这就是"利出一孔"。

做到"利出一孔"的前提是"力出一孔"，就是聚焦，就是不在非战略机会点上消耗资源。工资、奖金、专项奖是当年度奖励，属于即期激励；TUP 是未来 5 年的税前利润中的特定包受益权，属于中期激励；ESOP 是基于税后利润的现金分红和增值权益，属于长期激励。职级偏低的员工，其收入以工资、奖金、专项奖和 TUP 为主，若员工的绩效持续优秀，就会获得将 TUP 分阶段转为 ESOP 的权利；职级较高的员工，其收入以 ESOP 为主。华为的退休员工可继续获得 ESOP 的收益。

任正非作为公司创始人，其股权比例也不过 1.14%。那么公司失控怎么办？华为规定，任正非拥有最后否决权。但他说自己从来没有使用过这项权利。

因为华为处于高科技领域，需要的是人的智慧——从人的大脑里挖掘"矿"。

人才永远是最值钱的。那么人才到底有多重要？华为常务董事、运营商 BG 总裁丁耘讲过一个故事。2006 年，华为购买了一个做处理器的小公司的源代码和设计文档，但当时的华为认为，这家公司的开发团队并无价值；然而，华为凭借这些源代码和设计文档，并未开发出产品。2008 年，华为重新聘请了这些技术人员，他们很快就把产品做出来了。这让华为认识到，人才是最值钱的，远比那些源代码和设计文档值钱。

认识到人才的价值后，公司就应让人才获得合理的物质回报。华为提出，绝不让雷锋吃亏，艰苦奋斗的员工定当得到合理的回报。未来的竞争，一定是人才与人才的竞争。企业能否维持竞争力也取决于其是否拥有优秀人才。如果不给人才新机会和有竞争力的薪酬，就吸引不来真正有竞争力的人才。华为认识到了这一点，因此愿意让高价值、高贡献的人才获得有竞争力的薪酬回报，吸引并留住优秀人才。

现在人工智能是超级热门话题。那么人和机器相比，哪个更重要？有些公司虽然口头上说人更重要，但实际上却认为机器设备更值钱。比如，速度很慢的办公电脑，数量较少的实验仪器，总是更能引起公司的注意。华为知道人比机器更值钱，因此华为先把人装备好，再配置仪器设备，让设备围着人转，而不是人围着设备转。华为让出差的员工坐飞机、打出租车，也是为了让他们省出时间，利用这些时间创造价值。

作为民营企业，华为早期在招人时并没有优势。进入新世纪，华为名气越来越大，尤其是 2010 年首次进入《财富》世界 500 强后，华为的吸引力也越来越大。很多毕业于清华、北大等国内一流大学的学生选择加入华为。

网易根据《2018 年各高校就业质量报告》对 985 高校毕业生的工作企业进行了统计，2018 年，招聘 985 毕业生最多的企业排行中，第三名是国家电网，招聘了 2 020 名 985 高校毕业生。作为长期身处世界 500 强前三的巨无霸企业，国家电网就是所有电力专业学生就职的不二选择，但入职国家电网却并不容易。第二名是中国建筑，招聘了 2 095 名 985 高校毕业生。中国建筑集团有限公司是中国建筑业唯一具有房屋建筑工程施工总承包、公路工程施工总承包、市政公用工程施工总承包三个特级资质的企业。而第一名就是华为。华为招聘了 3 860 名 985 高校毕业生。华为的5G 专利量位居全球第一，手机销量位居全球第二，业务遍及基站、路由器、交换机、手机、芯片等多个领域。作为中国硬科技的扛鼎企业，华为不仅在 985 高校招聘人数上位列第一，还是招聘清华、北大毕业生最多的企业。

2014 年起，除了在中国各大名校招聘人才，华为集团财经首次在伦敦召开财经专场招聘会，招聘了牛津、剑桥、哈佛、耶鲁等数百名世界一流大学的毕业生。同时，华为加强了雇主品牌建设，安排了校园宣讲、暑期实践、财经挑战赛等活动，提升华为财经在青年学生中的影响力。2016 年，集团财经招聘了 340 名海外留学生，占当年校园招聘总人数的 38%。

华为之所以有吸引力，是因为它敢砸钱。针对应届毕业生中的优秀人才，华为效仿谷歌、三星、苹果的做法，为 2%~5% 的人提供高薪酬，加大对优秀人才的吸引。这就是 2019 年任正非签发的"天才少年"引进计划。

2019 年 6 月 20 日，任正非在 EMT《20 分钟》的讲话中说："公司每个体系都要调整到冲锋状态，不要有条条框框，要发挥所有人的聪明才智，英勇作战，努力向前冲。华为未来要拖着这个世界往前走，需要自己创造标准；只要我们成为世界最先进的公司，那我们就是标准，别人都会向我们靠拢。今年我们将从全世界招聘 20~30 名天才少年，明年我们还想招聘 200~300 名天才少年。这些天才少年就像'泥鳅'一样，钻活我们的组织，激活我们的队伍。未来 3~5 年，相信我们公司会焕然一新，全部'换枪换炮'，打赢这场'战争'。靠什么？靠你们。"天才少年"引进计划主要针对 AI、新材料等未来前沿科学领域，关注在世界计算机竞赛等大赛中获得大奖的尖子生。华为实行年薪制，给予"天才少年"的收入一般是普通毕业生的 5~6 倍。

2019 年，华为发布了首批 8 名天才少年的年薪方案。他们全部为 2019 届应届顶尖学生，其年薪的最低限为 89.6 万元，最高限为 201 万元。

导师制

华为实行导师制，新员工将有两位导师：一个是思想导师，一个是业务导师。华为认为，认真负责的员工是公司的宝贵财富。高素质、高境界和高度团结的队伍是华为可持续成长的保障。1997 年，华为正处于二次创业的快速发展阶段，经营规模迅速扩大，公司员工队伍迅速增长。员工队伍的壮大，反过来推动了华为的事业进一步成长，为华为的可持续发展带来了新鲜血液。如何使大量新人顺利融入华为文化、融入新集体？怎样使新人尽快熟悉工作岗位？这成为公司各层领导面临的重要问题。在这种情况下，公司各部门积极探索新人培养机制。其中，中研部首创了新员工思想导师制度，于 1997 年 5 月开始在中研部的各个部门推行。

导师的主要作用是"传、帮、带"。为新员工配备工作经验丰富、思想品格过硬的老员工，可以帮助新员工尽快地提升战斗能力。思想导师一般是各部门的技术骨干。技术骨干的工作是相当繁重的，需要全身心投入。而担任思想导师使技术骨干不得不抽出一定时间，付出更多精力。思想导师一般会结合自身的经历和感受，帮助新员工理解华为文化的内涵，鼓励他们认同华为文化，使他们尽快度过磨合期；思想导师还要主动了解新员工在工作、学习、生活及其他方面的困难，并尽全力帮助他们。

思想导师的工作职责：除了按"培养计划"指导新员工工作，还应主动与新员工沟通，保证每周至少一次；及时与新员工沟通，包括对工作岗位的意见、对工作任务的意见、对企业文化和部门气氛的看法等，及时发现问题并对新员工做正向引导；保证新员工安心工作，理解公司各种规章制度和本部门的组织结构、工作环境、工作流程等。

实践证明，思想导师制度是行之有效的新员工培养方式，能帮助新员工尽快融入公司文化氛围，熟悉公司的环境和工作流程，顺利接手工作、进入角色。正因如此，这一制度在全公司成功推广。除了思想导师，华为还有业务导师。业务导师一般是新员工的直接业务主官，其主要职责是"把新员工领进门"，让其快速上手。

在一次关于华为大学的分层分级的教育计划、教材及案例讨论上，任正非提出华为大学也要建立导师制，让具有丰富实践经验和领导能力的员工担任导师，导师也可以分级。在实践中，导师并未分级。但导师制在包括华为大学在内的全公司都得到了推行。按任正非的说法，华为要从封闭式的培训习惯转变为在流程操作过程中言传身教的导师制。优秀的导师是华为的干部预备队成员。

华为是一个学习型组织。导师制也是华为的团队学习的体现。华为的团队学习体现在4个方面：一是提倡老员工做导师，教学相长；二是每个新员工都有自己的导师，如果学员成绩优秀，那么导师还会被授予优秀导师奖；三是将团队成员的成长列入对团队领导的绩效考核，激励领导用心培养下属；四是提倡研讨式学习，甚至邀请合作伙伴共同就某个课程进行分享与研讨。这种相互分享、共同成长的团队氛围促成了整个团队的快速成长。

集团财经也不例外，给每位新员工配备了两位导师。思想导师一般是部门行政领导，业务导师一般是直接业务主官。比如，笔者于2010年8月16日入职华为集团财经，经历一周的新员工入职培训后，被分到了国内子公司财经管理部。随后，人力资源部给笔者安排了两位导师。思想导师是部门的部长——素以工作高标准、严要求著称的程总。她是任正非的妹妹，随任正非母亲姓程。在以"垫子文化""午睡文化"著称的华为，程总从不午睡，总是全身心投入工作，真可谓精力充沛。

2011年6月，笔者入职近一年时，程总调任基建内控稽核办，并邀请笔者和另一位同事筹建新部门，但因笔者更想加入新成立的企业BG，于是，笔者最终前往中国地区部。

新部门的业务导师是一位比笔者小 3 岁的老员工。由于思想导师程总工作繁忙，要协调跨部门重点工作，因此笔者只能咨询业务导师了。当然，业务导师也很忙。好在华为的员工素质高，大多数人都非常友善。专业负责的导师和热情友善的同事，帮助笔者度过了痛并快乐着的试用期。

任职资格管理

华为要求，任职资格与上岗解耦，但与人岗匹配不解耦。就是说，如果你没有任职资格，那么你也可以被任命。但是，如果你没有任职资格，那么你无法完成人岗匹配。人岗匹配是指人和岗要匹配。任职资格只决定岗，不决定人。比如岗位职级跟艰苦区域的补助强挂钩，如果你的岗位职级升了，那么你在艰苦区域的补助就高了。

华为的价值评价借鉴了美军的价值评价体系——首先考虑员工是否"上过战场、开过枪、受过伤"。资格审查是考察任职资格的第一个因素。员工通过资格审查后，才能继续比能力。如果能力强的员工没能通过资格审查，那么他获得提拔的速度会很慢。现在的华为仍是"学习型"组织，能力还是任职资格中很重要的评价标准。显然，在总部机关、发达地区的人员永远是能力最强的，在艰苦地区爬冰卧雪的人员的能力相对是弱的。而能力强的人永远都有机会。如果不把"上过战场、开过枪、受过伤"作为任职资格的重要考虑因素，那么员工自然都不愿意上战场。这就是"激励向一线倾斜",因为战场就是一线。

任职资格是专业员工上岗的必要非充分条件,即专业员工上岗一定需要相应的任职资格支撑。至于员工获得任职资格之后,能否上岗,是否人岗匹配,还需参考其他要素,如绩效贡献、岗位空缺等(见图4–11)。

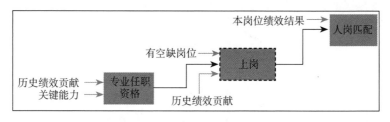

图4–11 任职资格与人岗匹配示意图

任职资格事关员工的职业发展。近年来,它得到了集团财经的高度重视。2015年后,集团CFO亲自签发的会议纪要一般有3个:一是月度例行的AT会议纪要,管干部晋升、调薪激励等人事;二是月度例行的ST纪要,管集团财经所有重大政策、流程、规则等办公事务;三是专家委员会纪要,管集团财经所有4级以上专家的职业发展、能力建设。凡是任职资格为4级专家及以上的人,可能会被CFO任主任的专家委员会随机抽取述职。这个委员会有预算分委会、融资分委会、税务分委会、资金分委会、会计分委会等若干分支委员会,它们可以分担CFO的压力。

在业务领域中,交付领域的任职资格分为8级,财经领域的任职资格分为7级。事实上,5级以上的专家非常少。举个例子,2015年,笔者是集团财经规划领域的5级专家。当时这个子领域中，并没有 7 级专家，在笔者之上只有一位 6 级专家。全集团该领域的 5 级专家也仅有 2 人（含笔者在内）。但在预算领域，华为有若干位 7 级专家，不超过 10 位 6 级专家，不超过 30 位 5 级专家。因为预算领域是华为除了会计子领域，专家队伍最为庞大、实力最为彪悍的领域。其他领域（比如融资、税务、定价）中的 6 级以上专家凤毛麟角，5 级以上的专家也极少。

有无空缺岗位，通常由谁决定呢？ HR 可以提供信息给主官，但主官只有建议权，最终决策录用权属于 AT 和上级 AT。

任职资格认证工作通常由 HR 组织。3 级及以下申请，只需申请人提交书面认证材料。4 级及以上专家申请，则需申请人完成答辩。为避免干扰，申请人所在部门的行政主官不能参加答辩。

从 2016 年 1 月起，原由海外各地区部 / 代表处延伸 COE 或部门 HRBP 负责的任职资格认证组织工作，被整体迁移到 HR SSC（全球 HR 共享服务中心），由 HR SSC 直接面向员工和评委提供任职资格服务。HR SSC 负责任职资格认证组织工作，HR SSC 专职服务代表直接面向员工和评委提供服务。这让认证组织过程更加规范，保障了认证质量。大规模集中交付也提高了认证效率。据 HR SSC 统计，2017 年 1—8 月，全球 14 个地区部任职资格全流程的平均时长由两年前的 90 天（部分族类高达 100 多天）降至 43 天，在公司各体系的流程中排名第二。HR SSC 的目标是将从员工提交申请到任职结果发布的时长控制在 30 天左右。与此同时，HR SSC 面临的挑战是保证任职资格评定的客观公正性，即如何通过任职资格制度，将真正优秀的专业技术人才识别出来。任职资格认证也可以向下授权。3 级及以下的认证评委可由地区部专家构成。4 级及以上的认证评委必须由具备海外一线成功经验的专家组成。

TIME 模型：对财务代表的要求

截至 2018 年 12 月 31 日，华为有 8.5 万人的庞大研发队伍，这支队伍的人数占全体员工人数的 45%。这支队伍包括 3 个部分：一是产品与解决方案体系，主要解决 1~3 年的产品开发及商用问题；二是面向未来的 2012 实验室，主要面向 3~10 年的前沿基础领域研究；三是消费者 BG 的产品研发部门，聚焦于家庭与消费者领域的终端产品研发。前两个部分聚焦于泛网络的 ICT 基础设施的研究与开发。

华为每年将不少于营业收入 10% 的费用用于研发，其中 10%~20% 的研发费用用于预研。预研主要由 2012 实验室完成。技术创新和管理变革，是提升华为核心竞争力的双轮驱动。技术创新需研发投入。图 4-12 展示的是华为 2006—2018 年的研发投入情况。比如 2018 年度，华为投入 1 015 亿元用于研发，占当年收入 7 212 亿元的 14.1%。如何用好这笔庞大的研发费用？集团财经给产品研发部门配备了专门的财务 BP——财务代表。虽然华为现在不叫"财务代表"，改叫"产品线财经"和"研究所财经"了，但财务代表的主要职责还是被延续下来了。

财务代表的核心职责是完成 TIME 模型。Target（目标）：支

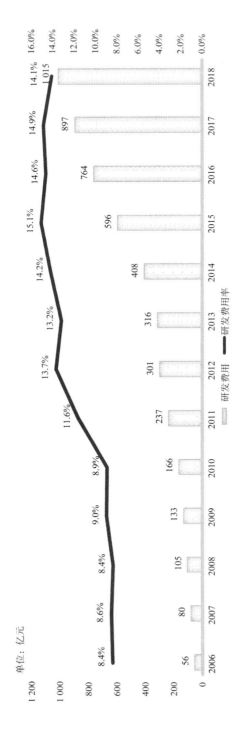

图 4-12　2006—2018 年研发投入

撑获得批准的年度经营目标的达成；Investment（投资）：参与投资决策评审（应用财务模型，度量/分析和评估投资项目及投资组合效率，提供决策依据），对投资经营结果负责；Management（管理）：完成团队管理/团队经营；Execution（执行）：严格执行公司财务政策和纪律要求。

Target：支撑获得批准的年度经营目标的达成，重点围绕 KPI，关注规模、盈利、效率，从财务规划/预算/预测、经营分析、绩效推动、端到端成本度量、费用管理、售前项目支持、定价策略与盈利牵引、风险与内控 8 个方面加强管理。

　　财务规划/预算/预测：负责子产品线规划/预算/预测，包括战略规划、商业计划、滚动预测和 KPI 分解等。

　　经营分析：负责规模分析、盈利分析、运营资产效率分析、经营风险分析、客户及友商分析。

　　绩效推动：作为绩效管理的组织者，发挥信息中心、驱动中心、协调指挥中心的职能，及时发现经营风险，确保最终业务目标的达成。作为信息中心，整理、分发全流程销售合同数据；作为驱动中心，驱动行销及时形成订货、下单要货，驱动供应链及时备货、发货，驱动用服及时安装验收，驱动财务及时准确确认收入；作为协调指挥中心，总体筹划全流程季度目标，协调流程各环节出现的问题。

　　端到端成本度量：负责提升成本度量能力，建立分业务场景的总成本模型和投资基线，履行 IPD 流程中的成本管理工作，从中长期角度监控成本改进对子产品线盈利要求的符合度。

费用管理：负责经营团队的费用管理工作，包括核算方案、弹性预算管理、监控、预测及风险揭示等；推广研发项目四算和项目费用授权，拉通战略规划、商业计划与产品投资规划，确保资源投入高效；开展国家拨款项目的立项、监控、审计工作，采用低风险、可追溯的方式，确保项目顺利通过验收。

售前项目支持：负责重大项目商务概算及盈利设计，包括关键商务条款审视。

定价策略与盈利牵引：基于BMT（业务管理团队）中长期经营规划和年度经营目标，与相关业务主官共同商议确定国内与海外市场的定价策略（与市场平均价格相比），并将盈利目标引入产品基本价计算模型；参与制定各区域定价授权规则，参与评审超出授权价的投标项目。

风险与内控：遵从公司风险管理政策和流程，协同业务、识别关键风险，制定应对策略措施，定期回顾风险管理执行情况。

Investment：参与投资决策评审，对投资经营结果负责，重点围绕项目投资目标（目标成本达成率）、投资回报率及回收期、风险管理目标（风险措施闭环比率）等指标，从投资决策、投资风险管理、新交易模式的投资管理3个方面加强管理。

投资决策：负责子产品线在战略规划、IPD 流程中的投资项目财务评估，参与投资决策评审；建立投资评估模型和投资基线，有序开展投资分析（含投资回溯），评价投资效率和效益，支撑产品的投资组合管理，优化资源配置，牵引业务持续增长和盈利。

投资风险管理：牵引业务，从战略规划阶段开始识别风险、评估风险，平衡业务风险与回报，制定风险管理策略和应对措施，定期跟踪、了解风险管理措施的执行情况，保障有效经营。

新交易模式的投资管理：参与新商业模式投资决策评审，提供投资决策财务依据，如新交易模式的初步可行性分析、短期和中长期盈利分析、经营风险评估、项目的概预核决四算等。

Management：完成团队管理 / 团队经营，围绕业务满意度提升组织能力，围绕业务发展提升财经服务能力和交付质量，满足业务发展需要；积极引导业务管理团队，提升业务决策中的商业分析和判断能力，以商业成功作为最终目标。

Execution：严格执行公司财务政策和纪律要求，帮助业务团队理解公司财务政策和要求，确保政策在业务实施中落实。华为要求财务代表懂业务、懂经营管理、懂资金、懂账务、懂税务，任职资格达到三级，通过 IPD 知识考试。总之，财务代表要善沟通、被信任、促进经营、管好风险。

关键人员管理

蒙尘的英雄也是英雄。

2016 年伊始，华为"厚积薄发"的广告面世，这则广告因以奥运冠军乔伊娜为形象代言人而引起颇多争议。乔伊娜曾被服用兴奋剂的"丑闻"缠身，而且已是历史人物，华为为什么选她呢？有人替之辩解，认为她不是死于兴奋剂，解剖尸体的结论证明她是清白的……她在冲刺最后 5 米时，充满了自信，却不背负为人类创造纪录的沉重……

被世人称为"改变中国的医生"的鲁迅有句名言：有缺点的战士终究是战士，完美的苍蝇终究是苍蝇。

任正非认为，煤不应被洗得白白的。华为鼓励千军万马上战场，允许存在"歪瓜裂枣"——要不完美的战士，不要完美的苍蝇。华为有 19.4 万个不同背景、不同个性、不同肤色、不同素养的战士、将军和统帅，他们中的每个人，无不是充满了人性的两面性。他们在华为这个大熔炉中千锤百炼，由"矿石"化成"铁""钢"，但铁与钢也仍然是有杂质的。没有"无菌的环境"，更没有所谓的"无菌人"。

华为一贯重视干部继任问题。华为认为，所谓的交接班不是一个人的交接班，而是一个集体的交接班，是文化和价值观的交接班，不能"人亡政息"。华为的治理章程有关于这一点的清晰表述。

2017 年 11 月 26 日，经历三年的酝酿、讨论、修改，以及征求内、外专家的建议，华为表决通过了公司治理章程。

2019 年 3 月 30 日，经历一年多的反复讨论和 86 514 名持股员工的投票，第四届持股员工代表会诞生。它行使公司的最高权力，管理和控制公司。新一届董事会、常务董事会在持股员工代表会的授权下，管理公司的日常运作与决策。

在华为，轮值董事长在当值期间是公司日常运作的最高领袖，副董事长为机关平台运作的协调管理人，董事长为公司的形象领袖，同时又有主持持股员工代表会、对治理相关规则及重大问题进行表决的权力。

华为坚持集体领导和制度化交接班。任正非认为，公司的命运不能系于个人。集体领导是华为过去 30 年从失败走向胜利的坚强保障。面对未来不确定的生存与发展环境，唯有坚持集体领导，才能发挥集体智慧，不断战胜困难，取得持续胜利。集体领导机制的生命力与延续性，是通过有序的交接班机制来保障的。制度化交接班才能确保公司"以客户为中心、为客户创造价值"的共同价值观得到切实守护与长久传承。

这个核心理念如何往下传递？每位管理者在总结年度 KPI 时，都要写出两位潜在的接班人的名字，让优秀的人才在最佳时间段做出最大的贡献。人人都可以被替代，都能够被调动，这样的企业员工才能组成一盘活棋。

2017 年 5 月 27 口，任正非在继任计划工作汇报会上提出明确要求：

一、继任梯队干部在上岗前，就应完成岗位职责要求、能力要求、资格要求等准备。

继任计划"四点一线"，从业务战略、对组织/人才的需求、岗位要求到人才梯队，识别、发展能够胜任岗位要求，并且有能力引领公司走向未来商业成功的领导者及继任梯队。

第一，继任梯队干部在上岗之前，就应完成准备，包括岗位职责要求、能力要求、资格要求等。每个岗位职责要求都要形成文档，每两三年循环梳理、升级。随着梳理，岗位职责要求会越来越清晰，实现全公开，所有人都可以在公司内网上查询。公开后，大家就会去比对，看自己是否具备条件；对于欠缺的部分，自己就会去补。

第二，成功实践经验是成为继任梯队干部的必要条件，公司不只关注能力。我们在继任计划的 two-job-away 后划条线，这条线叫作资格线，你至少要有一个成功的实践经验，才可以继续成功、继续做事。公司不给继任梯队干部打标签，只把他们放到岗位上锻炼，取得成功实践经验后就提拔他们。实践经验的标准，也需要评级认证，可以参照岗位示例。注意，资格线不是资历线。

第三，不要将副职岗位用来锻炼继任人选。继任梯队干部是在这个部门/业务蹲着"啃"一个个难点，通过啃难点熟悉要担负的责任和工作，并在上任后指挥方向。公司要严格控制专职的副职岗位。

二、公司应建立多梯队、多梯次的人才管道，让每层梯队都有继任者和实战者。

公司一定要具有人才可替代性，不能产生人才稀缺性，所以我们一直贯彻"多梯队、多梯次"管理。我们要有计划地培养多梯队、多梯次人才，几个梯队朝着同一个方向同时冲锋。当一个梯队冲不上去时，我们要换另一个梯队继续冲锋。将人才管道变长、变粗的做法，并不会产生浪费问题，因为每层梯队的继任者都是实战者。如果有人等在那儿准备接班，那么他就是在做白日梦。

三、公司应贯彻多层人才流动，除了关注领军作战的人才成长，也要盘活基层人才。

继任计划除了坚持一层层、一年年做下去，还要做层与层之间的能量转换，拉通人才交换。比如，我们可以从制造、服务等领域抽调一批人员走向财务支付岗位、核算岗位，会计专业毕业的人员可能没有制造、服务岗位的人员对业务了解得多。随着生产过程的自动化和服务的进步，这批跟随我们浴血奋斗过的人员，只要踏踏实实、认真负责，就可以去战略预备队参加账务培训。他们将对维护账务的真实性产生帮助。如果考试合格，他们就可以担任项目精算师、工程概算师；如果考试不合格，那么他们也可以回原岗位。

中国篮协主席姚明在国家篮球队推行的"双队伍、双主帅制"，就体现了"多梯队、多梯次"的管理策略，增强了队内竞争。华为很重视跨界人才。事实上，跨界的人更容易成为领导者。

如何让这些继任干部、潜力人选快速掌握必要的实操技能，实现"之"字形、螺旋式成长呢？一流的培训平台和残酷的一线实操，可以实现人力资源潜能。这是一种"训战"结合，培训平台解决"训"，一线实操解决"战"。这个培训平台，就是华为大学。

企业的长远发展既要依托组织流程的调整与变革，也离不开组成企业基本要素的"个人"在价值观、技能和知识上的持续提升。华为大学作为华为内部的培训平台，在引导和持续提升员工个人能力，管理者和员工的职业化、国际化水平方面起到了非常重要的作用。华为注重内训，还注重对客户、供应商的培训。华为持续关注通信领域的最新发展，并结合客户需求，为客户提供实用的技术培训，实现与客户的共同成长。

员工应从实践中学习和成长。因为员工的成长有 70% 来自挑战性的工作，20% 来自与他人的沟通学习，只有 10% 来自培训。因此，华为推崇行动学习，培训教师大多数来自具有实际管理经验的各层管理人员，培训的课程也根据业务的需要而设置。华为鼓励训战结合，管理者和员工应在实战中进行学习，真正掌握解决实际问题的能力。华为与合益合作，根据企业发展战略需要，确定了华为管理者的基本素质模型，建立了"领导力素质模型"，设立培训路标，并开发出相应课程，对领导者进行管理培训。在 2005 年、2006 年，华为共培训管理者 2 000 多人，有效支撑了公司接下来几年的持续发展。2008 年，华为建立了双重任职资格体系。员工可根据自身情况，选择"管理"或"专业"这两个职业发展通道的其中之一。公司为员工提供必要的培训，帮助员工快速成长。这一制度设计沿袭至今，培养了公司的骨干队伍，包括财经队伍。

CFO 管理

毛泽东主席有一个著名论断："正确的政治路线确定之后，干部就是决定的因素。"对公司而言，战略方向确定之后，干部就是决定要素。是否有一支忠于使命、敢担当、有冲劲、能打胜仗的干部队伍，决定了公司的未来。

CFO 是干部中的干部。他不仅是财经体系的干部，更是公司的关键干部。

华为对 CFO 队伍的定位是价值整合者。CFO（指各个层级的 CFO）要理解公司战略和业务，拓展战略视野，加强预测、洞察经营结果和趋势的能力；基于数据分析，有效配置资源，通过价值管理促进创造的实现。

CFO 要"三懂、有四度"，即懂战略、懂业务、懂财务，有高度、有温度、有深度和有灰度。有高度是指有战略眼光、大局观，品德高尚。有温度是指有坚韧的品质。有深度是指了解业务、系统思维。有灰度是指刚柔并济，敢于、善于坚持原则。财经也要以客户为中心。不能帮助客户成功的财经主官不是好的 CFO。CFO 的选拔遵循华为一贯的选拔标准：从 TOP 1/3 的绩优干部中优先选拔，从艰苦地区的干部中优先选拔，从有成功实践经验的干部中优先选拔。同时，华为从各个业务部门抽调干部，加强财经组织建设；积极引入外籍 CFO、外籍专家，使其组成混合团队，建设财经"混凝土"组织。

2018 年 3 月 12 日，任正非在《关于人力资源管理纲要 2.0 修订与研讨的讲话纪要》中要求：

> 公司应从成功实践中选拔干部，打造富有高度使命感与责任感，具备战略洞察能力与决断力、战役管控能力，崇尚战斗意志、自我牺牲和求真务实精神的干部队伍；敢于选拔优秀的低级别员工，也敢于淘汰不作为的高职级的主官。
>
> 公司要区分好领袖群体、主官群体、一般干部群体的不同作用。仰望星空、洞察变化、把握好公司前行的宏观战略方向，是对公司领袖的要求，不是对主官的要求。主官就是要聚焦战略执行和作战成功，公司不应对其有过于宏观的要求。
>
> 每个干部都要敢于担责，对于不敢担责、不行权的干部，公司要问责、撤换。干部行权其实是干部自己的机会，放弃使用就是放弃了机会。只有干部行使权力，公司才有希望。干部也不能将工作机会视作人情交换的资本，对于做不出成绩、不敢淘汰和降级不合格员工的主官，公司要坚持实行每年 10% 的末位淘汰。如果我们的干部不努力工作，那么我们与患了富贵病的王朝有何区别？

干部撤换并不意味着直接辞退，而是让他们去战略预备队或内部人才市场重新寻找岗位，和年轻人竞赛！只有让不作为的干部知道重新上岗这条路的艰难，他们才知道在岗行权担责是他们最大的机会。主官的淘汰率高，但主官的升职速度也很快。《人力资源管理纲要2.0》的一个重要使命就是去除30年积淀的问题，帮助组织重新焕发青春。

任正非要求，如果主官在未来3~5年没有基层项目循环成功的实践经验，就不得再担任主官，公司要减缓其升职、升级。如果现任主官缺少这方面的经验，就应从战略预备普通一兵开始，走上战场补课。主官要聚焦在作战上，要关注胜利——多产粮食和增加土壤肥力。各级主官都必须具有基层项目的成功实践经验。公司对高级主官的要求是，具有项目的综合成功经验。公司对更高一级主官的要求是，在纵向（产品管理）、横向（区域管理）都要具有成功实践经验。当然，这是华为未来努力的方向。

任正非认为，现在很多主官还不符合条件，应抓紧时间补课。脱离实战3~5年的主官，必须下去回炉，否则要被转成职员，失去主官位置。干部队伍要有使命感与责任感，要具备战略洞察能力、决断力，要心怀梦想、勇于挑战、敢于担责，一切为了胜利。

1. 主官要有强烈的求胜欲望，主官的责任就是胜利，而不是服从，要变不可能为可能。胜利的标志是多产粮食、增加土壤肥力。决胜取决于坚如磐石的信念。主官要紧盯战略目标，执着追求胜利。面对不确定性，主官要敢于决断、善于决断，勇于担责。没有洞察能力、决断力、坚强的意志和自牺牲精神的主官是难以带领团队打胜仗的。面对未来智能化、行业数字化等行业变化所带来的机会，主官要积极应对不确定性所带来的风险，做好短期和长期的平衡，保持战略定力，坚决投入，变不可能为可能。

2. 每个主航道产业都要有追求，做到"持续领先"。公司要有敢于突破、直面挑战的决心和勇气。面对挑战，公司不能只基于自己的能力来定目标，而应敢于挑战不可能，以取得胜利的这个目标来牵引组织能力提升，以终为始，反向倒推，一步步逼近目标。

3. 未来的将军要有完整的基层项目经验。将军要有完整的研发小项目、中项目、大项目的经历，或者有完整实施客户合同、项目交付的经历。拥有完整经历和深刻感受的将军，才可能是具备产业思维和战略思维的人。账务管理经验和项目管理经验，是 CFO 的必备经验。有了账务管理经验和项目管理经验，CFO 才可以申请进入 CFO 资源池。人力资源部在统筹 CFO 空缺岗位时，会从 CFO 资源池中挑选合适的候选人。候选人需经 AT 会议评审、讨论后确定。员工在走向 CFO 的过程中，也可以走专业线。专业线和管理线是互通的。在这一点上，华为借鉴了 IBM 的做法（见图 4–13）。

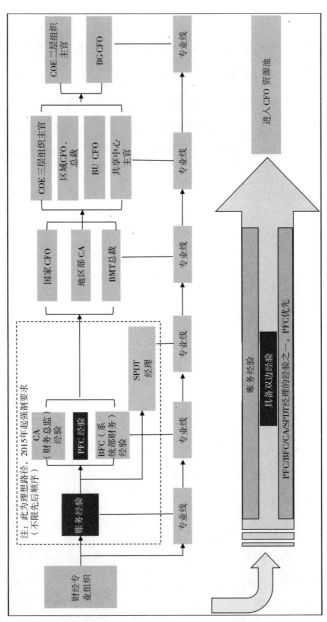

图 4-13 CFO 成长路径

专家管理

在华为，专家的级别可以比主官高。做技术的人都有一个困惑：到底是做一个管理者，还是做一个专家？因为在很多企业，管理者比专家升职更快、回报更多。

在华为，部门级别最高的人不一定是主官，而很可能是专家。比如，某海外研究所是 22 级的研究所，所长是 22 级，但其中的 6 个 Fellow 的级别在 22~24 级，比所长的级别还高。所长出差不能坐飞机商务舱，Fellow 可以坐商务舱。在工资待遇方面，这些 Fellow 也可能比所长高。华为这样做的目的是，兼顾专业线和管理线，真正发挥专家的作用。如前文所述，财经体系专家委员会由 CFO 召集主持，会议纪要也由 CFO 签发。这也是财经体系重视专家作用的体现。

华为对专家的激励也开始显性化。Fellow 是华为内部最高级别的专家，他们的薪酬回报是有竞争力的。但这些回报是隐性的（别人感觉不到）。如何对 Fellow 进行显性激励，让他们愿意在专业线冲锋陷阵？

华为借鉴了美国加州大学伯克利分校的一个做法，即某个教授得了诺贝尔奖后，可以有一个离办公室很近的专用停车位，车位上立一块牌子，牌子上面写着：NL，Nobel Laureate（诺贝尔桂冠得主）。四年前，华为在评选第一批 Fellow 时，就制定了一个政策：Fellow 可以乘坐商务舱。

后来，华为发现大部分 Fellow 都不坐商务舱。这是因为 Fellow 的主官和其他同事都不坐商务舱，他们碍于面子，也不好意思乘坐。于是华为又下了"命令"：Fellow 必须坐商务舱，否则要缴纳"罚款"。当然，华为不是真要罚他们，只是想让他们知道，如果他们不坐商务舱，那么技术体系的荣誉感就建立不起来，而公司不需要他们省这个钱。这就是华为的"较真"。

华为认为，努力奋斗的优秀人才是公司价值的创造之源。华为的目标是让内部英才"倍"出，外部优才汇聚，建设匹配业务、结构合理、专业精深、富有创造活力的专业人才队伍。在人才管理机制上，华为倡导内部英才"倍"出、外部优才汇聚，通过对整个人才队伍机制的打造，形成一个支撑公司发展的专业队伍。华为认为公司当前最需要解决的问题，一是让研发队伍年轻化，二是让高级人才具备战略洞察能力。在华为，大量理工科应届毕业生通过研发进入公司，到 GTS 实践一段时间后，再到研发部门工作两三年，完成一些项目，取得一些成功经验，再被分流到各岗位，包括财经。

华为提出，对不同类型的人才，公司要有差异化的管理政策与机制。

针对外部高端专家人才，公司要有"众筹快闪"式的管理方法。公司没必要捆绑一个科学家 20 年，也没必要始终要求其忠于公司。科学家只在华为工作三五年也不要紧，只要他们达成目标就可以。他们的收入也许不少于一个普通员工工作 20 年的所得。用轮值董事长胡厚崑的话说，就是要有一批"不戴华为工卡的华为人"。

在华为，专家一般是指任职资格为 4 级及以上的人。专家之下是职员。职员族是公司高效运营的基础，华为希望职员队伍是稳定的。只要职员族努力学习，胜任工作，他们就可以工作到五六十岁，而并非到了45岁必须退休。

面对不确定性的主官族，公司要实施大浪淘沙、快上快下的政策。而专家要在相关专业领域内垂直循环、横向循环，实行三五年一个循环，参与一段时间的前线作战，理论联系实际。按任正非的说法，华为要建立一支稳定且强大的职员队伍。尽管解决方案发生了变化，但95%的标书内容是没有变化的，只有5%的味精撒进来了，专家只要负责5%的味精撒进来的问题。主官负责盯着作战方向和目标，以及合理组织资源。

职员负责职业化的操作与运营，是公司稳定发展的基础。所以，公司一定要有稳定的职员族。职员负责的是确定性的业务。专家解决的是不确定性和疑难问题。职员和专家都要有专业技能。但他们面对的是不同的场景。专家的工作是应对不确定性和变化，对出现的特殊情况进行处置；职员的工作就是按确定标准不断作战，但这并不意味着事情简单，比如做标书的人也可以是高职级的职员。美国政府的运作非常稳定，因为副部长以下的人都是职员。美国政府推崇换人就换一把手，一把手跟随总统管不确定的事。总统说要这么做，大家都要听从，并由稳定的职员来确保执行。

华为提出，项目经理可以是高职级，21级及以上的项目经理是正常状态。这就是所谓的"少将连长"。华为专家总体上还是非常少的，高层级的专家人数只有高层级的管理者人数的1/10。因此，华为要求常务董事会提拔优秀的专家，并且允许优秀科学家、业务专家的职级高于行政长官，即使华为已对部分专家实行年薪制，华为也可以继续提拔他们。公司应提高专家地位，把公司的专业技术屋顶撑高，让更多专家获得成就感。

针对外部高端专家，华为出台了差异化的管理机制，用特殊的方法进行管理。对于操作类员工，除了改善物质激励外，华为还给予了他们精神激励。公司把很多评价转为量化数据，以快速决策评价与激励员工。工资采用小步快跑的方式。公司为基层员工开展"生产线全能员工"学习和活动。即使公司提倡干一行、爱一行、专一行，也鼓励员工有适当与合理的专业跨度，让员工了解生产线上的每个角色，以加宽员工过窄的技能跨度。

随着生产过程的智能化，华为的基本队伍不再是工人，还有一些博士、硕士毕业的管理者和专家。华为开始重新定义这一支由工匠、科学家组成的队伍。

高潜员工管理：爱"他"，就"曝光他"

除了 CFO 管理和专家管理，集团财经还有高潜员工管理。项目 CFO 是最小经营单元的财务负责人，也被纳入高潜员工管理。公司如何让优秀的人才脱颖而出，例行识别高潜员工，并给予他们更多的发展机会呢？答案是建立高潜员工的识别、培养和使用机制，破格提拔。公司将绩效排名靠前、持续发展潜力高、践行核心价值观的员工，纳入高潜员工范围。这就是高潜员工的识别。公司让高潜员工在 AT 会议 /ST 上曝光、实行岗位轮换、承担重大项目公关，将其培养计划纳入主官的 PBC。这就是高潜员工的培养。公司将高潜员工提拔为干部，使其进入继任计划、CFO 资源池、专家后备，这就是高潜员工的使用。

华为的员工太多，因此正常晋升也会导致大批优秀骨干流失。近年来，华为持续进行破格提拔。2018 年，华为破格提拔了 3 000 名 15、16 级高潜员工，破格提拔了 2 000 名 17~19 级高潜员工，破格提拔了 1 000 名其他职级的高潜员工。破格提拔的目的就是要拉开人才的差距，让这些负熵因子激活组织。让火车头加满油，为"飞机补洞"。

项目 CFO 管理：3 年培养 1 000 个 PFC

2006 年起，华为就有项目财务岗位了，也就是后来的项目 CFO。作为最小经营单元的财务管理者，项目 CFO 虽然取得了一些成绩，但其整体管理效果一直未达预期。直到 2016 年，任正非提出了 "3 年培养 1 000 个 PFC" 的口号，公司轰轰烈烈地开展了 PFC 大上岗。对于不能按标准在规定时间内配齐 PFC 的地区，地区部总裁、地区部 CFO、代表处代表、代表处 CFO 要么 "被下课"，要么被降级。PFC 突然刷爆朋友圈。研发、市场、交付等领域的青年才俊纷纷转岗 PFC，场面蔚为壮观。

PFC 是天然的项目端到端损益管理的责任人，负责匹配人数与项目、提升项目经营质量；通过组织赋能、IT 流程建设来摆脱 "自生自灭型" 成长，向 "系统型" 成长转变。

PFC 需要从售后介入售前，通过了解客户情况、参与售前谈判、提升合同质量、识别财经痛点来识别风险、制订方案；通过管回款、管成本、优化交付模型、优化成本基线来提升项目利润。

具体来说，PFC 的工作分为 3 个阶段：

1. 交付前：PFC 在项目启动阶段要做好第一份"数据"。PFC 通过概算＋概算假设＋预算假设＋风险等可继承的数据信息，编写出一份合理的项目预算。这份预算就形成了 PD（项目指导）/PM 交付项目的资源安排，让项目组从"花别人的钱给自己办事"的心态，转变成"花自己的钱给自己办事"的心态。基于此，PFC 要求项目组输出一份花钱和省钱的计划，同时形成重要的财务改善任务令，落到项目组关键角色的 PBC 里面，为后续监督数据变化提供参考。

2. 交付中：PFC 要在例行＋事件触发两个场景下，向项目的 Owner/Sponsor 进行汇报，确保项目前期的假设、风险、计划被有效监控，以及所有的偏差都基于数据；制定纠偏的任务令，将任务落实到人，并跟进执行状态。

3. 交付后：PFC 出具过程数据、结果数据、分析报告，对过程和结果分别给予激励或处罚；完成知识收割，总结复盘、案例，使案例成为组织的知识资产。

在整个过程中，PFC 要一手拿"工兵铁锹筑工事"——保证售前项目的"优生"，另一手拿秒表、尺子和砍刀——售后量差距、砍成本。PFC 如何管住项目？

1. 在售前阶段做到项目"优生"：

（1）通过财经评审九要素，将商务模式、关键条款落实到合同中；

（2）通过风险接受或量化在合同商务中体现。

2. 在售后交付阶段做到项目"优育"：

（1）管住服务成本；

（2）管住效率指标；

（3）管住物流成本。

3. 在管成本的同时，还要考虑如何增收：

（1）对超合同界面交付，回谈增加收入；

（2）汇率补偿条款有效执行到位。

比如 S 地区部对 PFC 的要求是四懂：懂财经、懂业务、懂账务、懂流程。四懂要平衡发力，营造"比、学、赶、帮、超"的氛围，为地区部经营做贡献。

现在，PFC 岗位成为 CFO 的必备晋升路径之一，其价值越来越被认可。项目层面的高质量经营为系统部、代表处、地区部甚至华为集团的稳健经营做出了贡献。

从二等兵到将军的"蒙哥马利计划"：
EMT《20 分钟》

随着华为机构的日益庞大，"大公司病"也不可避免地出现了。

为了避免机构臃肿、效率低下的问题，以及让高层听到一线真实的声音，华为推出了"蒙哥马利计划"。

什么是"蒙哥马利计划"？笔者引用任正非于2018年8月3日在乌兹别克斯坦代表处的讲话来回答："胡总（华为轮值CEO胡厚崑）年初讲的'蒙哥马利计划'，是'二等兵'的成长机会。二等兵不学习，短期看，这没什么，但长期看，他们可能会被淘汰。当然，实战是最好的学习，二等兵要善于总结。任何一次总结，都如丝线打了一个结，结多了，就成网了。在这个时代，不进则退，我们千万不要偏安一隅。"2018年4月27日，任正非在全球行政年会上提到，公司的"蒙哥马利计划"就是指加强纵向直升，不从横向派干部来取代机会。所以艰苦地区的员工有更多机会，更容易成为"全科医生"，因为这些地区的行政主官较少，倒逼综合能力更强。

2017年12月29日，时任轮值CEO胡厚崑在2018新年献词《致我们的三十而立：构建万物互联的智能世界》中，对"蒙哥马利计划"是这样解释的：

华为应坚持从成功实践中选拔干部，让更多有使命感和责任感，具备战略洞察能力和决断力，富有战役管控能力，崇尚战斗意志和自我牺牲精神的员工走上各级重要岗位。2017年，我们完成了对4 500名优秀员工的破格提拔；2018年，我们将继续破格提拔6 000名员工，其中包括3 000名15、16级的员工，2 000名17~19级的员工，1 000名其他职级的员工。代表处是公司实现健康经营、有效增长的关键经营单元，公司要加快代表处代表等一线主官、专家及职员岗位的干部选拔，对艰苦国家及地区推行"蒙哥马利计划"，打通从"二等兵快速晋升到将军"的通道。谁说撒哈拉沙漠没有将军，蒙哥马利不是吗？公司应坚持论责任结果而不论资历，实事求是地根据其责任结果提升这些员工的职级。

2018 年 9 月 14 日，华为集团副董事长、CFO 在电子科技大学的演讲《从平凡到非凡》中提到，"蒙哥马利计划"打开了基层员工成长的空间。华为从 2018 年 4 月开始实施"蒙哥马利计划"，就是为了让好苗子不在等待中枯萎。年轻人觉得自己牛，做了了不起的事儿，但是公司不知道，怎么办呢？"蒙哥马利计划"为每一位华为员工提供了 20 分钟的演讲机会，让他们在公司董事会成员的面前，客观讲述自己的工作成绩和感悟。任何员工都可以成为演讲人。"蒙哥马利计划"给每一位基层员工一个"怀才得遇"的机会。

华为推出"蒙哥马利计划"的初衷，是加强公司管理层与员工的沟通、交流，鼓励员工客观展示自己的工作成绩，促进优秀人才脱颖而出。为此，华为 EMT 决定，在每月例行召开的 EMT 办公会议上设立《20 分钟》议题，以鼓励员工分享工作成就与心得。

任正非也会出席 EMT《20 分钟》。例如，任正非在 2019 年 7 月 29 日的 EMT《20 分钟》上说："天才要成批来，天才不会只出一个。浙江大学竺可桢校长定的校训'求是、创新',让浙大的天才成批地喷涌而出。华为公司也一样,也应该天才成批来,一两个天才并不够,天才还要带'地才'进来。"

来自科摩罗的叶辉辉,成为 2019 年 7 月的 EMT《20 分钟》主讲人。他演讲的题目是《一人、一厨、一狗》,他讲述了自己在一个大家可能听都没有听过的印度洋小国——科摩罗的奋斗故事。2013 年年底,叶辉辉被派往科摩罗工作,他是第一个华为在科摩罗的中方员工。他工作了 6 年,到 2019 年,科摩罗办事处已有十几个中方员工。2016 年,科摩罗取得了华为公司全球小国业绩第一的佳绩。

激励管理:精神激励导向持续奋斗,物质激励基于价值创造

对于关键人员的激励,华为有两种方式:一种是精神激励,一种是物质激励。在精神激励方面,华为强调坚持核心价值观,将公司的愿景使命与员工个人的工作动机相结合,这就是集体主义下面的个人主义。品德与责任结果是选拔干部的两个基座,在此基座之上的小树们要比拼生长质量与速度。公司要构建信任、协作、奋斗的组织氛围,逐步实施以信任为基础的管理,持续激发组织与员工积极创造的精神动力。

华为强调高层要有使命感,中层要有危机感,基层要有饥饿感。当然,每个员工都会有自己的价值观、使命感,但是基层员工不用承载太多使命感;高层领导负责制定政策、规则,要有很

强的使命感。公司不能用同一标准来要求不同层级的员工。华为假设一少部分人胸怀大志，不号召所有二等兵都要成为将军。大多数人是干一行、爱一行、专一行。华为的核心价值观是统一的，但是华为在传播核心价值观时，针对不同类别、区域采用不同的标准。华为对优秀人才、超优人才倾斜，给予其上战场的机会，这也是一种精神激励。精神激励不一定非要立即提升员工的职级。只有员工做出成绩后，公司才能提升其职级。华为始终以规则为中心。

在物质激励方面，华为强调物质回报的"多劳多得"理念。在物质回报的分配上，多劳多得是理念，分享机制是手段。公司内部可以有一次分配和二次分配，但公司要将获取分享制向外延伸到整个价值链。这让内外部的优秀人才参与了价值创造和价值分配的过程，从而实现了价值创造的合理化。比如，2013 年年底，华为提前给优质供应商支付货款 50 亿元，就是获取分享制向外延伸到整个价值链、构筑和谐生态链的体现。

华为还在优化长期激励机制和短期激励机制：长期激励机制导向持续奋斗，短期激励机制导向多产粮食。长期激励机制有饱和配股，但饱和以后，它还会不会导向持续奋斗呢？所以公司先在低职级员工中试点——提取总收入的 20% 去购买 ESOP。工作做得好，总收入就高，员工就可以多购买 ESOP。当员工的总收入低于当年同职级员工收入的平均值的一定程度时，员工就不能买当年股票了。在没有饱和线的情况下，大家可以不断冲锋，这才是长期激励的效果。长期激励重点瞄准中基层员工中的持续优秀的、有使命感的那一部分人。他们是未来的主官、高级专家、高级职员。华为激励的主要是这些人。

2014年，华为提出员工的劳动所得与资本所得的比例为3∶1。短期激励机制，就是3∶1中的"3"。3∶1是公司根据经验得出的结论，公司要逐步修订成一个更合理的系数。

任正非要求公司针对基层、中层、高层，市场、研发、职能，作战与支撑等不同人群的贡献性质和激励诉求，差异化中长期薪酬与短期薪酬的构成比重。任正非强调，薪酬的结构管理不能使用一个模子、不能执行一刀切。公司要探索出支持"即插即用""众筹快闪"式用工模式的薪酬激励模式。在分配中，华为倡导将战略性问题做战略性安排，让非战略性成长以贡献为中心。尽管有些业务讲故事讲得好，但他们的工作不产生利润，就无法获得利益分享。华为用这个评价机制倒逼出科学的方法。

对于业务边界内的成熟业务，获取分享制正在进行自我优化，逐步引入追加奖励、战略奖励等措施，不仅让"多产粮食"的工作得到当期回报，也让"增加土壤肥力"的努力获得合理收益。追加奖励也是一种激励。不过，多产粮食不能以"透支恶化"土壤肥力为代价。对于透支恶化土壤肥力的急功近利行为，公司将在内部公示，并对责任人提出警告，目的是让大家都知道，公司要建立科学的发展观。

同时，华为逐步加强了多元化激励的费用管理，通过在使用方式和报销方式方面的改良，将过多的人力成本和工作量降下来。比如，在发票报销方面，华为财务设立机制——统一向政府申报，统一处理发票；华为利用咖啡厅等活动机制，优化了多元化激励的费用管理；大型部门活动可以使用备用金制度，小型活动可以采用支付垫付者 2% 垫付成本的方式，垫付者可以直接申请报销。

第八章 财经组织能力建设

公司实现可持续发展、长期有效增长的路径：短期看指标，中期看能力，长期看格局与生态链。短期：关注经营指标，比如规模、盈利、现金流、效率、风险等。公司要活下来。中期：关注技术研发、营销、运营、投资、财务管理等能力构筑，苦练内功。公司要赢未来。长期：关注公司在行业中的地位、格局，维护上下游合作伙伴关系，打造和谐生态链，抱团取暖抗康波。

华为如何系统地构筑能力？答案是持续地进行管理变革，不断地提升运营效率；基于制度和流程，从对"个人英雄"的依赖，到在各领域构筑可持续的组织能力。

1998年起，华为开始与IBM合作，启动IPD变革项目。后来陆续启动ISC、ITR、LTC、MTL等变革项目。2007年，华为全面推行长达8年的IFS变革。IFS变革借鉴了西方公司的最佳实践，并将这些实践融入了华为的商业模式，打造了完善的端到端流程，重塑了业务架构，构建了数据系统，在资源配置、运营效率、风险控制、流程优化和系统建设等方面建立了规则，使华为开启了精细化管理之路，成为华为持续成长的重要基因。与 IBM 合作之初，华为的收入不到 10 亿美元，但在 8 年后启动 IFS 项目时，华为的收入已达到 170 亿美元。2018 年，华为的收入已达 1 052 亿美元（7 212 亿元）。

华为仍在持续进行管理变革、优化运作，以便更好地交付符合客户预期的优质产品。近年来，为了匹配公司的长期发展规划，华为财经管理逐步走向精细化——持续建设资金风险管理体系、税务遵从管理体系，并积极推动财经作业实现高效、敏捷、智能。

变革的主要目的究竟是什么？用任正非的话说，就是短期要多产粮食，长期要增加土壤肥力。据内部统计，华为持续的业务和财经变革，让公司的效率提升了 3%~5%，让公司每年的利润增长了 30 亿 ~50 亿美元。

2017 年 7 月 12 日，任正非在三季度区域总裁会议上明确要求：

> 变革要朝着多产粮食的方向前进。公司只有多产粮食，才能加强对未来的投入，抓住机会窗。华为选择了主航道，因为只有在这个领域，公司才能聚焦能力，才有希望。有人说，未来三年是困难时期，那三年后不就春光明媚了吗？在这个时期，我们不能以销售收入为导向，做烂合同，让公司陷入泥沼。当春天来临时，如果我们的脚还陷在泥沼里，就无法欣赏美景。大家要看到上海战略务虚研讨会的本质，我们就是要做到领先世界。每个人都要有领先世界的视野，重新定位、认识

自己的岗位。

华为的变革始于产品开发领域。早期华为的产品开发，跟很多公司大同小异，既没有严格的产品工程概念，也没有科学的制度和流程。一个项目取得成功，主要靠"英明"的领导人和运气。换句话说，产品的成功开发充满了不确定性和偶然性。

为了改变这个局面，实现从依赖个人、偶然地推出成功产品，到可以制度化、可持续地推出满足客户需求的、有市场竞争力的成功产品的转变，任正非于 1997 年带领高管团队拜访了 IBM 等公司，并决定在华为建设管理体系，引入 IPD。

当时，任正非提出了"先僵化，后优化，再固化"的变革指导思想。僵化是为了深刻理解流程，优化是为了持续改进流程，固化是为了让流程成为习惯。削足适履、"穿美国鞋"的过程虽然痛苦，但华为的产品开发也由此从小作坊式的模式走向规模化、流程化、可管理、可复制的模式。

虽然华为的每个个体的能量都很大——每个人都很奋斗，但这只是"布朗运动"；华为需要一个管理和规范个体能量的"堤坝"，它能把所有发散的能量导向同一个方向，形成一股合力，实现"力出一孔"。IPD 就是这样的一个"堤坝"，把大家的力量从"布朗运动"变成了一个比较有序的运动。IPD 流程能够科学地管理产品开发，把从客户需求提出到客户需求满足的过程划分为几个阶段，并设立决策评审点，定义相应的流程、规范、工具和方法。在 IPD 流程下，开发人员不能随心所欲，开发活动是有计划的、受管理的和可控制的，大家按照流程和规范来行动，确保产品开发的可控和透明。

IPD 从商业投资的角度看待产品开发，强调产品组合管理、聚焦和取舍、端到端、团队运作和管理，把能力建在组织上，把一个产品的成功开发复制到其他产品上，让公司不再依靠运气开发产品了。IPD 是华为学习 IBM 的"第一枪"。自此之后，华为的管理变革持续了 20 多年，构筑了世界级管理实践，包括 2007 年开始的持续 8 年的 IFS 变革。

管理变革让财经更好地融入了业务，实现了业财一体化。只有深刻理解了业务，提升了"经线"和"纬线"能力，财经才能有效履行职责——控风险、促经营，助力业务成功。

IFS 变革：八年磨一剑，奠定财经的江湖地位

华为内部普遍认为，没有 IFS，就没有财经体系现在的江湖地位。IFS 项目的成功，使华为财经从传统的"账房先生"、记分员向合格的业务伙伴、"价值整合者"转变。IFS 从 2007 年启动，到 2014 年初步完成，历时 8 年（见图 4–14）。

IFS 项目是华为继 IPD、ISC 之后的又一个公司级管理变革项目，其关键发现及改进机会点涉及 CRM、ISC、财经及 HR 等领域；梳理和优化 OTC（机会点到回款）全流程，改进公司回款指标和现金流是其重点解决方案。

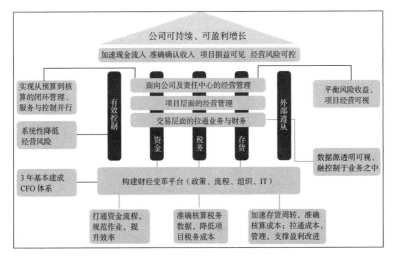

图 4–14　IFS 方案概览

实际上，2014 年起，IFS 项目的 PB & F 子项目启动，在中东地区部、南太地区部试点；到 2015 年，该项目在东南亚、西非、拉美等 6 个地区部铺开；到 2016 年，该项目在全球 14 个地区部推行，历时 3 年。在此基础上，2018 年 4 月，集团财经又启动 IBF 变革项目。

约翰·博尔德是 IBM 前资深变革经理，后受邀加入华为。2015 年起，博尔德在华为任产品与解决方案体系 CFO，协助业务部门和财务部门管理层开展变革及长期研发规划组合分析工作，实现预算和预测的卓越运营，从而支撑业务目标的达成。2018 年，正值 IBM 与华为大型变革项目合作 20 周年。2019 年 3 月，博尔德撰文回顾了 IBM 与华为合作开发的 IFS 变革项目的始末。博尔德写道：

华为创始人、CEO 任正非曾提出两家公司要进行长期合作的愿景。即使是在 20 世纪 90 年代末，华为也依然保持着快速发展。任正非预见到，华为自主开发的这套内部企业流程和实践必将在其发展过程中接受考验。

在任正非了解到 IBM 在 20 世纪 90 年代进行了一场重大变革之后，他想借鉴 IBM 的变革经验。任正非首先从华为的核心能力和基本价值主张——产品研发着手。1999 年，IPD 项目启动。该项目的成功充分表明了双方合作的潜力。于是华为又迅速开展了 ISC、PDM（产品数据管理）和集成领导力发展等项目。华为聘请 IBM 全球商业服务咨询团队的成员管理这些变革项目，这些成员曾参与过 IBM 变革，这是这些变革项目的关键所在。

2007 年起，他们开始帮助华为财经体系进行变革。时任华为副 CFO 的孟晚舟带领团队参观 IBM 纽约总部，了解 IBM 财经变革情况。

2007 年年初，IFS 项目的第一阶段启动，包括 OTC、采购到付款、项目预核算、总账、共享服务、政策和流程、业务控制与内部审计、资产管理和薪酬等 13 个项目。

IFS 项目的第二阶段更聚焦专业能力的发展，包括我曾参与的报告和分析项目，以及资金、成本和存货、关联交易、资本运作、税务遵从、计划预算与预测项目。IT、数据和变革管理是开展这些项目的基础。2014 年，IFS 项目基本完成。

　　任正非、孟晚舟等高管的远见卓识，让华为能够借鉴西方公司的最佳实践，并将这些实践融入华为的商业模式，打造完善的端到端流程。华为现在仍在持续进行流程变革、优化运作，以便更好地交付符合客户预期的优质产品。

　　对当时在华为工作的我们来说，很高兴能与这样一支富有激情的团队合作。华为员工以开放的态度努力工作、迅速学习。IBM团队也发现，华为员工愿意与他们探讨华为的业务问题和流程缺陷，任正非等高管也都保持着这种开放和乐于学习的态度。

　　这段时间，华为聘请了多位来自西方不同公司的管理者，让他们在深圳或其他地方担任重要的管理职务。我也是其中之一。

　　华为高管的领导力和愿景铸就了项目的成功以及多元化领导力团队的建设。同样重要的是，我们发现，我们之间拥有相同的核心价值观——以客户为中心，追求高质量，有紧迫感。

　　这种领导力和价值观的结合是非常成功的。

　　与IBM合作之初，华为的收入不到10亿美元，但在8年后开展IFS项目时，华为的收入已达到170亿美元。2018年，华为的收入已超过1 000亿美元。

　　虽然不能保证事事完美，但华为领导层发起的这场变革的确在管理和指导华为方面发挥了重要作用，也打造了科技行业一个独特的成功故事。

管中窥豹：海外 IFS 推行小记

为了让读者对 IFS 的内容和区域推行有切身感受，笔者整理了一份 Y 员工海外 IFS 推行的访谈案例。

（2012 年）1 月 16 日，IFS 区域运作质量 2011 年度评估结果公布。俄罗斯地区部不负众望，获得了第二组地区部的第一名。同时，俄罗斯地区部 IFS 推行团队获得了公司 3T（BT/IT/MT，业务变革与 IT 管理团队）评选的"公司年度优秀变革团队"荣誉。这是对包括机关和一线在内的全体俄罗斯 IFS 推行人员一年多的辛苦努力的最大鼓励，而这荣誉的获得也来之不易。

作为推行组的一员，我有幸参与了俄罗斯 IFS 推行全过程（2010 年 11 月—2011 年 9 月）。俄罗斯 IFS 推行历经方案适配、推行上线、上线后运作三大阶段，每一个阶段都有让人感动和值得回忆的工作场景。

场景 1：半块面包

方案适配是 2011 年 IFS 推行的"三大战役"之一。俄式会计政策、特殊的交易模式等业务特点要求 IFS 方案必须实现较大范围的优化。2 月 20 日—4 月 1 日，推行组到莫斯科进行了现场调研和方案适配。

刚到俄罗斯调研的第一周，方案组组长丁丁就身陷无穷无尽的讨论和分析会议，直到晚上才有时间回复邮件和写材料。有一天晚上 8 点，推行组的大部分成员都回宿舍了，我和丁丁还在办公室整理材料，地区部 CFO 胡总进来了，她说："你们怎么还没有回去，吃饭了吗？"丁丁说："没空去吃晚饭。"胡总就把她办公室的半块面包拿过来给丁丁当晚餐。

一看胡总过来，丁丁拉着她讨论起方案来。他们讨论到晚上 9 点，胡总乘末班车回宿舍，而丁丁则继续整理材料。那天，丁丁一直工作到晚上 11 点多，工作结束后，丁丁踏着半米厚的雪独自走回宿舍。

场景 2：汇报前夜

（2012 年）3 月 4 日，我们要给地区部 AT 汇报调研结果和初步方案建议，但各专题的方案材料直到快下班才交过来。我们要针对每一个业务痛点、方案要点和相应的业务人员、业务领导细细讨论和确认。把这众多的材料变成一份明天可以做汇报的 PPT，可不是一两个小时就能完成的事，怎么办？

基于对方案的了解，我主动要求做这个 PPT。我先写好中文 PPT，然后让推行组英语较好的鑫鑫同步翻译成英文 PPT。

为避免因工作到太晚而没有车回宿舍，鑫鑫和我选择在宿舍加班。我们从晚上 8 点开始，理解各模块方案、设计 PPT 结构，然后完成撰写文字、修改格式、画图、校验等工作。晚上的工作效率真是高呀！等到我们把中英文 PPT 做好后，已经是凌晨 2 点多了，鑫鑫才踏雪走回自己的宿舍。

那一夜，莫斯科的雪沙沙作响。灯下的鑫鑫的背影显得那样孤单，而又那样坚定。

场景 3：编外与会人员

在方案适配期间，为了加快方案决策速度，每周四晚上，我们都和地区部一起开周例会，讨论并决策方案。会议主要邀请地区部销售 VP（副总裁）董总、CFO 胡总以及相关业务主官参加。有一次，我们的会议刚开始不久，地区部总裁王总拉开会议室的门，探进头来，"嗯，你们还在讨论方案呀，那我也来听听。"从此以后，王总每周都主动过来参加会议，成为编外与会人员，并不时提出自己的建议，对一些方案进行当场决策，有效推动方案的最终定稿。

场景 4：小玲的眼泪

得知今天小玲参加了 CFS（客户合同注册系统）的需求评审会，又因收入方案中的一个需求需要在 CFS 上定制开发，所以我去找她了解评审结果。由于离方案冻结时间很近了，方案再不定下来，推行计划可能就要延迟了，所以为了方便和收入中心的人讨论方案，她在 A9（深圳龙岗区坂田华为行政总部办公楼）办公。

我见到她时，她一个人落寞地坐着，神情沮丧。我问："怎么啦？评审的结果如何？"她过了一会儿才说："我真的快要气死了！他们怎么能这样呢?!"原来在评审会上，评委们对这个需求的合理性提出了质疑，要求一线修改业务规则，还提出这个需求的开发工作量大，其不能满足 8 月份上线的要求。小玲不善于争论，只好坐在一角任由大家"狂轰滥炸"，最后灰溜溜地跑回来了。我分明看到了她眼睛里的泪水，她却强忍着没有让泪水流下来。

后来，通过推行组领导和 IT 领导的沟通，双方才达成最后的方案，项目才进入 IT 开发阶段。

场景 5：俄语版的 IFS 方案培训课

俄罗斯地区部的本地化率一直是全球最高的地区部之一。俄罗斯大部分的业务都有本地员工在支撑。如果 IFS 想在俄罗斯顺利推行上线，那么让这些本地员工熟悉方案并掌握 IT 操作是一个难点。

公司本想遵循其他地区部的推行方式——用英语进行 IFS 方案培训。但地区部 CFO 胡总提出，本地员工更习惯用俄语交流，如果公司用俄语进行 IFS 方案培训，那么效果应该会更好。俄罗斯国家 CFO 德米特里是本地人，并且参加过机关举办的 IFS 方案培训，胡总就安排他来给所有的本地员工上一堂俄语版的"IFS 集成解决方案"公开课。

实践证明，"本地化"后的培训效果非常好。本地员工不仅听得懂课程，而且踊跃提问和发言，培训满意度在 95% 以上。这估计也是全球第一堂非中文、非英语的 IFS 方案培训课吧！

场景 6：横跨欧亚大陆、纵横近万里的 IFS 推行路线

俄罗斯幅员辽阔、横跨欧亚大陆，东西最长达 9 000 公里。在俄罗斯地区部的 7 个办事处中，最东边的远东办事处位于符拉迪沃斯托克，最西边的西北办事处位于圣彼得堡，中间有新西伯利亚办事处、乌拉尔办事处、伏尔加办事处、南部办事处、中央办事处。这些办事处有地区部 70% 的交付人员。

为了获得更好的培训效果，我们打消了集中培训或远程视频培训交付人员的念头，决定组建"IFS 推行小分队"，小分队由 3 名机关推行人员和 1 名本地 CSO（合同履行组织）主官组成。

6 月 25 日，我们从黑龙江进入符拉迪沃斯托克，并于 7 月 12 日返回莫斯科。这次培训历时 3 周，横跨 8 个时区。我们对其中的 5 个办事处进行方案培训和 IT 操作演练（中央区和西北区的人员集中在莫斯科培训）。这次送课到"办事处"的方式也得到了办事处人员的欢迎。他们第一次在办事处得到这么正式的变革方案培训和解答，这让他们加深了对 IFS 方案的理解。

这条推行路线估计也是 IFS 全球推行中单次行进最远的路线吧。

场景 7：攻坚

经过分析，地区部的 400 多个历史框架合同中，有 200 多个合同仍在有效期。我们需要解读、填写合同信息表，并在上线前将其注册到系统中。其中，俄罗斯代表处的合同有 140 多

个，数量较大，这也是我们在之前的推行中没有遇到的情况。终端公司的商务经理是刚从机关调来的，小丽需要手把手教他填写合同信息表。那天晚上 10 点多，他们才完成当天的工作。

经过商务经理 4 周的努力，140 多个框架合同的合同信息表终于完成了。可没想到一复核，由于理解不一致和经验不足，90% 以上的合同信息表都有错误——很多条款信息是总结出来的，而不是按照要求原封不动地从原始合同文本中拷贝出来的。商务经理必须重填这些信息，可距离上线只有 2 周时间了，如果让商务经理一个人修改的话，那么这项工作估计需要 2~3 周的时间。

地区部交付业务主官赖总说："我们还是攻坚吧！我们可以把 PMO（项目管理办公室）的 8 个中方项目经理都调过来帮忙，加上推行组人员和商务经理，我们总共有 10 多个人。每个人负责 15 个合同，这样就可以用半天时间完成工作。不能再拖了！"

就这样，通过半天的集中办公——现场填写、现场审核，我们终于完成 141 个历史框架合同的有效解读。

类似的工作场景还有很多。俄罗斯 IFS 的推行（一步步按计划运行——于原定 8 月 22 日成功上线以及一直稳定运行），并没有外人想象得那样轻松，是俄罗斯地区部和机关 IFS 推行团队共同努力的结果。

2014 年年初，持续 8 年的 IFS 变革阶段性关闭。2014 年 2

月，PB & F 变革作为 IFS 的延续子项目，正式启动。笔者作为方案经理兼推行经理，参加了 PB & F 的全球推行——2014 年中东地区部 I 代表处的试点推行、2015 年全球 6 个地区部的大规模推行及 2016 年全球剩余地区部的落地推行。PB & F 内容覆盖战略制定到执行的端到端闭环全流程管理，全流程管理包括战略规划、全面预算、滚动预测、弹性预算管理、管理报告核算、绩效考核等。由于推行成效显著，2016 年 1 月，笔者获得了集团经营管理部 2015 年度"总裁奖"（见图 4-15）。

图 4-15　2016 年 1 月，笔者获得 2015 年度"总裁奖"

随着业务规模的快速扩张，华为对战略、组织、人力资源、财经等功能领域提出了更高的诉求，从业务到功能领域进行全面变革。华为管理变革的目标是多产粮食、增加土壤肥力。变革持续对准生意简单、高效、安全，对准内部效率、效益提升。面对未来的挑战，华为坚持 ROADS（实时、按需、全在线、自我服务和社交化）体验驱动，通过数字化转型，让自己与客户、合作伙伴之间的交易更快捷、更安全，进而提升客户满意度。在开展方式上，华为按场景灵活调用集团构建的开放的平台和统一的数据底座，满足不同客户类型、不同商业模式的差异化需求。

除了财经领域的 IFS 变革，2014 年起，业务领域的 IPD、CRM、ISC 等变革也在原基础上升级为 IPD+、CRM+、ISC+ 等变革。IPD+ 是基于市场创新的主业务流变革，CRM+ 是面向客户的业务流变革，ISC+ 是集成供应链变革。华为还有企业合作伙伴关系管理变革、消费者业务变革。

2018 年，为了回应客户对网络安全的关切，华为决定投入 20 亿美元，启动软件工程能力变革，用 5 年的时间来全方位提升自身的软件工程能力，使产品能够更好地面向未来更复杂的网络安全环境。华为希望通过此次变革，从文化和意识、政策、组织、流程、考核、技术和规范等方面实现全面的软件工程能力提升，让产品和解决方案成为"可信""高质量"的代名词。华为致力于成为 ICT 产业中最值得信赖的供应商和合作伙伴。

除了上述变革，华为在 2016 年 PB ＆ F 变革推行结束后，又在 2017 年继续巩固夯实成果，并于 2018 年开始 IBF 项目变革，不断迭代升级。此外，华为还开展了税务领域的 ITC 等变革项目。总之，管理变革是财经和其他领域的年度预算中单列的一项，各领域必须通过持续变革构筑组织能力（见图 4–16）。

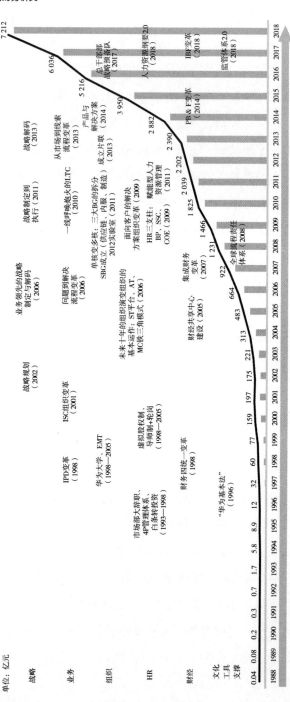

图 4-16 华为 30 年管理变革示意图

变革成功靠什么

实操一：变革推行成员行动指南

按：此文原创于 2015 年 7 月 1 日，系笔者作为东南亚地区部推行经理，推行 IFS-PB & F 项目变革时，对 30 多位推行成员提出的要求。文章发表于华为内网，有删改。

变革是一件非常困难的事情，需要领导者的决心和意志，需要变革的氛围和土壤，更需要变革推行成员的能力和技巧。在变革推行过程中，推行成员究竟应该做什么？什么才是成功的推行？成功的推行依赖的是什么？

根据全面预算管理过程中大家的讨论和实践，我总结了 4 个方面，并与地区部推行 Sponsor 和地区部 CFO 做了沟通，以此作为对东南亚地区部全体推行成员的要求。

一、保证投入时间

1. 全情投入是推行能够成功落地的基本保障。大家应按照推行计划尽快地到对口区域，扎实开展推行工作。

2. 从现在开始，需要离开推行责任区的推行成员必须得到我的允许，并向地区部推行方案侧 Owner、地区部 CFO 请示，在推行助理处备案。

3. 投入时间将作为推行成员的考评指标之一：各代表处变革推行经理的考评占比为 40%，推行骨干及助理的考评占比为 30%。

二、做好 6 个子方案的针对性适配

1. 对地区部各子方案财经接口人的要求：

（1）组织子方案在地区部落地的前期调研与业务访谈；

（2）根据方案调研、访谈结果，以及针对东南亚地区部的业务特点，思考并回答方案适配的个性化特点是什么；

（3）根据调研与访谈内容，输出与地区部适配的方案思路、目标、全景图、关键路标、控制点及输出，并严格执行（重点关注落地的样板代表处）；

（4）在双周跟踪管理子方案在代表处，尤其是样板代表处的计划执行、进展情况，并将其反馈给总体组，作为地区部双周例会的输入。

2. 对地区部各子方案支持人员的要求：

（1）配合地区部子方案财经接口人，参与地区部落地的前期调研与业务访谈；

（2）协助地区部子方案财经接口人，以及针对东南亚地区部的业务特点，主动思考并回答方案适配的个性化特点是什么；

（3）协助输出与地区部适配的方案思路、目标、全景图、关键路标、控制点及输出（重点关注落地的样板代表处）。

3. 对代表处推行人员的要求：

（1）对 6 个子方案在代表处的成功落地负责；

（2）组织子方案在代表处落地的前期调研与业务访谈；

（3）根据方案调研、访谈结果，以及针对代表处的业务特点，思考并回答方案适配的个性化特点是什么；

（4）根据调研与访谈内容，输出与代表处适配方案的思路、目标、全景图、关键路标、控制点及输出，并严格执行；

（5）发布双周简报，跟踪管理6个子方案在代表处的计划执行、进展情况，并将其反馈给总体组，作为双周例会的输入。

4.对样板代表处的特别要求：

（1）积极思考，多做探索，与地区部各子方案支持人员一起，对齐并力争超出验收标准，多关注各子方案在本代表处落地的适配重点及差异点；

（2）为地区部贡献更多有价值的适配思路、运作管理经验、案例及心得。

三、做好案例、心得分享与宣传

1.全体推行成员要多思考、多输出高质量的案例及推行心得与感悟：代表处推行经理每月至少输出1篇，推行骨干及助理每月至少输出2篇（不含会议纪要）。

2.案例、心得分享与宣传将作为推行人员的考评指标之一：推行经理的评估占比为40%，推行骨干及助理的评估占比为30%。

3.表现突出的个人及团队将获得"发帖达人""摩天大楼""案例鸡汤"等奖项，获得物质奖励，并在地区部的综合拉通评奖及考评中获得加分。

四、建立方案落地的固化、优化机制

项目的变革推行不是一项可以一劳永逸的工作，它需要我们将适配方案融入流程，形成制度、操作指引等，固化方案，并持续优化方案。

总之，全体推行成员应保证投入时间（2014 年中东地区部试点推行标杆投入 150 天，推行经理平均投入 59.8 天，推行骨干投入 116 天，推行助理投入 142 天），做好方案适配、案例总结和宣传，做好方案固化和优化，保障 PB＆F 变革成功落地。

实操二：变革方案"由厚做薄"三部曲

按：此文原创于 2014 年 9 月 11 日，系笔者在中东地区部 I 代表处推行 IFS-PB＆F 项目变革时所写。文章发表于华为内网，有删改。

莎士比亚说过，人的一生是短暂的，但如果人们卑劣地度过这一生，那么一生就太长了。

得知要参加 PB＆F 变革项目在全球两个地区部的试点推行后，我就意识到，这是全面提升自己的又一良机。打通 DSTE 全流程（从 SP、BP，到预算、预测、绩效评价全流程业务流的大闭环，同时融合了 MTL、LTC 等业务主流程的活动），在业务复杂、场景迥异、诉求多样的基层利润中心（代表处）落地适配的如此集大成的工作机会，我很难再遇到。

经过近段时间的方案学习和与代表处业务主官的研讨，以及参与"金种子的赋能"等关键活动，我觉得在项目推行的过程中，我们要把握好三个阶段的关键三部曲，实现方案的"由厚做薄—由薄做厚—由厚做薄"。

第一阶段：推行前准备阶段。这一阶段的任务就是理解、把握方案内容，目标就是要把 PB & F 项目 6 个子方案的内容"由厚做薄"。"由厚做薄"是指掌握公司对项目的期望与要求，在全面理解方案背景的基础上，准确把握方案的核心要点和验收标准；把大量的方案内容"由厚做薄"，烂熟于胸。

第二阶段：代表处调研与方案初步适配阶段。这一阶段的任务就是要了解代表处的外部营商环境、内部经营能力和团队组织能力，明白代表处的现状与方案的基本验收标准的差距在哪里，进行初步方案适配。目标是做到全面考虑业务场景、业务诉求，不留死角，把落地方案"由薄做厚"。"由薄做厚"是指根据子方案的核心要点和验收标准，结合代表处的实际情况，让不同的业务场景、差异化的业务诉求适配我们的方案。不同的场景、不同的诉求，可能会有不同的关键动作、适配要点。

第三阶段：适配方案定稿及落地执行阶段。这一阶段的任务就是抓住研讨过程中识别出来的众多问题点中的"Key Message"（关键内容），去粗取精、去伪存真，聚焦于其中的主要矛盾和矛盾的主要方面，提炼出适配代表处的方案的关键动作和要点，支撑项目的成功落地，把最终的适配方案"由厚做薄"。目标是在把握关键验收标准的基础上，简化管理，提升团队组织能力，支撑代表处多产粮食。这就是在代表处层面的最终适配方案的"由厚做薄"。

比如 I 代表处的 SP，在战略规划模型中，呈现出了比较清晰的机会，也回答了增长从哪里来的问题。但 SP 涉及的投入相对较少，基于战略诉求的投入，代表处应重点考虑新业务的投入，同时由于爱立信的返回和 Z 公司的全面回归（在 I 代表处成立独立的区域），外部营商环境的变化对我们公共关系的建设、终端品牌的提升以及价值客户的回馈提出了更高的诉求。

那么在子方案一（拉通业务财务的 SP）中，投入就是我们要聚焦的主要矛盾，投入的方向、领域和策略，就是矛盾的主要方面。当然，对 I 代表处来说，只要外部制裁没有完全解除，风险就永远是主要矛盾。其中，合规运营与贿赂风险又是矛盾的主要方面。

所有的春耕夏种，都是为了秋收。多产粮食（也就是回报）必然是集团层面关注的焦点。方案适配后，投入、回报、风险就是"拉通业务财务的 SP"子方案的主要矛盾。投入方向、领域及策略，合规运营和贿赂风险，就是矛盾的主要方面。掌握了这些"Key Message"，我们的子方案一的落地推行就可以有的放矢了。

实操三：如何把握变革方案做厚与做薄的灰度和平衡

按：此文原创于 2015 年 1 月 17 日，系笔者在中东地区部 I 代表处推行 IFS-PB & F 项目变革时所写。文章发表于华为内网，有删改。

当变革方案落地代表处时，如何把握做厚与做薄的灰度和平衡？本文从 PB & F 的子方案一（拉通业务财务的 SP）、子方案三（项目预算与责任中心预算衔接）等实例出发，提出变革推行成员应该领会的公司的管理导向、推行方案的宗旨和精髓，帮助其开动脑筋、主动思考、保持敏锐，以准确的职业判断做出恰当的选择，进而把握变革方案做厚与做薄之间的灰度和平衡。

人生就像跷跷板，重点在于把握平衡。在项目推行时，方案落地也需要把握平衡。在 PB & F 项目试点开始时，根据与 I 代表处 ST 管理团队、CFO 组织、业务部门研讨的情况，我写了一篇如何把方案"由厚做薄"的文章。文章的核心思想：在项目推行的过程中，我们要把握好三个阶段的关键三部曲，实现方案的"由厚做薄—由薄做厚—由厚做薄"。我们的最终目标是要把方案做薄，支撑代表处简化管理，提升效率和经营管理能力，多产粮食。

这关键三部曲，主要还是定位于方案的落地。但方案在代表处落地后，如何被固化下来？是通过流程、制度、管理规范、操作指引，还是通过大家的意识？应该说，这些要素都很重要。那么是不是只要方案有流程、制度、管理规范、操作指引，就万事大吉了？就此问题，笔者谈一点儿个人体会。笔者认为，推行成员要把握方案落地做厚与做薄的灰度与平衡。

一、方案做厚就要求推行成员对方案精髓有深刻理解，并把这种理解与代表处的实际相结合，向代表处赋能；与代表处共同研讨，讲清楚、讲透彻，让代表处有强烈的适配意识、主动落地的意愿、切实的落地固化动作，并能严格遵循。比如，I 代表处在与推行组多轮沟通研讨的基础上，对方案三（项目预算与责任中心预算衔接）进行反复讨论；在往年预算实践的基础上，针对项目、系统部、代表处的运作机制没有建立起来、上下衔接没有拉通、回款预测逻辑不系统、费用预算约束条件与评审点不清晰等问题，拟制签发了《I代表处年度预算生成操作指导》《I代表处年度预算生成模板》《I代表处年度预算生成 Checklist》三个文件，从制度层面对这些问题予以解决、固化，并将文件应用于 2015 年预算的编制过程中。这就是方案做厚的体现。

再比如，子方案一（拉通业务财务的 SP）包含新内容、新要求，而代表处还处在试跑阶段，针对如何落地、如何在 811 SP 重构报告中呈现等问题，代表处仍在不断完善。

根据轮值 CEO 自下而上看效率的总体要求，以及机关方案组、地区部 CFO 对效率的具体指导意见，代表处拟制了完全结合代表处实际效率痛点的 Checklist（清单），并以此为起点，从代表处对效率的四大分类，每个分类下的具体痛点，主要痛点指标的现状值、811 规划目标值、目标与区域最佳值的差距、根本原因、支撑目标值达成的关键 TOP 2 措施等方面，回答了效率在代表处落地的关键内容。

基于效率 Checklist 的关键内容，推行成员应如何将其呈现在811 SP 重构报告中？

1. 呈现效率全景地图，即呈现效率 Checklist 的关键内容，包括对效率的四大分类，每个分类下的具体痛点，主要痛点指标的现状值、811 规划目标值、目标与区域最佳值的差距、根本原因、支撑目标值达成的关键 TOP 2 措施等。

2. 识别出这个 Checklist 中重要的 3~5 个指标，从效率关键指标维度详细阐述如何改进效率。

3. 从公司级变革项目维度阐述如何改进效率，以及围绕"LTC+""账实相符""五个一"3 个公司级变革项目，从流程优化、能力提升、合理授权、工具应用 4 个要素阐述如何改进效率。

4. 对于效率指标改进与回报的关系，逻辑跑通验证。

5. 对于效率指标改进与投入的关系，逻辑跑通验证。

二、在把方案做厚的同时，推行成员也要把方案做薄。这就要求推行成员结合代表处实际，以简化管理、提升效率、支撑多产粮食为导向，在地区部制度建设、管理规范能覆盖的范围内，少发文、发短文，不拼数量、不搞形式主义。

2014 年 10 月，PB＆F 变革项目总负责人提出，代表处层面的发文要以业务需要为引导，不要简单地发一堆文件来替代项目的推行，不要搞形式主义。对一线来说，这是非常重要的。一线，尤其是代表处，是导向冲锋的组织，其流程、文件不要太复杂，简单就是美，易用、好用才有生命力。

Ⅰ代表处对这个问题有清醒的认识。比如，Ⅰ代表处按照方案验收标准，拟制了《Ⅰ代表处战略预算及专项投入管理规定》。但经与方案组沟通，以及吸取代表处业务部门的建议，Ⅰ代表处取消了这一规定。其业务部门认为，这个战略预算的作用更多的是在战略思考后，承接地区部的战略分解；而地区部既然已经有战略预算的管理规定，代表处层面就没有必要再重复，因为它能覆盖代表处的日常管理。这就是方案做薄的体现。

所以，方案既要做厚，又要做薄，这需要推行成员把握灰度、把握平衡。

而如何把握这种灰度和平衡？这需要推行成员领会公司的管理导向、方案的宗旨和精髓，开动脑筋、主动思考、保持敏锐，最终以准确的职业判断做出恰当的选择。

实操四：变革推行结束后的总结

按：此文原创于 2015 年 1 月 13 日，系笔者在中东地区部 I 代表处推行 IFS-PB & F 项目变革试点后所写的总结，其主要观点被集团项目组采纳，并应用于 2015—2016 年的全球大规模推行中。文章发表于华为内网，有删改。

2014 年全面预算管理项目变革试点推行的关键词是"精简""复用""前移"。方案精简：集成现有方案，将现有的子方案由 6 个精简至 4~5 个，提高方案组与推行组的沟通效率。人员复用：人员 / 区域经验复用，做到"两个快速复制"，以点带面（如"1+1"管理、"1+2"管理、"2+n"管理）、以老带新。投入时间前移：早到一线，植入理念，潜移默化，注重实效。

项目既然涉及"预算"，预算就是中心，我们要以项目为基础，做实系统部预算；项目既然涉及"全面"，就不能仅仅有预算，还得有战略规划、经营预算、战略预算、能力预算，有效的核算方案，系统的预测方法，授权及弹性预算管理。这就是全面预算管理试点推行项目现有的 6 个子方案的内容。

自 2014 年全面预算管理试点项目推行以来，从 7 月的大规模研讨，到 8 月的机关研讨，再到 9 月的地区部研讨以及随后的地区部、代表处落地推行，推行工作已有半年，且已进入尾声。作为地区部子方案一（拉通业务财务的 SP）的方案经理和 I 代表处推行经理，笔者有幸同时参与了地区部层面和代表处层面的具体落地工作，并有几点总结体会，与大家分享。

一、方案精简：集成现有方案，将现有的子方案由 6 个精简至 4~5 个，提高方案组与推行组的沟通效率。

子方案一（拉通业务财务的 SP）：要融入 BLM，重点在于讲清楚业务战略与财务结果之间的逻辑。试点推行项目共有 6 个子方案，从代表处实际投入的兵力看，子方案一（拉通业务财务的 SP）与子方案二（战略预算显性化）是新内容、新要求，因此我们投入了比较多的精力，比如对子方案一中的 10 个字（机会、增长、投入、回报、风险）的理解，它们与 BLM 中现有要素的关系，它们如何在 811 SP 重构报告中体现，等等。这些都是我们遇到的新问题。

拉通业务财务的 SP 中的 10 个字是对 BLM 的补充，解释了业务战略与财务结果之间的逻辑关系，以实现业务—财务—业务的循环。方案组在 2014 年 9 月 17 日的地区部研讨中，提供了一个如何呈现 10 个字模型的案例。随着对子方案一的不断研讨，我们发现，在 811 SP 重构报告中，效率没有显性化，或者说报告对效率关注不足。

2014 年 10 月，轮值 CEO 听完地区部总体组的汇报后，明确要求自下而上看效率要与自上而下看机会结合起来，损益表的业务战略与财务表达之间的逻辑要清晰。就这样，10 个字的要求变成 12 个字的要求——加上了"效率"二字。

各代表处于 2014 年 11 月 10 日向地区部推行组专项汇报了 811 SP 重构报告，并围绕自下而上看效率与自上而下看机会两个层面，重新审视 811 SP 重构报告。方案组还在阿联酋代表处调研结论的基础上，输出了一套如何讲清楚效率的方法论，并在 I 代表处和 S 代表处试跑。

由于子方案一是新事物，因此各个代表处均投入颇多，不仅投入了很多时间，还投入了大量人员，包括代表、解决方案副代表、CFO、预算经理、PMO 项目经理、推行成员等。

I 代表处的子方案一的关键输出——811 SP 重构报告，经历了至少 6 次的代表处内部评审以及向地区部总体组的两次汇报，可以说，子方案一是 I 代表处投入兵力最多的一个方案，其预算不亚于子方案三。

子方案二（战略预算显性化）：重在培养战略思维习惯。在现阶段，战略思考的过程比结果输出更重要。当然，经批准的战略预算仍然要做好跟踪闭环管理。战略预算显性化的要求，解决了区域战略如何对标公司战略、按节奏持续投入的问题。

正如 PB & F 项目总负责人所说，除了公司的四类战略预算外，各个地区部、代表处应控制自身的战略预算（地区部的预算最好在 5 项以内，代表处的预算也不应太多）。对上级来说，地区部、代表处将公司确定的战略预算执行到位就很好了，无须自己创造战略任务。一线的主要战略任务是对标公司的战略。

公司的战略不是空中的云朵，它需要变成雨，并落地到一线，才有意义。从这个意义上讲，一线首先要思考的是应该如何承接公司的战略。在承接公司战略后，一线才会面临如何编制预算的问题。只不过，公司今年要求把预算分成经营预算、战略预算、能力预算三部分。战略预算被单列了，也就是显性化了。以2015年I代表处的战略预算为例，代表处从基础网络格局、集成交付能力、组织客户关系、竞争格局等方面申请预算，但地区部只批准了一个涉及战略意义的竞争补贴。

那么，子方案二的结果输出如此简单，这是否意味着代表处不用做什么呢？显然不是。实际上，子方案二是代表处在编制811 SP重构报告的过程中必须要思考的问题。毕竟，代表处有自身的特殊情况，除了申请公司、BG、地区部认可的战略预算，代表处仍然要思考如何保持未来的持续有效增长。这就是代表处层面的战略思考。只不过按照子方案二的定义，对于不被地区部认可的战略预算，即便它是代表处层面的战略预算，也要被作为经营预算考虑。

所以，子方案二的意义在于形成战略思维习惯和战略思考过程。当然，对于已批准的战略预算，代表处仍然要做好跟踪闭环管理。考虑到战略预算是基于子方案一的战略举措清单生成的，再结合今年的实操以及与代表处CFO组织的讨论，笔者谨慎建议，在2015年全球推行时，公司能否考虑合并子方案一和子方案二？比如在子方案一的输出清单上，加上"输出基于战略举措的战略预算清单，并在次年预算中单列"的要求即可。

子方案三（项目预算与责任中心预算衔接）：以项目为基础，以系统部为中心，以代表处为灵魂；重点在于做好项目预算，做实系统部预算。2015年，资源买卖将是一个难点。

"你见，或者不见我，我就在那里，不悲不喜；你念，或者不念我，情就在那里，不来不去；你爱，或者不爱我，爱就在那里，不增不减；你跟，或者不跟我，我的手就在你手里，不舍不弃……"一首被讹传为仓央嘉措所作的《见与不见》，随着《非诚勿扰2》的播出而名声大噪。其实将这首诗的结构用在子方案三上，也颇为贴切——你推行，或者不推行，我就在那里，不得不做。我们这个项目是全面预算管理试点推行项目，既涉及"预算"，也涉及"全面"，但它首先必须有预算。

2015年的预算，I代表处在以项目为基础、做实系统部预算方面有长足的进步。I代表处为所有项目做了预算，其中TOP级项目收入的占比超过了××%。比如M××系统部，TOP 7的项目收入占比为××%；M××系统部，TOP 7的项目收入占比为××%；T××系统部，TOP 5的项目收入占比为××%；T×××系统部，TOP 3的项目收入占比为××%。TOP级项目在I代表处所占的比重如此之高，我们如何把握预测的准确性？这就是子方案四要回答的问题。

子方案四（基于管道和业务计划的预测）：找到适合代表处自身的预测方法，才是落实此方案的要义。前提是所有项目要进管道。方案提供了总体的五步法，及项目卷积法、管道基线法、额率统计法、集成计划法、数据挖掘法等方法论。以 I 代表处为例，由于大颗粒项目多（如前面子方案三的情形，4 个系统部的 TOP 级项目所占的收入比重超过了 ××%），因此项目卷积法可能是最适用于这些系统部的方法。但这也带来了一个问题，就是 TOP 级项目预测稍有偏差，对系统部和代表处的整体影响就很大。2014 年的实际预测情况就是如此。

那么，管道基线法的效果如何呢？ I 代表处用管道基线法试跑了 2014 年预测的结果，发现收入的试跑结果与实际值偏差 ××%（比实际值小）。这个偏差远高于项目卷积法的 ×% 的收入偏差。经与代表处 CFO 组织沟通，我们发现主要问题不是方法问题，而是一线人员的预测意识和参与度问题。代表处已着手编制有计委业务人员参与的奖惩机制，以提高预测准确率。

子方案五（弹性预算管理）：简化内部管理，让授权下移到系统部，让系统部有人、财、事权，权责对等；规则内，自动获取预算；规则外，通过预算调配、超额利润使用、跨年借预算等方式获取额外资源投入，实现动态调整。

子方案六（做厚客户界面的核算）：回答了核算如何获得战争指挥权的问题。考虑到今年的实际推行情况，再结合代表处 CFO 组织的讨论，个人谨慎建议，公司能否将子方案五和子方案六合并成一个方案？原因是二者结合非常紧密，就像鱼离不开水。

做厚客户界面的核算的重点在于解决系统部层面的核算问题。系统部主任就是"班长的战争"中的班长，即战争指挥官。但现在的问题是，战争指挥官没有战争指挥权。解决办法就是公司给他们战争指挥权，即向他们充分授权，让系统部主任有人、财、事权，权责对等。这是从子方案六到子方案五的业务逻辑。

"班长"如何指挥好一场战争？首先，"班长"得有指挥权。这个指挥权，就是授权。但怎么保证"班长"不滥用指挥权、不"瞎指挥"呢？这就需要发挥标尺的作用了。这个标尺，就是客户／项目在公司的历史贡献，而历史贡献就是核算结果。这个核算结果可以回答3个关键问题：应收是否尽收？投入产出高低？绩效评价如何？这就是从子方案五到子方案六的业务逻辑。

正如PB＆F项目总负责人所说，核算规则更大的构成部分是如何满足管理需要的核算，如何支撑授权的进行，如何实现预算的闭环。当我们这样定位核算的时候，它就是战争指挥权。可见，授权与核算之间的关系非常紧密。个人认为，核算方案除了要实现上述的3个关键目标外，还要做到8个字：应有尽有，应无尽无。就是说，除了客户界面应收尽收的这些核算诉求要做到应有尽有、没有重大遗漏外，我们还要考虑成本效益和简化管理的原则，做到应无尽无。比如对于一些对客户界面不重要的分摊费用，我们就不要核算。核算方案的难点在于识别什么是"应有"，什么是"应无"。比如I代表处为了实现做厚客户界面的核算，让"班长"有战争指挥权，代表处代表也把主要财权交给了系统部主任。当然，最终效果需要实践来检验。

二、人员复用：人员／区域经验复用，做到"两个快速复制"，以点带面、以老带新。

资源总是稀缺的。推行成员尤其如此。公司过去以区域、产品、客户三维度组织为主轴进行管理，但现在全面预算管理试点仅限于区域。考虑到产品、客户维度尚未推行，2015 年的区域推行可谓任重道远。所以，唯一的办法就是快速复制、人员复用、以点带面、以老带新。

两个快速复制：将 2014 年试点推行的老成员的经验，快速复制给新成员；将 2014 年试点推行的两个地区部的经验，快速复制到新区域。这就是人员 / 区域经验复用，以老带新。

那么，怎么实现"以点带面"呢？以下是个人的初步想法，仅供参考：

1. 一个样板地区部带周边一个地区部，实行地区部推行经理的"1+1"管理。单列管理的代表处（如美国、加拿大）的推行，可以打包进第二个"1"，直接责任人为地区部推行经理。

2. 在同一个地区部内，一个代表处带两个代表处，实行代表处推行经理的"1+2"管理，直接责任人为代表处推行经理。

3. 在同一个地区部内，两个代表处带 n 个代表处，实行地区部推行经理的"2+n"管理，直接责任人为地区部推行经理。

三、投入时间前移：早到一线，植入理念，潜移默化，注重实效。

从 2014 年的试点推行来看，推行组到一线的时间稍稍晚了。I 代表处推行组是中东所有推行组里最早到地区部和代表处的（8 月 23 日到地区部，9 月 1 日到代表处）。但 I 代表处的 SP 已经做完了。

所以，个人建议 2015 年的推行应做到以下几点：

1. 方案组的前期赋能研讨，要在 4~5 月完成；
2. 地区部层面的推行组：6 月完成所有方案研讨、松土，要求代表处 ST 成员，尤其是编制 SP 的成员参加，聚焦重点是战略规划、核算与授权；
3. 代表处层面的推行组：在地区部研讨的基础上，7 月完成代表处层面的所有方案研讨、松土，9 月前与推行组一起输出812 SP 报告。

其中，个人对代表处层面的推行时间的安排建议如下：

1. 7~9 月：聚焦拉通业务财务的 SP（含战略预算显性化）、基于管道和业务计划的预测、核算与授权 3 个方案；
2. 10~11 月：聚焦项目预算与责任中心预算衔接＋资源买卖方案。
3. 12 月至次年 1 月：收官总结。

全球资源聚集地构筑"经纬线"能力：
在有凤的地方筑巢，而不是筑巢引凤

如何构筑能力？依赖能人，还是依赖流程制度？关于这一点，我们可以借鉴美国的"人和制度的关系"。有意思的是，制度和系统是同一个英文单词——system。美国的法律制度是一个大平台，使美国总统能在上面更好地跳舞、拥有更强大的驾驭局面的能力。因为他只需关注 system 覆盖之外的、更需要人的创造力和领导智慧的事务。所以美国政府虽然是规模很小的政府——只有 15 个内阁部长，但能覆盖全球事务。

能力要构筑在平台上，构筑在流程中，构筑在全球资源聚集地。华为强调在全球进行能力布局，把能力布局在人才聚集的地方；机构随着人才走，不是人才随着机构走；在有凤的地方筑巢，而不是筑巢引凤。和一些企业把人才招回国内的做法不同，华为在全球招聘人才。找到这个人才后，华为围绕他组建一个团队，而不是一定要把他招到中国来。

比如华为在意大利米兰找到了微波领域的顶尖专家后，就决定把能力中心建在米兰，围绕这个顶尖专家建立一个团队。现在华为已经在米兰建成了一个研究所，这个研究所成为微波的全球能力中心。再比如伦敦是全球金融顶尖人才的聚集地，华为就在伦敦设立 FRCC、全球关联交易中心。

华为常务董事、运营商 BG 总裁丁耘也曾谈到南橘北枳。人才的产生是需要环境的。一个人的创新能力在很大程度上是受他所处的环境的影响的。我们经常讲"筑巢引凤"，离开了人才生长的环境，凤凰就成了鸡，就不再是凤凰。米兰是有微波的产业环境的，有人才、产业环境和高校资源。在那样的环境中，一个人跟别人喝咖啡的时候就能吸收各种信息。而中国的大多数城市是没有微波的产业环境的，微波人才连喝咖啡都不知道跟谁去喝。雷纳托·隆巴迪就是这个微波领域的"合适的顶尖专家"。

2016年9月，隆巴迪专门写了一篇名为《华为为我设立了一个研究所》的文章，文章内容很精彩，笔者摘录部分原文如下：

> 有人曾对我说，华为人充满"狼性"。我也是"一头狼"，因为我喜欢吃生肉和带血的食物（开个玩笑）。在我看来，意大利人和中国人都是实用主义者。不论国籍，只要我们能提供大家想要的结果，一切事情都会为你打开门。

来华为，生活翻开新的一页

2007年年底的一天，华为微波团队的丹尼斯（后任华为米兰研究所所长）联系我，希望我们能见一面。

第一次知道华为是在2004年。

当时，在西门子工作的我，将微波产品卖给华为，帮助华为完成柬埔寨的一个项目。不久后，我参观了华为深圳总部，去了高大上的F1展厅，见识了深圳的工厂。在看过华为的发展轨迹后，我一下子感觉到：华为并不是一家纯粹的中国公司。华为的生产制造员工很少，研发人员占了非常大的比例，这样的华为更关注长远的创新和发展。回去后，我在西门子内部做了一个报告，我告诉我的同事，华为作为一家跨国公司，虽然规模还比较小，但在将来几年甚至数个月，我们就能看到它的发展及壮大。

这一次短暂的"约会"让我对华为印象深刻，但此后我与华为并没有什么交集。直到这通电话的到来。

会面的那天，是圣诞节前一个特别冷的下午，我们约在米兰的一家咖啡馆，亚历克斯（时任欧洲研究所所长）是面试官。与其说这是面试，不如说是一次业务规划讨论会。亚历克斯非常坦诚地告诉我，华为的IP微波产品的核心部件ODU（室外单元）依靠代工、竞争力不足，华为在这方面的人才也较为匮乏，华为希望能够找到微波的"明白人"，解决ODU的自研开发，看清微波的发展方向，构建IP微波的核心竞争力，打造自己的微波品牌。

我们讨论了一下午，一致认为，华为需要建立自己的微波研发能力中心，最关键的是要拥有充满竞争力的人才，因此这个能力中心最好建在人才聚集的地方。

大家不约而同地选择了米兰。米兰是全球知名的微波之乡，诸多知名公司如西门子、阿朗、爱立信都在米兰设有微波研发和销售机构。很多高校（如米兰理工大学）专注微波人才的培养。米兰的人才资源丰富，微波产、学、研生态系统完整。

我们甚至讨论到初步规划：多少人，多少投资额，需要多少时间等。这让我深受触动，也促使我最终下定决心从一家西方公司来到华为。

我知道，一开始我在华为的职位会比以前低，而且离开一个工作十几年的地方，打破原来长期积累的人脉关系和资源重新开始，也会给我带来很多困难。但我一直认为自己是一个充满激情、喜欢尝试新事物的人。还有什么比在华为开启一段全新的生活，组建自己的团队，从事新的业务更具吸引力的事呢？这甚至可以说是一次重生。（顺便提一下，我的名字在拉丁语里的意思就是"重生"之意。）这就像翻一本书，前面的一页已经翻过去，等待我的是新的一页。

一年完成外界认为两年都做不到的事

2008 年下半年，当米兰微波分部初具雏形时，解决华为 ODU 的自研问题也提上了日程。

华为的 ODU 由合作厂家提供，在性能、技术特点、整体质量等方面竞争力不足，无法与老牌微波厂商的 ODU 匹敌。凭借在微波领域 20 多年的经验，我作为团队成员之一，在第一次去成都出差时，提出了"一板设计"的方案。这个方案从产品性能和生产能力上可以超越对手的"两板式"设计，但实现它的技术难度更大，这对研发团队提出了更高的要求。

大家对新方案产生了激烈的争论。我和米兰团队坚信这一判断，并试着说服其他团队。在经过长时间的邮件和电话的"乒乓"后，我和其他微波专家决定从米兰飞赴西安（当时的西研是华为在中国新的微波 ODU 发展中心），和无线产品线的研发团队当面沟通。

那是一个寒冷的清晨，我和洛戈斯一行人，冒着寒风在古城墙上来来回回走了很久，边走边详细分析新、老方案各自的优劣，试着提前预测所有可能出现的技术性、组织性问题。我对洛戈斯说，我们有信心能够实现新方案，外界说华为两年都做不出 ODU 样机，我们会证明华为不仅能完成，而且一年就能做到。

我们足足讨论了 4 个小时。虽然彼此都知道，新方案在技术上还存在一定的风险，但我们坚定了这一选择。

最后，我们成功了。我们不仅自研出 ODU，还推出了华为自己的微波产品。我的团队做到了！产品最终被命名为"XMC 系列"，正式的名称是 eXtreme Modulation Capacity，但我立即想到，XMC 就是"西安、米兰、成都"的拼音首字母，这意味着三地团队共同努力实现了产品的联合创新开发。

我也是一头狼

不止一个中国同事对我说："隆巴迪，你很适合在华为工作。"我也一直认为，自己的个性很适合在华为工作。

在米兰的日子，我总是早一点儿到研究所，晚一点儿回家。和家人吃完晚餐后，我通常会打开电脑继续工作。除此之外，我每年有 140 天左右的时间在全球各地出差，尤其是中国。在出差途中，无论是在飞机上还是在火车上，只要有时间，我都会打开电脑工作。我每时每刻都在思考，只要有想法就会立即写下来。我真的很喜欢这份工作，也从未想过要在工作和生活之间画一条明确的界线，因为它们都是我生命的一部分。

我的微波团队目前有 50 多人，我不喜欢去看他们在做什么，我相信我的团队。我也不想过多地管理，事无巨细地告诉他们该做什么和怎么做。因为每个人都要对自己的工作负责。如果你知道这件事非做不可，那么你一定会付出很多努力去完成它。

我喜欢给别人看我的华为工卡，并告诉他们，我的工号是900004。这个号码表明我是华为欧洲研究院的第 4 个外籍员工，也是意大利米兰微波分部的第 1 个外籍员工。我经常作为唯一的非中国人在中国参加会议。记得有一次我和几个中国员工在讨论某一个机密文件时，他们说我不是中国人，拒绝给我看文件。我拿出工卡给他们看，说："我是华为员工，破釜沉舟来到了华为，从决定进华为的那一刻起，就没想过半途而废。而你们有一天或许还会离开，所以我比你们更有理由看这个文件。"最后，我获胜了。

直到现在，我依然觉得自己在华为工作是一件幸运的事，因为我能和非常优秀的团队一起做业界最前沿的研究，并贡献新的思路和想法。而华为米兰微波也实现了从无到有、从有到强的目标。研究所就像我的孩子一样，已经成为我生命中的一部分。展望未来，我看到了米兰微波的无限机会。

在财经领域，华为在伦敦组建了 FRCC 和全球税务关联交易中心，在纽约组建了聚焦宏观层面的风险控制中心，在东京组建了聚焦项目层面的风险控制中心，它们都是体现华为全球化布局能力的案例。

考军长：将军也要接受检阅

2019 年 10 月 1 日，即国庆 70 周年大阅兵时，将军首次组建领导指挥方队，并接受检阅。350 多名受阅队员全部从解放军全新作战指挥链中抽取，25 名将军组成将军排面。指挥方队的领队是姜国平少将和陈作松少将。队员从军委机关、各战区、各军兵种和武警部队领导指挥机构中抽取。第一排面全为将军。领导指挥方队队员的平均年龄为 38 岁，6 名队员有参战经历，65 名队员参加过赴外联演联训和军事交流，88 名队员参与指挥过重大军事演习活动。领导指挥方队具有鲜明的联合特质和强烈的备战打仗指向，展现了全军改革重塑后领导管理体制和联合作战指挥体制的崭新风貌。

为了激活组织，提升干部能力，2018 年起，华为推行了"考军长"的活动，让"军长"接受"检阅"。目的是使高层领导干部不能久疏战阵，在关键时刻能打仗、能打胜仗。其实，一年一度的市场大会，也是一个练兵场。对上台分享的大佬而言，它无异于一场"考军长"活动。公司最核心的管理层和干部汇聚一堂，装满几个会场的星级领导代表了华为各个方面的最高水平。比如在拉美地区部，各个代表处围绕经营、作战、组织，进行了非常多的有意义的研讨和有价值的输出。代表处通过这样的出题和研讨，不断复盘、发酵及考核，作战能力有明显提升。

训战结合：仗怎么打，兵就怎么练

作为学习型组织，华为有自己的内部培训机构——华为大学。华为大学有形形色色的培训，如新员工培训、战略预备队培训、将军池干部培训……华为大学的培训一般不对外。但为了接待一些重要客户，如运营商 BG 的大 T 系统部客户、企业 BG 的战略 NA 客户、消费者 BG 的重要渠道客户，华为大学有时也会安排一些针对性的培训。在众多培训中，高级管理研讨班（内部简称"高研班"）是非常重要、学员层级最高的培训班，没有之一。

神秘的高研班

华为大学高研班的定位为公司的"抗大"。使命是传承哲学、发酵文化，促进华为的中高级干部对华为文化和管理哲学的理解和应用。高研班的学员都是已承担或拟晋升到 18 级及以上岗位的干部。学员须自主报名，在 5 年内完成三门管理纲要的学习。学员在学习期间没有工资，另需缴费 12 000 元。高研班也是华为大学众多培训班里唯一一个需要学员缴费的内训班。目的是让学员全身心投入，真正学有所用、训战结合。每门管理纲要每次封闭研讨学习的时间为 9 天。三门管理纲要如下（见图 4–17）：

1. 业务管理纲要。责任人：原 SDC 主任。
2. 财经管理纲要。责任人：原 FC 主任。

3. 人力资源管理纲要。责任人：原 HRC 主任。

三门管理纲要的责任人分别由三位轮值董事长担任。

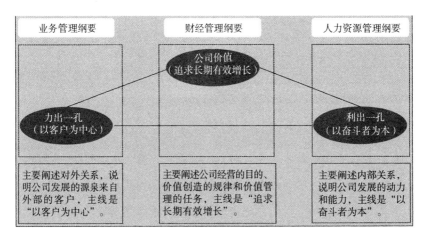

图 4-17　三门管理纲要的精髓及关系图

那么，高研班的课程内容是什么？学员可在高研班学习管理哲学，并将管理哲学应用于业务实践。管理哲学源于华为的核心价值观，它承载了华为二十多年管理实践中的成功经验和失败教训；管理哲学形成和落地的过程，本质上也是企业成长和发展的过程；管理哲学是战略的关键驱动因素，反映了企业的价值取向和价值创造的活力。管理哲学的现实意义：成功不是向未来前进的可靠向导，管理者须思考，公司在业务多元化和组织全球化背景下，如何有效传承管理哲学，保障业务持续成功，以及如何避免过去的成功可能带来的经验主义陷阱。

财经管理纲要的总体框架以实现华为经营目的为核心。它深化了员工对华为经济活动规律的认识，明确了公司价值管理的内涵与任务。它从公司过往的成功和挫折中识别出那些决定华为走到今天的经济活动规律。它明确了公司价值管理的任务，将经济活动规律与实践相结合，并帮助公司在实践中发展公司经营管理理念。基于经济活动的规律和价值管理的任务，它导出了公司的经营目的——追求长期有效增长。

华为认为，价值管理规律可以帮助公司认识 3 个关系：

1. 人和物的关系。利益取舍：深淘滩，低作堰；挖掘内部运营能力，让利给客户和上游供应商，构建和谐生态链，追求业务增长之上的适度利润率，不追求高利润，提高行业进入壁垒。空间取舍：将优势资源集中在主航道、主潮流上。聚焦管道业务，上不碰数据，下不碰应用。华为提供管道和水龙头（终端）。至于管道里流的是水，还是油，应让运营商决定。时间取舍：坚持对未来投入，构筑面向未来的能力，加大预研力度。预研费用由现在研发费用比例的 10%~20% 提升到 20%~30%，华为加大了对前沿基础科学领域的投入。

2. 人和人的关系。与产业链的关系取舍：开放、竞争、合作。与世界的关系取舍：国际化/全球化，走向全球化是华为生存与发展的必然选择。

3. 人和自己的关系。内部激活：内部机制永远处于激活状态，引入熵减因子。自我更新：成功不是未来前进的可靠向导；

不断自我批判，持续管理变革。

如何把管理哲学、理念这些虚无缥缈的"云"，"化"为政策、制度、办法等清晰可见的"雨"，再"流"到业务流程、模板等畅通无阻的"沟"？如何做到虚实结合，既不会光打雷不下雨，又不会雨水泛滥，在"沟"里快速流淌？

这就涉及财经管理纲要的任务管理：

1. 矛盾管理。管理不确定性：以规则的确定应对结果的不确定。通过持续变革，如 IFS，华为把财经嵌入业务的价值创造流程，固化业务，让财经融入业务，实现业财一体化。管理变化：机会牵引与资源驱动的动态平衡。管理熵：提升经营质量，提高运营效率。

2. 专业管理。加强财经的经线管理，做好计划、预算、核算；做实 DSTE 流程，加强业务计划、全面预算、滚动预测、管理核算，实现端到端拉通、集成管理；通过资本运营促进公司价值增长，科学监管，合规运营，防范风险。

3. 融合管理。加强财经的纬线管理，推动人力资源、财经等功能领域走向职业化、流程化。

财经管理纲要研讨班的目标是促进干部理解公司经营管理的主诉求、树立科学理性的经营管理观念，强化干部的经营管理意识，提升干部的经营管理水平。

达到这个目标有两条路径：

1. 从现在看未来：通过对纲要和高层讲话的解读，理解公司经营目的、经济活动的规律和价值管理的任务，继承过去，洞察趋势；由外向内，思考业界案例带给华为经营方向的借鉴和启示。

2. 从未来看现在：通过从 SP 到 BP 的实战演练，丰富对纲要的理解和应用；通过"机会与资源""经营与风险""效率与监管""质量与成本"等专题案例研讨，帮助业务理解财务的规则，帮助财务看懂业务的变化。

因为高研班学员都是华为的中高级干部，他们大多数来自业务部门，没有财务背景，所以任总对三门管理纲要提出了要求：业务管理纲要需要解决财经懂业务的问题（当然不仅是财经干部，所有干部都要懂业务），财经管理纲要需要解决业务懂财经的问题，人力资源管理纲要则要让干部懂公司文化和核心价值观，懂开放、妥协和灰度。

2015 年 10 月起，经 FC 办公室推荐，笔者在日常工作之余，兼任财经管理纲要讲师。据笔者观察，每期财经管理纲要班的学员有 40~50 人。不过，在 2~5 月的传统业务"淡季"，报名人数较多，往往不止一个班，有 2~3 个班，共 100 余人。在每个班中，CFO 一般为 2~3 人。也就是说，大多数学员为业务干部。所以，除了财经管理纲要及高管讲话解读、业界案例研讨、对公司经营目的的深刻认识和理解外，财经管理纲要的课程内容还特意增加了"业务理解财务，财务看懂业务""经营管理，躬身入局"两个板块，以强化干部的经营意识，提升经营能力，促进经营转身（见图4–18）。

	Day 1	Day 2	Day 3	Day 4	Day 5	Day 6	Day 7	Day 8
08：45—12：00	财经管理纲要及高管讲话解读	业界案例研讨	业务理解财务，财务看懂业务				经营管理，躬身入局	
	精读分享、归纳要点	学习研讨业界案例	财经讲坛：计划预算核算 案例研讨：机会牵引与资源驱动	案例研讨：经营与风险	案例研讨：效率与监管、质量与成本	专题讨论/策论	M 国 BP 演练：根据给定的 M 国经营场景的背景材料完成 BP 方案	论文 Show(展示)：对于实际工作中的经营管理痛点和问题，提出改进方案和举措
14：00—18：00	班级分享	研讨发表，专题讨论/策论、引导员（公司高管/咨询顾问、二层组织总裁及以上人员）分享						

图4–18　高研班财经管理纲要的课程安排

"业务理解财务，财务看懂业务"的主要内容：

1. 案例研讨：机会牵引与资源驱动，经营与风险，效率与监管，质量与成本。
2. 财经讲坛：计划预算核算。
3. 专题讨论/策论

战略预备队

为了循环赋能、储备干部，华为大学开设了战略预备队班。战略预备队的目标是围绕公司业务战略，聚焦能力、机会的探索和突破，选拔有使命感的高潜质人才参加训战，发育业务能力，培养并输出优秀的干部、专家和职员。

战略预备队学员的选拔，以责任结果为导向。员工在岗位上做出贡献后，才有资格进行能力转换，能力转换是个人在自学过程中完成的；员工通过战略预备队几个环节的考核后受训，进入预备机制；对于通过认证的学员，战略预备队将对其进行新方法赋能，让学员了解基层的模式、新的管理方式、新的产品解决方案。也就是说，战略预备队不仅强调"预备机制"，还强调"能力转换机制"。

华为培养干部和专家，是为了"上战场""多产粮食"。中央军委在 2018 年开训动员大会上提出"按实战要求去训练，按训练去实战，训练与实战达到一体化"，习主席也对实战化训练高度重视。以此为标准，战略预备队不仅强调能力预备或者各种转换机制，还强调实战化使用。战略预备队不关注培训了多少人，点击量有多少，是否做到了"世界领先"，而关注打胜仗，以结果为导向。

关于战略预备队是"中央党校"还是"五七干校"的讨论甚嚣尘上。任正非也给了明确说法："战略预备队的定位是培养优秀的干部、专家和职员，能攻下'上甘岭'的人。"这个定位让战略预备队不能追求数量，而要追求质量。大学之大，不在大楼，而在大师。黄埔军校就是两条绑腿，抗大就是一条小板凳，但它们为什么能成为中国的两所最有名的学校？因为信念和意志。在中国的和平时期，干部管理工作做得最好的应该是大庆油田。余秋里考核干部非常严格，他的残酷的管理制度让众多人才涌现。余秋里把优秀干部按国家需要一批批送出去，让一般干部留下，同时又提拔了一大批优秀的新干部，这形成了一个迭代优化的机制。当时送出去的很多干部后来晋升为省部级领导，所以大庆油田这么多年来没有遇到过困难。华为倡导员工看《铁人》，电影讲述了两代人的石油开发对比。华为倡导向大庆油田学习干部管理机制，如果公司不从难、从严、铁面无私，就很难产生优秀干部。

战略预备队的目标是要变成真正的"党校"。工作重点是让地区部总裁、代表处在任代表及候任代表、消费者 BG 国家业务部部长、SPDT 经理通过参加战略预备队"转人磨芯"，转变思想观念——从关注短期的 KPI 到关注中长期发展，提升经营管理能力——使管理更加贴近业务实质，改善公司的经营质量——让销售主官真正转型成懂经营的总经理。战略预备队的分支，也在不断优化。截至 2015 年 9 月，华为有 14 支战略预备队分队，如变革战略预备队、IT 战略预备队、云业务战略预备队等各种场景的分队。华为认为，各场景的战略预备队是权力机构，可以结合自身特点制定差异化政策，加强学员培养和使用的耦合度。

第一，战略预备队的运作重心在各场景分队。分队可以结合自身特点制定一些差异化政策。分队要重点解决好三个问题："优秀的人进得来"，战略预备队培养的是精英，后续需要考虑相应的吸引优秀人才入队的政策；"进来后长得大"，其核心是通过考核、培训来提升能力，解决赋能和激励的问题，比如网络架构转型分队从一阶到三阶的过程是非常漫长的；"长大后出得去"，公司要有承接的组织，让预备队培养出来的人真正发挥作用。

第二，分队有鉴定权、使用权、识别权，需要把需求、训战和任用几个环节打通。各分队可以根据未来业务需要，决定培养什么人、培养多少人、培养方向、培养方式。培养和使用要有一定的耦合度。分队在不架空 AT 的前提下推荐学员。2015 年的情况是，分队长基本都是高层领导，级别都比总队长高。这造成总队长不好管理、不敢管理。

第三，分队不是永恒的行政组织，会在日落后关闭。分队（如网络架构转型分队、云服务分队等）组织化落地以后，分队具备新的能力、新的人才，不需要再以战略预备队的形式运作，可开展业务部门自我考核、培训。分队的种子是将来建立行政组织部门的核心骨干。任正非要求人力资源考核不要僵化，对于一些新业务，公司不应完全以产粮食为中心，而应以评价体系为中心，这样新业务在部门里面才能成长起来。对于唯一责任主体的分队，其业务主官要承担起突破新业务的责任。如果分队需要预算和政策支持，那么集团应该给予补贴。

一直以来，华为的人才制度是选拔制，而不是培养制。这就是所谓的"将军是打出来的，不是培养出来的"。战略预备队也实行选拔制，机会提供给责任结果好、有使命感的高潜质人才。

第一，入队的充分必要条件是责任结果导向，达到岗位模型的认知标准，责任结果好。每位员工都可以参加网上考试，如果员工的责任结果没达标，那么战略预备队不给予其评分。

第二，员工利用业余时间自学应知应会的基础知识，并通过网上考试、现场面试或视频面试，获得入队资格。入队需要有担保，主官承担识别、推荐优秀人员入队的责任。如果训战不合格的学员被退回去，那么其担保人也会被扣分。至于预备队学员是否应该有奖金的问题，则根据具体场景确定。华为认为，最重要的是为学员提供机会，机会比短期利益重要。升官机会应该留给有使命感、想奋斗的人。

2016 年，研发集结了 2 000 名高级干部及专家，让他们进入战略预备队接受赋能转型。一是为了让研发队伍年轻化，二是为了培养一批具有战略洞察能力的高级人才。目的是让他们成为在战略预备队"洗过澡"的人，提升他们的综合能力。按任正非的设想，研发不应只出征 2 000 人，公司应让 20 000 人走出去，应让研发有更多的新生力量。如果研发无法输出人才，每年的招聘速度就要降下来；如果没有新生力量、新鲜血液，研发就会"熵死"。

2013—2016 年，笔者在集团财经经营管理部任 IFS–PB & F 变革的方案经理及推行经理，并于 2015 年 9 月 6—11 日参加了变革战略预备队 1515 期李冰班，很荣幸地获得了该期"优秀学员"称号。最初，李冰班没有 CFO，全是业务背景的学员。任正非看了名单后，大发雷霆："变革战略预备队，怎么能没有 CFO 参加？"于是一批 CFO 借此契机参加了这个班。我很幸运，搭上了这趟"班车"。为期 5 天的学习，全是业务内容的学习，比如"5 个 1"、如何签订高质量的合同等。

2019 年 10 月 8 日，任正非在日落法人力资源秘书处及 AT 运作优化工作汇报上提出，公司要拿出更多的粮食包来做战略预备

队，要训战磨炼与转换技能，让认证合格的人员上前线，不断循
环起来。如果公司能用三年时间，在代表处、系统部里培养出数
百个经战场磨炼的将军级干部，就不需要这么多复杂的决策流程
了，公司的流程就可缩短，机关就可压缩。一线的决策能力变强
大了，机关的很多流程自然就没用了，权力就下沉了。所以，任
正非要求夯实基层管理，提高一线队伍的作战能力。没达到能力
的人只能获得奖金，达到能力的人就可以获得晋升（包括个人职
级提升）。公司可通过多次作战磨炼，发现优秀的"将军"。

财经战略预备队

众多的战略预备队中，还有一支"CFO 战略预备队"。公司组
建 CFO 战略预备队的初衷，是让机关 COE 从大平台建设层面培养
CFO 团队，集中赋能、训战结合、建设云平台，进而实现流程拉
通、数据集成、IT 装备全球共享。2017 年 1 月，集团财经开始筹
备财经战略预备队，以替换 CFO 战略预备队。到 2018 年 7 月底，
公司共有 5 期队员参加集训，这些人于结班后进入一线实战。

按任正非的说法，财经战略预备队的目的是建设更高水平的
B 角，使其能够及时补充改革的关键点。公司实行以考促训，如预
备队学员需要参加业务知识与实践经验考试。预备队学员的责任
结果考核都是好的，因为不达标的员工不能进入预备队。

AB 角制就是在 A 角和 B 角之间形成的一种独特的工作机制。
对单一业务来说，A 角负责的同时，B 角也有所参与，双方共同执
行。主体一方是 A 角，参与一方是 B 角，它们在必要时能够相互

替代。这种机制常见于工作岗位的设置，以保证公司不会因人员缺失而造成工作间断。

但财经战略预备队还不是完全的 AB 角概念。因为学员在经过 1.5 个月的"训"和 4.5 个月一线的"战"，承接财经体系重点工作并输出合格后，就可能直接被任命为管理者，如代表处 CFO，系统部 CFO 等。所以在华为，B 角可以理解为优秀的二等兵，B 角遇到机会并冲上去，就会变成 A 角。平时的 B 角应边训边战、训战结合，做"战略预备"。

截至 2018 年 5 月，财经战略预备队共交付 5 期学员（共 124 人），培训包括 1.5 个月全面赋能（覆盖十大领域），4.5 个月承接财经体系重点项目实战。

第一期：2017 年 4 月 22 日—6 月 15 日，集训 32 人，已出队 20 人被任命为管理者。

第二期：2017 年 6 月 19 日—8 月 7 日，集训 28 人，已出队 9 人被任命为管理者。

第三期：2017 年 9 月 19 日—11 月 13 日，集训 28 人，他们分别投入 16 个战场作战。

第四期：2017 年 12 月 1 日—2018 年 1 月 22 日，集训 19 人，他们分别投入 9 个战场作战。

135 位专家参与了前 4 期的课程开发，65 位讲师倾情分享。[①]

---

① 集团财经微信公众号文章《财经战略预备队创始年回顾》，2018 年 3 月 2 日。

第五期：2018 年 5 月 4 日—2018 年 7 月 25 日，集训 17 人[1]。

除了财经战略预备队，集团财经同时开设了交付项目 CFO 专班，子公司 CFO 训战班，RPC/CPC 研讨班，项目 CEO 和 CFO 特战班，财经大讲堂、网课等赋能班，全方位、多渠道地提升财经组织能力，打造了一支铁血财经队伍。

QCC 管理：面向业务的课题研究

作为学习型组织，华为有很多围绕课题研究的 QCC（品管圈）。任正非曾在 1998 年 QCC 成果汇报会上提出："我们追求持续不断、孜孜不倦、一点一滴的改进，促进管理的不断改良。只有在不断改良的基础上，我们才会离发达国家著名公司的先进管理越来越近。"

QCC 是由同一工作单位或工作性质相关联的人员自发组成的小组，它通过科学运用各种工具，持续地提升效率、降低成本、提高产品质量。华为的 QCC 有如下特点：

1. QCC 活动的基本原则：自愿参加、上下结合、实事求是、灵活多样。

2. QCC 活动的宗旨：提高员工素质，激发员工的积极性和创造

---

① 集团财经微信公众号文章《扬帆 2018：财经战略预备队第五期开班》，2018 年 5 月 11 日。

性；建立文明、开放、轻松愉快的工作环境或工作现场；提

升效率、降低成本、改进质量，为组织创造经济效益。

3.QCC 活动成员：

圈长：入职两年以上、责任心强的业务骨干，任劳任怨，

业务水平高，能对 QCC 实施有效管理。

圈员：通过 QCC 活动改善工作质量，提升工作效率。

辅导员：具备丰富的改进知识，有热情、有耐心，能够

在最合适的时候提供最恰当的辅导。

QCC 活动在人的成长和工作环境的改善方面有如下作用（见

图 4–19）：

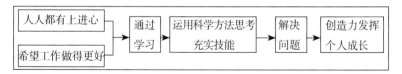

图 4–19　QCC 活动在人的成长中的作用

1.尊重人性，创造明快的工作场所，营造良好的组织氛围。

QCC 活动倡导全员参与，大家一同分析问题、解决问题，

建立团队友谊；每个人的意见都应受到重视，每个人都应

获得尊重和认可，为彼此增加自信心。

2.使每个人的能力得到充分发挥，使每个人获得个人成长。

3.改进工作，解决员工实际困难；为以后的工作提前做好准

备，构建预防体系，减少风险，使组织安全而稳健。

华为还为 QCC 活动提供经费，给予做得好的员工奖励。比如集团财经的 QCC 活动，提倡"小改进，大奖励"，每个符合要求的 QCC 活动都可申请 1 500 元活动经费，QCC 活动及发起人还有机会在年底参加优秀圈 / 优秀个人、优秀入围圈评选，竞选公司的万元大奖。

2017 年 4 月，集团财经评选了 2016 年度优秀 QCC 20 个（每个 QCC 获得了 8 000 元奖励），优秀圈长 20 个，优秀入围奖 20 个。[①] 2018 年 4 月，集团财经评选了 2017 年度优秀 QCC 20 个，优秀圈长 8 个，优秀入围奖 20 个。[②] 优秀 QCC 覆盖各专业领域，比如会计凭证文档接收自动化圈、AP（应付账款）热线人工智能圈、拉美电子发票变革圈、企业财经光速调账圈、结账可视平台建设圈、新业务场景攻坚圈等。

---

① 集团财经微信公众号文章《2016 年度集团财经优秀 QCC 评选结果出炉》，2017 年 4 月 22 日。

② 集团财经微信公众号文章《2017 年度集团财经优秀 QCC 评选结果出炉》，2018 年 4 月 27 日。